大宋王朝历史之谜

杨师群·编著

陕西新华出版 三秦出版社

图书在版编目（ＣＩＰ）数据

大宋王朝历史之谜 / 杨师群编著． -- 西安 ：三秦
出版社，2008.02（2024.1 重印）
（国学百部文库）
ISBN 978-7-80736-364-4

Ⅰ．①大… Ⅱ．①杨… Ⅲ．①中国－古代史－宋代－
通俗读物 Ⅳ．① K244.09

中国版本图书馆 CIP 数据核字（2008）第 027087 号

书　　名	大宋王朝历史之谜	
作　　者	杨师群 编著	
责　　编	马静怡	
封面设计	新华智品	

出版发行	三秦出版社
社　　址	西安市雁塔区曲江新区登高路 1388 号
电　　话	（029）81205236
邮政编码	710061
印　　刷	北京一鑫印务有限责任公司
开　　本	680×1020　1/16
印　　张	9
字　　数	190 千字
版　　次	2008 年 4 月第 2 版
印　　次	2024 年 1 月第 2 次印刷
标准书号	ISBN 978-7-80736-364-4

定　　价	39.80 元
网　　址	http://www.sqcbs.cn

前　言

　　两宋历 14 世 18 帝，约 320 年。与汉、唐、元、明、清诸朝相比，在疆域方面，由于北方少数民族的压迫而显得局促了许多。宋在与北方辽、西夏、金、元诸政权的角逐中从来没有占过上风，在军事国力方面也给人们一个相当脆弱的印象。然而说到政治、经济、文化，宋绝不比其他朝代逊色，甚至还时显优势。政治上，宋代朝政称得上是中国历代王朝中较为开明的，皇权稳固，优礼儒士，注重文治而杀戮较少。科技上，四大发明中火药的完整配方及其应用于军事，以天然磁石制造指南针的方法，印刷术方面发明活字排版等都出现于宋代。同时，其商品经济的繁荣程度也是令人相当惊讶的，一些重要城市的人口已经超过百万，这在当时世界上更是绝无仅有的。史学大师陈寅恪就认为："华夏民族之文化，历数千载之演进，造极于赵宋之世。"所以，宋王朝是中国历史上一个相当重要的时期。

　　中国古代纪史的文化传统，到宋代也表现得更为浓烈。由于政府十分重视当代史的编修工作，史馆组织相当严密，修史制度也比较健全；其次，在士大夫中，私修和编写当代史著作也蔚为风气；再加上雕版印刷的普遍推广和活字印刷术的发明，使许多书籍得到印刷发行。因此，宋代保存下来的史料远远超过前代。

　　其颇为丰富的史料，为后人研究大宋王朝提供了较好的基础。然而不要以为这些史料就能较准确地反映历史真相，如何判断有关史料的真伪价值，是一个非常复杂的问题。首先，任何史料的作者都存在有从自己的角度去看问题的局限，更有甚者，有些文人在记载历史时，常常会为了某种目的而故意歪曲事实乃至编造历史，这样就使有关问题变得更为复杂，甚至扑朔迷离。再有，就是中国古代王朝专制统治后期出现的政治动乱，形成为一种周期性的大动荡、大破坏，其大规模的战争和肆无忌惮的杀戮，对前政权所创造和保存的文化成果往往采取毁灭性手段，造成令人痛心且无可弥补的大损失，其中许多珍贵的史料因此　流散遗失，也在客观上造成许多历史难解之谜。君主专制体制还不时采用残酷的文字狱，对敢于直言的文人进行迫害，这更使知识分子的心灵遭受难以弥合的创伤，一些敢于写出鲜血淋漓的真实历史及其感受的文字遭遇封杀，许多人就此不敢直面史实，这又在主观上造成许多历史难解之谜。此外，随着社会的发展与进步，人们的价值观念也在发生着明显的变化，不同时代的人们对历史人物与事件的评价，也会产生相当大的距离，有的甚至大相径庭。

　　摆在读者面前的这部《大宋王朝之谜》，只是现阶段我们所面对的相关史料，结合许多历史学家的研究成果，所作的一个较为通俗的介绍。希望它能引起历史爱好者的兴趣，帮助人们去作进一步的探索。

编　者
2008 年 8 月

目　录

大宋王朝历史之谜

赵匡胤陈桥兵变之谜

　　大宋王朝建立于公元960年的陈桥兵变，赵匡胤黄袍加身而成为宋太祖，这一基本史实并不存在疑点。而令人不解的是此次政变过程中，有关史籍的一些细节方面描述充满着矛盾，主要围绕赵匡胤是完全被动接受黄袍加身，还是其集团进行的一次早有预谋和准备的政变？有关的史料与素材矛盾百出，使这一事件的进程变得扑朔迷离。

　　五代末，显德七年（960）的正月初一，后周朝廷接到镇、定二州的军情急报，说北汉勾结契丹，大军声势甚盛，南下侵入边境，形势十分危急。宰相范质、王溥等商讨后奏准太后，立即派检校太尉、殿前都点检赵匡胤率诸将领兵出征。大将慕容延钊简选精锐，率前军先行启程。赵匡胤调集各路人马，领大军也即北征。初三，军队驻扎于开封东北40里的陈桥驿，诸将聚谋，以为主上幼弱，我们出死力破敌，有谁知道？也为国家着想，不如立太尉为天子，然后北征也不晚。乃找匡胤之弟、时任供奉官都知的赵光义和掌书记赵普商议。光义以为："哥哥忠赤，不会同意。"赵普认为："外寇压境，大敌当前，应先御敌，战归再议。"而众将坚持，说："若太尉不受命，六军难以向前。"此时，赵匡胤却醉酒卧营不省，众有拥立之意的将士便环立待旦。次日黎明，军营四周呐喊声起，震动原野。光义与赵普入营告知，而诸将士也直叩寝帐之门，高呼："诸将无主，愿策太尉为天子。"赵匡胤惊起披衣，未及应酬，便被扶到议事厅，有人把皇帝的黄袍加到他身上，众人都罗拜庭下，口称万岁。匡胤要推辞，众人不答应，并相与扶匡胤上马，拥逼南行。匡胤在马上说："你等自贪富贵，立我为天子，那就必须听从我的命令，不然我不做这个皇帝。"众将下马回答："惟命是从。"然后匡胤严肃颁布了有关入京以后士兵秋毫无犯的约法，并令众立誓，这才率军返回开封城，遂取代后周政权，建立了大宋王朝。

　　上述故事情节，主要意译自宋代最具权威的史籍《续资治通鉴长编》卷一，其他重要史料记载也所差不多。从其具体过程考察，此次陈桥兵变、黄袍加身似乎是一次偶发事件，是遵循五代将士拥立主师的旧例行事，赵氏集团事先并不知情，赵匡胤完全是被动接受众将的请求，不得已才同意做皇帝。然而从其他相关史料分析，却使人感到其描述是大有疑问的，黄袍加身应是一次有预谋有准备的政变，所谓"黄袍不是寻常物，谁信军中偶得之"（岳蒙泉《绿雪亭杂言》）。

　　赵匡胤出身将门，22岁时投到后汉枢密使郭威帐下效力，因战功卓著，30

岁就升至殿前都指挥使。他以拜把子兄弟的方式，团聚了一批生死与共的高级将领铁哥们，号称"义社十兄弟"，开始发展自己的势力。显德六年（959），33岁的赵匡胤升任殿前都点检，执掌了禁军最精锐部队。六月，周世宗去世，恭帝即位，时才7岁，太后也年轻少谋，孤儿寡妇无能力执政，几位宰相也较懦弱。而这时在京城的禁军两司将领，除侍卫马步军副都指挥使韩通外，基本上都是赵匡胤的结义兄弟或好友。可以说一场政变在如此成熟的条件下已开始酝酿，问题只在于找一个怎样的契机发动而已。

郭 威

据司马光《涑水纪闻》记载："及将北征，京师喧言，出师之日将策点检为天子。故富室或挈家远避于外州，独宫中未之知也。"《续资治通鉴长编》也说："时都下欢言，将以出军之日策点检为天子，士民恐怖，争为逃匿之计，惟内庭晏然不知。"说明此事，早在政变之前已于京城一带传得沸沸扬扬，且能断定政变将发生于"出师之日"，此绝非普通民众所能猜测和指定的。所谓只有"宫中未之知"，应指宫廷中后周皇帝的孤儿寡妇还被蒙在鼓里。不能判定的是：这些传言是赵氏集团为政变故意所做的舆论准备，还是有一定地位的人在有关征兆的预见中所做的推测？ 大军在开拔途中，一个号称谙知天文的军校苗训，也指点了当时"日下复有一日"的天象，是即将改朝换代的"天命"。这一宣传与京城传闻相配合，使人有故意做舆论准备之感觉。

此传闻在京城造成民众如此的恐慌，应该说绝大部分人都会听说，那么宰相范质、王溥等大臣是否知晓呢？ 如果知晓，他们仍派赵匡胤率军出征，是否与赵氏集团同谋呢？ 不过从后来事态的发展来看，范质与王溥似乎又不知情。据有关记载，兵变消息传到京师，范质受到太后的谕责，退出朝门，握住王溥的手道："仓促遣将，竟致此变，这都是我们的过失，为之奈何？"王溥听了发愣而无法回答，忽口中呼出呻吟声来，原来范质握手之指甲已掐入他的手腕，几乎出血。赵匡胤入城后，还对范质等人"呜咽流涕，具言拥逼之状……（范）质不知所措，乃与（王）溥等降阶受命"（《宋史·范质传》）。等到赵匡胤诣崇元殿行禅代礼之时，召文武百官就例，班定礼仪程序之时，独缺周帝禅位制书，这时翰林学士承旨陶谷出诸袖中，进曰："制书成矣。"遂完成此禅位之礼，使赵匡胤登上皇帝宝座。其中，像翰林学士之类的官员已早有准备，而宰相范质等居然一点也不知情，似乎又很难说得过去。

《宋史·杜太后传》载，杜太后得知其子赵匡胤黄袍加身后，脱口说道："吾儿素有大志，今果然。"依然谈笑自若，没有任何惊诧之表情。《涑水纪闻》也载，杜太后说："吾儿生平奇异，人皆言当极贵，又何忧也。"据说，匡胤年轻时，杜氏劝他好好读书，匡胤奋然回答："治世用文，乱世用武，现世事扰乱，愿习武艺，安邦定国。"杜氏笑道："儿能继承祖业，便算幸事，还想什么大功名哩。"匡胤道："唐太宗也不过一将门之子，后造成帝业，儿想与他一样干番轰轰烈烈的大事业，母亲以为如何？"杜氏怒道："不要信口胡说，世上说大话的人，后来往往没用，还是读书去罢！"而这时，连年老的母亲都变得如此胸有成竹，遇事不惊，说明赵氏集团对这事的准备应已相当充分。所以后人以诗刺讥道："阿母素知儿有志，外人反道帝无心。"

一些宋人笔记记载，赵匡胤早年曾到高辛庙算卦，占卜功名前程，据说自小校以上至节度使，一一掷之，卦皆不应，最后惟剩"天子"时，一掷而得此卦。这事真伪已无法考订，然而从其为当时广为流传的轶闻而言，也或是赵氏集团所做的舆论准备，至少说明赵匡胤自己早已对此事有所谋划。而政变发生之际，赵光义和赵普马上派快骑入京，通知其死党殿前都指挥使石守信和殿前都虞候王审琦，让他们在京城做好改朝换代的接应准备。有意思的是，此时赵匡胤居然醉酒卧营不省，而使将士们环立等待，直到次日黎明。这一情节是真实的，还是做作，抑或后人编造？也令人颇感困惑。

大军返回京城，城门早在石守信诸将的控制之下，不但入城顺利，整个京城也没有因此发生大的动乱。时正早朝，副都指挥使韩通闻讯，还没来得及集结军队应变，就被入城的殿前司勇将王彦升追杀，并诛灭其全家。这是后周将相中惟一的罹难者，他还没来得及组织起反抗，就被迅速剿灭，如没有事先布置安排，怎么会如此周全。当然，事后还要掩饰一番，将韩通以礼葬之，并嘉其临难不苟，赠中书令之职。有意思的是，后来宋太祖幸开宝寺，见壁上供有韩通的画像，立即令涂去，应是内心有愧吧。

尤其令人不解的是：本因边境军情告急，这才令赵匡胤率军北征，为何黄袍加身后便率军回京，而不用去抵御强敌了呢？有所谓"千秋疑案陈桥驿，一着黄袍便罢兵"（查初白《敬业堂集》）。一般认为，镇、定二州是在谎报军事，以配合此次政变。这样，镇、定二州节度使也理应是赵氏集团的成员了。有学者提出不同看法，认为镇、定二州军情并没有谎报，《续资治通鉴长编》、《宋史》、《契丹国志》诸重要史籍都有相关军情记载。而二州节度使郭崇和孙行友，据《宋史》两人的传记所载，宋初，郭"崇追感周室恩遇，时复泣下"。监军密奏："崇有异心，宜谨备之。"同时，"孙行友不自安，累表乞解官归山，诏不允。建隆二年，乃徙其帑廪，召集丁壮，缮治兵甲，欲还狼山以自固。"被人告密，令举族迁赴都城，审问后削夺官爵，勒归私第，并严惩其部下。可见，两人不可能属于赵氏集团成员。那么，为什么北汉与契丹入寇之军队没有长驱南下，确实令人不解。其后，郭崇曾来报："契丹与北汉军皆遁"。为什么会自动撤退呢？难道是其趁后周"主少国乱"之机起兵入侵，得知政变后"宋立国安"，就自动退兵了吗？

五代诸帝多由军队拥立，如唐废帝李从珂、唐明宗李嗣源、周太祖郭威等，它是唐代藩镇割据后军人擅废立之权而留下的遗风，自然为儒家正统思想所不齿。所以在宋代官方文献中，都把陈桥兵变说成赵匡胤事先完全不知内情，以洗刷其篡夺王位的千古骂名，由是在有关文献中遮遮掩掩，弄得历史记载矛盾百出，整个过程疑团丛生。再如邵伯温在《闻见录》中引证王禹偁的《建隆遗事》，认为赵光义压根儿就没参与陈桥兵变，那时，他正留在开封城里陪母亲杜氏。而有的史书（《太祖实录》新版）却说，陈桥兵变后军队入城，秋毫无犯，是光义叩马而谏，才有太祖约法立誓之举。这里是乘机烘托宋太宗的高大形象，亦可见官方在有关文献记载中所做的手脚。实际上，赵匡胤后来的开国措施结束了五代动荡和中原分裂的政局，拉开了经济与文化都颇为繁荣的宋代序幕，是有功于社会历史发展的，人们对其如何取得政权的细枝末节已不太在意了。

宋太宗弑兄夺位之谜

宋太祖50岁时暴死，第二天其弟赵光义便于灵柩前即位。宋太宗是否弑兄夺位？前一天晚上"斧声烛影"的情况，古籍记载中也只是语气隐隐约约，文辞闪闪烁烁，给人留下遐想的天地，给历史留下千古之谜。

据文莹《续湘山野录》记载：开宝九年（976）十月十九日晚，天空清朗，星斗明灿，太祖在太清阁散步赏景，颇觉心旷神怡。忽然阴霾四起，天气陡变，雪雹骤降。急传宫人开端门，召弟弟晋王赵光义入宫。光义到后，兄弟两人在大内酌酒对饮，命宦官、宫嫔都退下。宫人们只能在稍远处伺候，只见大内烛影下，光义时或离席，好像是谦让退避的样子。饮罢，漏鼓已敲三更，殿外积雪数寸。只见太祖手持柱斧戳雪击地，看着光义说："好做，好做！"说完就解带就寝，鼻息如雷霆。当晚，光义也留宿宫内。次日早晨将五更时分，宫人在寂静无声中发现，太祖已经驾崩。

司马光《涑水纪闻》诸书记载：当晚四更时分，太祖晏驾。宫人马上报知宋皇后，皇后命内侍都知王继恩立即召四子秦王赵德芳进宫。而王继恩以为太祖一直打算传位给弟弟光义，竟不去宣德芳，而径赴开封府召光义入宫。继恩来到开封府门前，只见长于医术的左押衙程德玄坐在门口，便上前问其缘故。德玄说："二更时分，有人叫门说晋王有事召见，出门却不见人影。如是者先后三次，我恐怕晋王真有病，所以赶来。"继恩告以宫中之事，两人共同入见光义。光义听后大惊，犹豫不敢入宫，声称要与家人商议。一旁继恩催促道："时间一长，将为他人所有了。"一句话点醒光义，三人便踏着大雪，步行入宫。

到达宫门，继恩让光义在直庐等待，自己好去通报。德玄说："等待什么？直接进去！"三人遂俱入大内。宋皇后听到继恩的声音，便问："德芳来了吗？"继恩答："晋王到了。"皇后见到光义，不禁愕然失色，等缓过神来只得怅然说道："我们母子的性命都交给官家了。"（官家是宋时宗室大臣对皇帝的昵称。）光义也边落泪边回答："共保富贵，别怕别怕。"第二天，光义即皇帝位，是为宋太宗。

　　一种意见认为，宋太宗是弑兄夺位。以《续湘山野录》所载，太祖就是在斧声烛影中突然死去，当晚光义又留宿于宫中，以便在次日抢班夺位。是时，光义虽隐然被视为皇位继承人，但太祖诸子也都已成年，都可名正言顺地即位，太祖之所以迟迟不宣布皇储人选，应仍在思想矛盾之中。同时，太祖与光义兄弟间也时有矛盾产生，如在对待北汉、契丹的政策上，是和平收买还是武力征伐，兄弟间存在着严重分歧。太祖曾一度考虑迁都洛阳，原因之一就是试图摆脱光义在开封府业已形成的盘根错节的势力范围。更何况历史上皇位兄终弟及者毕竟属不太正常，太祖随时可能改变想法，就是说对赵光义来讲，能否继承皇位还存在不小的变数。那么，如何抢班夺位？自然就成为光义当时最需苦苦思索的问题。而"斧声烛影"的当晚，应该说是一次极好的机会。

　　据《烬余录》记载，"斧声烛影"为突发性事件，存在具体生动的偶发起因。后蜀花蕊夫人费氏在亡国后被召入后宫，成为太祖宠姬，而光义垂涎其美色已久。这晚，太宗趁太祖酒酣入睡之时，就乘机调戏花蕊夫人，太祖蒙眬间发觉而怒斥之。太祖手持柱斧愤慨击地，并看着光义说："好做，好做！"就是怒斥道："你做的好事！"太宗自知无法取得兄长的宽宥，也早有抢班夺位的预谋在胸，所以乘此机会下了毒手。

　　根据相关史料记载，如果为太祖开列一张开宝九年的活动日程表，就可发现他当时精力非常充沛，频繁出巡各地，幸西京（洛阳），次巩县，拜安陵……而且于其时，史书从未有太祖生病、大臣问疾的记载，身体应该是健康的。故太祖暴卒，显然不是因为生病。有人推测太祖是饮酒过度而猝死，但太祖一向以为"沉湎于酒，何以为人"，其饮酒还是有节制的。如果说此次因酒致死，其时与光义共饮，太祖贪杯猝死而光义安然无恙，这也太蹊跷，或可说明光义在其中做有手脚。因为太宗的确精于此道，南唐后主李煜就是被酒里下药而毒死；后蜀降王孟昶也因此而暴卒；吴越国主钱俶是在生日那天，太宗遣使赐宴，当晚就暴死。所以很有可能是太祖发现了酒中有问题，才连声对光义大呼："你做的好事！"

　　此外，太宗及其亲信是预知其政变登基之时日的。据《宋史·马韶传》，马韶私习星象天文之学，与光义亲信程德玄友善，开宝九年十月十九日来见德玄，说："明日乃晋王利见之辰。"德玄连忙报告光义，光义下令把马韶看管起来，即位后才将他放出，很快授以司天监主簿之职，这说明程德玄也完全预知即将发生的政变。尤其可疑的是：程德玄是医官，《涑水纪闻》卷一载："德玄后为班行，性贪，故官不甚达，然太宗亦优容之。"《续资治通鉴长编》卷三二说："程德玄攀附至近列，上颇信任之，众多趋其门。"一个医官会受到太宗的如此宠遇，很可能是其用有关医术帮助赵光义取得了帝位。或者说"斧

宋太宗赵光义

声烛影"当晚的酒毒由他配制,所以他急于知晓结果,到开封府门口彻夜长坐,实是在等候宫中的消息。而太监王继恩居然敢冒死违抗皇后的旨令,不宣召赵德芳,径赴开封府找赵光义,也说明两人或早有约定。当赵光义犹豫不决时,王继恩更是直言不讳地提醒道:"时间一长,将为他人所有。"都透露出太宗幕僚集团的事先默契。

最后,从宋皇后的言行中也可推见太宗继位出自强取。皇后得知太祖暴卒,令太监召儿子赵德芳进宫,而不宣赵光义,表明太祖至死都没有确定光义是皇位继承人,由于是猝死,也不会有传位的遗诏。所以皇后想召儿子进宫即位,是很正常的举动。哪知被光义抢先一步,以其在开封的势力而言,皇后母子根本不是对手,所以一见光义便大惊失色,下意识地感觉到自己母子的性命堪忧,惊恐之余只能说:"我们母子的性命都交给官家了。"实际上只能认输,以求一条生路。如果赵光义是正常继位,皇后没有必要如此反应。

另一种意见认为,宋太祖的死与光义无关。以《涑水纪闻》所载为据,光义是回到开封府,由太监王继恩报告消息,再步行入宫。就是说太祖暴死时,光义不在寝殿。而兄弟对饮时,太祖对光义所说"好做",意为"好好做事",李焘《续资治通鉴长编》就改成"好为之"。从医学角度看,太祖身材矮胖,宋末元初画家钱选所摹南宋宫廷藏画《蹴鞠图》中的赵匡胤像就是如此,加上他嗜酒如命,去世的那天晚上,饮酒睡下后,鼻息如雷霆,这应该是脑溢血发病前的典型症状。也有人认为,太祖死于家族遗传的躁狂忧郁症。所以《续湘山野录》所载"斧声烛影"之故事,实是不经之谈。

有人误解史书中所说的"柱斧",以为"斧声烛影"就是赵光义在烛影下用利斧劈死太祖。这是不可置信的,柱斧一为武士所用,一为文房用具。文房用具的柱斧也称玉斧,以水晶或玉石为材料,"斧声烛影"中的柱斧显然只能是文具,大内寝宫中不可能放有利斧这样的杀人凶器,况且光义也无须做得如此露骨。

总之,在这一疑案中,太宗存在许多难解的疑点,有些细节也许永远将是历史之谜。太宗继位后,也有一些蛛丝马迹很耐人寻味。如太宗是十月二十一日即位的,十二月二十二日就宣布改元太平兴国元年。一般来说,子继父位,或弟承兄业,出于对前任皇帝的承认和尊重,当年是不改元的,更何况已近年底。太宗这么急于改元,急到还有几天都等不及的程度,后人估计是出于逆取皇位的心虚理亏而干出的傻事。还有太宗登基没几天就局促下令:全国禁止传习天文星象、阴阳卜相诸书,有私习者斩首;并通知各地官府,迅速将全国原本已知的天文相术之士全部送京甄别。十二月,太宗又下令对各地送到的300多名天文相术之士于甄别后,把其中60余人留在司天监任职,其余近300人以"矫言祸福,诳耀流俗"的罪名,全部发配到沙门岛。太宗如此迫不及待地处置这些术士和严禁私习有关书籍,显然想禁止有关不利的舆论和流言的产生与传播,这是否为其心虚的表露呢?

太平兴国四年(978),太宗亲自率军灭了北汉,又乘胜北上攻辽。这次北征由于轻敌被辽兵打得大败，全线溃退，太宗在混战中腿上中箭而仓皇奔逃。军中一时不见主帅，大臣疑太宗或已蒙难，诸将遂谋立太祖之子德昭继位。未成事实，太宗很快返回军中，闻知经过，心中愤懑异常。归朝后，德昭请太宗论功行赏，主要是对剪除北汉的有功之臣。太宗不待偬儿言毕，就怒目斥责道："战败回来论什么功？等你为帝时，再行赏也不晚。"德昭回宫后竟然拔剑自刎而亡。德昭为什么如此想不开，估计一定受到什么威逼，然而史载已将其中隐情抹去。只载，太宗闻讯，抱着尸体大哭道："痴儿，何至此邪！"既掩饰自己的威逼，又推卸有关的责任。两年后，其弟德芳也不明不白地病殁。太祖过世才四五年时间，他的两个青春年华的儿子就双双辞世。看来，当年宋皇后之担忧，完全应验了。甚至在宋皇后去世时，太宗也不按皇后的礼仪治丧。这种种迹象，难道都是偶然的吗？

最让人深感蹊跷的是，事隔150多年之后，赵光义的后代，南宋高宗赵构的惟一幼子早夭，而高宗也就此丧失生育能力，就是说没有儿子继承皇位了，那怎么办呢？绍兴年间，官员中暗暗谈论着天下战乱，二帝北虏，实为冥报的传说，早有的"太祖之后，当再有天下"的说法也更为流传，有的官员甚至上言，希望高宗遴选太祖诸孙有贤德者立为皇储。这时隆祐太后"尝感异梦，密为高宗言之，高宗大悟"。在诸臣的请求下，高宗说："太祖以神武定天下，子孙不得享之，遭时多艰，零落可悯。朕若不法仁宗，为天下计，何以慰在天之灵。"（《宋史·孝宗纪》）于是，赵构终于找到了赵匡胤的七世孙赵伯琮，后把皇位传给了他。这是否为上天感知，而强迫太宗的子孙赵构以实际行动做一些弥补呢？

赵廷美、卢多逊谋篡案之谜

此狱案是继宋初金匮之盟、斧声烛影两大疑案后的延续，到底是赵廷美、卢多逊阴谋篡位，还是宋太宗、赵普刻意谋害，以完成太宗皇位的一脉单传，从史书上我们已很难找到历史原本的答案，不过读者可以自己进行理性的判断。在这些疑案中，令人深感震撼的是：在皇位权力前面，即使是父子兄弟，人性也已完全泯灭。

据《续资治通鉴长编》和《宋史》有关传记等史书记载。太平兴国七年（982）三月的一天，风和日丽，宫中金明池、水心殿落成，宋太宗正准备召宗室成员泛舟游览。突然，有官员密告：秦王赵廷美欲于此时行刺皇上；若不得手，再诈称病于府第，候太宗车驾临省，再作乱以篡位。太宗听罢大怒道："朕尚强壮，秦王何性急乃尔！"冷静一想，又不忍暴露其事，以败坏皇家宗室的名声。

赵普

遂下诏罢去廷美的开封府尹官职，出为西京（今河南洛阳）留守。为掩人耳目，还赐给御弟裘衣、犀带、银钱、绢彩诸物，差枢密使曹彬代皇上给廷美饯行。同时，褒奖两位同告秦王阴谋的官员，如京使柴禹锡迁枢密副使，翰林副使杨守一迁枢密都承旨。也贬降了一批与廷美友善的官员。

此事一发，宰相赵普很快上密疏，告宰相卢多逊与秦王暗中交通诸事。太宗览奏章后，立即下诏将卢多逊及有关属官、秦王府小吏等统统逮捕入狱，命翰林学士承旨李昉等官员组成特别法庭，严加审理。案犯很快招供伏罪，卢多逊承认曾多次遣官以中书机要密告秦王府，去年还令属下传话给秦王说："愿宫车（指太宗）早晏驾，尽心事大王（指秦王）。"廷美也回告之："卿言正合我意。"并私赠卢多逊弓箭等物。还有秦王府小吏恣横不法诸事，法官们一一结案具状奏上。太宗再召文武大臣集议朝堂，太子太师王溥等74位官员联名奏议，要求对此大逆不道之案严惩不贷，宜行诛灭之刑以正朝章。最后，朝廷定案判决：削夺卢多逊官爵，并同其家属流放崖州（今海南岛）。有关属官、秦王府小吏数人并斩首于都门之外，籍没家产，其亲属也流配海岛。赵廷美则被勒令归私第，他的儿女不再称皇子皇女。朝中凡与廷美、多逊有关系的皇亲国戚、各级官员，大都受到不同程度的刑罚和贬黜，相关的势力被彻底扫尽。

其后，赵普又唆使知开封府李符上奏，谓廷美虽已谪居西京，但仍不思悔过，怨恨不已，应徙流远郡，以防他变。太宗见疏，遂降诏贬廷美为涪陵县公，房州安置。房州位于今湖北房县，地处大巴山区，不但远离东京开封，且偏僻荒凉人烟稀少。雍熙元年（984），廷美至房州，太宗还派出亲信为房州地方官以日夜监视，廷美被软禁而没有行动自由，忧悸成疾而死，时年38岁。太宗听说，呜咽流涕着说："廷美自少刚愎，长益凶恶。朕以同胞至亲，不忍置之于法，使居房陵，冀其思过。方欲推恩复旧，遽然殒逝，伤痛奈何！"其悲泣之情，感动左右。次年，卢多逊也病卒于海南岛，终年52岁。

此案从表面上看，有好些个官员一起告密，还有那么多官员共同审讯和朝堂集议，赵廷美与卢多逊欲政变谋篡似乎已属实无疑。其实该案有相当复杂的背景故事，绝非上述史书记载的如此简要和单纯。

宋太祖赵匡胤共有五兄弟，太祖是老二。老大光济和老五光赞早夭。老三光义，即宋太宗，比太祖小12岁。老四廷美，比太祖小20岁。三人是一胞同母之兄弟，若按其母杜太后的遗嘱，太祖应将其皇位传给弟弟光义，太宗也应将皇位传给弟弟廷美，再由廷美传给太祖之子，如此一直保持年长之君在位，赵家江山便能得以永固。

赵廷美在太祖时，历任诸地防御使、节度使，加检校太保、侍中、京兆尹诸职。太宗即位后，也让廷美任开封尹兼中书令，封齐王。从征北汉，改秦王，表明沿用太祖时皇弟尹京的旧制，廷美也基本获得准皇储的地位。这一情况其实是太宗最为忧虑的心病。

宋太宗即位才四五年，太祖的两个正值青春年华的儿子就双双离世。秦王廷美见此情景，心中很不是滋味，便愤愤而言太宗"有负兄恩"。此话传入太宗耳中，加上一班小人在旁又添油加酱，说秦王骄恣跋扈，将有篡位阴谋，不可不防。太宗本有心病和疑惑，如此一来，兄弟间的猜忌日益加深。

卢多逊，博学多谋，太祖时颇得信任，屡迁官爵，至拜参知政事（副相）。多逊与宰相赵普不和，每在朝中揭发其短，赵普自然嫉恨在心。多逊老父亲也曾在官场沉浮，深知其中三昧，时已退休在家，听说儿子与宰相赵普为仇，不禁长叹道："赵普是开国元勋，小子无知，轻诋先辈，将来恐不能免祸。反正我已不久于人世，能不亲历此难，还算是侥幸的。"然而，赵普不久因不法事被贬官出京。

太宗即位之初，卢多逊得拜相执政。赵普回京改任太子太保虚职，多逊仍多方阻毁，将赵普妹夫奏调广西边陲，战殁边事，令赵普恨得咬牙切齿。赵普之子承宗官知潭州（今湖南长沙），娶京城官员之女，来开封完婚，未满月，多逊又奏遣承宗归任，赵普敢怒不敢言。两人至此积怨成仇，彼此恨之入骨，不共戴天。

太平兴国六年（981），赵普密奏"金匮之盟"故事，重获太宗信任，再度拜相，且官爵地位在秦王廷美之上。赵普仰仗太宗的有所依托，权势一时更胜太祖当年。赵多次讽言要卢多逊引退，多逊虽觉不安，然终不肯就范。接着，就发生了上述大案。

"斧声烛影"的传说已令太宗有弑兄夺位之嫌疑，太宗即位后，太祖之二子又死得不明不白。此案中廷美被贬死房州，其实也始终未见显罪确情，都是几个官员的密告，而拿不出什么像样的证据。有关属官、小吏和证人也都被斩首，来个死无对证。尤其是连太宗的长子楚王元佐都看不下去，为营救四叔而直接向父王申辩，因为他平时与四叔的关系不错，廷美的死讯传来，他受刺激而发疯，后竟纵火焚烧宫廷。太宗在廷美死后，还对他进行一系列的人身攻击：如《宋史·杜太后传》明载杜氏生五子，廷美位序老四。太宗却对宰相们说，廷美是乳母耿氏所生，以贬低廷美的出身，故意编派出谎言来掩饰自己逼死廷美之行径，甚至不惜向自己父亲的脸上泼脏水。这也让人怀疑太宗说"廷美自小刚愎，长益凶恶"，诸评价的真实性到底如何？这一连串的问题，绝不是孤立的，因已告诉了人们有关的隐情。

可以说，宋太宗亲自导演了这桩栽赃诬陷亲弟弟的冤狱的可能性非常大，《宋史·赵廷美传》将这一冤狱的主要责任归咎于赵普，实际上赵普不过是帮凶而已，他乘机除掉了对手卢多逊，终于出了一口恶气。然而赵廷美是这一狱案的关键，廷美不死，太宗就难以传位给自己的嫡系子孙，元凶应是太宗。然而，史书上依然是赵廷美想抢班夺位，最后自取灭亡的记载，几乎没有留下多少冤情的痕迹。在中国历史上，一些当权者这方面的手段都是相当高明的，使后人根本找不到什么确凿的不利于他们的史证，因为其中的关键史实早已被篡改，许多事实真相都已随着历史的波涛而永远逝去。

大将曹彬身后被崇之谜

曹彬是宋初名将，两宋其实名将不少，然而，独曹彬久负盛名，声誉最高。有宋一代，曹彬被誉为"勋业最隆、功冠群雄"的"本朝第一良将"，极为引人注目。后世对他也推崇有加，盛名一直不衰。那么，这位名声显赫的大将，究竟有哪些了不起的战绩军功，值得人们如此推崇呢？近有学者在考察了曹彬的生平战绩后，认为他在军事方面其实非常平庸，实乃庸将负盛名，这是怎么回事？原因又何在呢？

曹彬字国华，是真定灵寿（今属河北）人。父亲曹芸，为成德军节度都知兵马使，可谓出身将门。据说他周岁时，父母以百玩之具布放床席之上，观其所取，他左手拿起武器戈，右手取祭祀用的俎豆，一会儿又抓住一官印，对其他东西看都不看，人们颇觉惊异。

后汉乾祐时为成德军牙将，后周时补供奉官，迁河中都监，出为晋州兵马都监。入宋，迁客省使，以战功改左神武将军，俄兼枢密承旨。在太祖、太宗朝，他披坚执锐，平后蜀、攻太原、伐江南、征北汉、战契丹，南征北战，为北宋的统一立下汗马功劳，深得君主宠信，官至枢密使、检校太尉、忠武军节度使、加同平章事。

咸平二年（999）卒，享年69，赠中书令，追封济阳郡王，谥武惠，是宋代第一位死后全国举哀的武臣。且赠其妻高氏韩国夫人，官其亲族、门客、亲校等10余人，并与名相赵普一起配享太祖庙庭。可谓生荣死崇，地位显赫。

欧阳修《归田录》赞道："曹武惠王彬，国朝名将，勋业之盛，无与为比。"李攸《宋朝事实》、李焘《续资治通鉴长编》和李宗锷《曹彬行状》，都称颂曹彬："保功名，守法度，近代良将，称为第一。"罗大经《鹤林玉露》说："汉惟一赵充国，唐惟一王忠嗣，本朝惟一曹彬，有三代将帅气象。"宋人有关称誉，不胜枚举。后世也对他推崇有加，盛名不衰。

20世纪80年代，学者张其凡在认真考察了曹彬生平及其战绩之后，认为他在军事方面其实非常平庸，实乃庸将而负盛名，并对宋代出现这一现象的原因，进行了深入剖析。

纵观曹彬一生，他所参加的军事活动主要有四次：

第一次是乾德二年（964）十一月至次年正月的平定后蜀之战。曹彬以枢密承旨为都监，随刘光义军进蜀。在曹彬的严禁约束之下，这支军队纪律严明，秋毫无犯，受到褒奖。然而在平定后蜀，留驻成都的日子里，诸将争功而竞相掳掠，民众还是大受侵扰。战后有谓"清廉畏谨，不负陛下任使者，惟曹彬一人耳"。于是受朝廷特赏，升为宣徽南院使，跻身大将之列。但此战他并非统帅，且后蜀政治腐败，已不堪一击，没有经历激烈战斗，更未见曹彬有什么奇计巧谋。总之，这次战役决无可夸口的战绩使他得以称为名将。

第二次是开宝七年（974）正月至次年十一月的平定江南之役。这次曹彬身为统帅，率军沿长江东下。包围其首府金陵（今南京）之时，曹彬称病，诸将来问候，又提出破城日不妄杀一人，以约束将士，禁止掳掠，众将许诺，使富庶的江南及首府金陵免遭战争洗劫。班师之时，曹彬船中只有图籍和衣衾而已，这一功勋为人称颂不已。献俘开封，官升枢密使。平定江南是曹彬一生最得意之战，然而此战是以强对弱，在南唐国势日颓之时，曹彬率10万大军，却打了一年多才把江南平定，尤其是围困首府金陵近10个月，才得以攻破。可以说治军不严，姑息太过，致使战争旷日持久，劳民伤财，主帅难辞其咎。

第三次是太平兴国四年（979）正月至五月的平定北汉之役。宋初，曹彬曾经在他将麾下几次率军与北汉作战，取得过一些小胜。开宝二年（969）随太祖进攻太原，战败而回。此次是随太宗出征，虽然攻灭了北汉，但曹彬在其中并没有指挥战斗，自然也没有什么谋略和战绩可言。接着太宗乘胜北伐，结果与辽军高梁河一战，大败而回。

第四次是雍熙三年（986）正月至七月的北征攻辽战役。此战，曹彬统率约20万人马为东路主力军，出雄州（今河北雄县）向辽南京（幽州，今北京）进发。开局颇为顺利，曹彬率军很快攻占了岐沟关（今河北）和涿州（今属河北）等地。三月与辽军相持在涿水以北，十余天后，终因粮草不济，只得放弃前所攻占之地，退回雄州以便就粮。太宗得知消息后，认为指挥失策，令他与东路军副帅米信的军队集结，养精蓄锐，等待战机。此时，中、西路军捷报频传，东路军为了争回北征主力的面子，再度向涿州进发。因辽军以轻骑不断偷袭，曹彬命军队排成方阵行进，一边行军，一边在两边挖掘壕堑，以防敌骑侵袭。然而此举，使将士们疲惫不堪，从雄州到涿州百余里路，竟走了20多天。大军到达涿州，发现辽国大军已埋伏于涿州东北，曹彬连忙决定撤退，而辽军精锐开始了全力追击。

五月，宋、辽主力激战于岐沟关。宋军逐渐被辽军包围，宋军只得以粮车环绕自卫，实成关门打狗之势。曹彬、米信趁夜色率部突围，渡拒马河时，遭到辽军袭击，溺死者不可胜计。曹彬率军溃退至易州（今河北易县），驻营沙河。听说追兵又至，宋军如惊弓之鸟，争过沙河，又死者过半，河水为之不流。残余宋军向高阳（今属河北）溃逃，又被辽军追上，一阵砍杀，死者数万，丢弃的兵甲高如山丘。至此，宋军主力伤亡惨重，损失10余万之众，导致全线崩溃，雍熙北征以惨败告终。这次战败使宋朝北部边防极大削弱，辽军乘胜南下，河朔震动。时议认为，北征输得如此惨烈，主要是将帅疏于韬略，指挥无方所致，其中曹彬之无能最为明显，不堪为帅，实为庸将。

总之，曹彬作为大将，既无指挥才能，也无神机韬略，更无出色战绩，往往指挥无方，应敌无谋，最多是一个谨小慎微、奉守军法、有仁人之心的庸将。

那么，是什么原因使得庸将得负盛名呢？其一，曹彬为人值得称道。廉洁俭朴，在其他将帅聚敛成风之时，他却身居陋宅，未尝修广，衣着素袍，安于俭德。出使吴越，不受馈赠，后不得不收，却上交朝廷。居朝俸人，常接济族人，非常难得。宽厚谦恭，心胸较为宽广，喜愠不形于色，对同僚和下属都能友好相处，遇小吏亦以礼，接人待物和气，不言人过，不记人嫌，不以富贵骄人，惟以谦恭自处，还常助人于危难之中。读书好学，每次出征，往往带大批书籍回来，勤奋求知，学识益广，能与朝士清谈终日，鸿儒硕士也常叹不如。这些人品与涵养，是他获得盛名的重要基础。

其二，曹彬后裔在真宗、仁宗、英宗、神宗四朝一直地位显赫。其女儿为真宗嫔妃，其孙女被选为仁宗皇后，英宗时为皇太后，神宗即位，又尊为太皇太后。其长子，官至河阳节度使，同平章事。其他任节度使、宰执，乃至封王者有多人，其家族名望于北宋时一直隆盛。在这种情况下，一般士大夫自然多行称誉，在当时官修史书中，更是不吝褒奖。曹彬名声之鹊起，且久负盛誉之情况，可以想见。

其三，朝廷的推崇。宋朝皇帝的御将之道是不求其善战，必求其忠诚，以巩固赵氏江山。对能征善战、多有才干的将帅反而常常猜忌、防范，以尽力减除对最高统治者的威胁。由是，崇文抑武、压低武将的地位，用将但求忠诚循谨，不求有勇有谋，这些都成为大宋王朝的祖传家法。而曹彬为将忠实驯良，谨小慎微，这正是统治者最看中的优点，抬其为宋代第一良将，作为武臣的表率，完全符合最高当局的意愿。所以曹彬这样的庸将得以久负盛名，正是反映了时代的风尚，是那个时代的产物。

我们看到，宋代真正可以称为名将的北宋狄青，遭猜忌而死；南宋岳飞，遭构陷被害；南宋余玠，遭怀疑暴卒……名将几乎都没有什么好下场，这是宋代统治者容不得善战名将的铁证。其结果，必然导致军政之不修，兵势之不振，武力之积弱，而屡战屡败，宋室由一统江山，至南宋偏安一隅，最后被蒙古军铲灭，这也叫自食其果吧。

上述主要是张其凡先生的一家之言，却也言之有据，论之成理。不过曹彬之久负盛名，主要还是在赞扬他严肃军纪，不滥杀无辜方面，尤其是江南一役，使城市与民众免遭战争洗劫之功，无论如何还是值得称誉的。从这方面讲，他也有良将的成分，不是吗？

宋真宗泰山封禅之谜

宋真宗即位之初，尚能广开言路，锐意进取，勤政治国，社会经济有所发展，出现了咸平年间的小康局面。但与辽订立"澶渊之盟"后，以纳岁币求苟安，施政方针也日益保守，且崇道信佛，劳民伤财。更令人不可思议的是，一国君臣有如一群患有臆想症的精神病人，共同演绎了几场"天书"、"封禅"之类的迷信闹剧。其中一些神秘细节的具体操作过程，将永远是宫廷历史之谜。

澶渊之盟后，宋真宗赵恒心情一直不好。原来想到世人对其父宋太宗皇位合法性问题的非议，及对自己替代兄长继承皇位问题的种种看法，就有一肚子的不高兴。此时资政殿大学士王钦若又告诉他："城下之盟，《春秋》所耻。陛下以万乘之尊而与辽国立城下之盟，难道还有比这更可耻的吗！"真是旧患未除，又添新耻，真宗心里就像吃了一只苍蝇，说不出来的窝囊和憋气，心病不轻。

王钦若揣摩到皇帝的心事，也为了迎合真宗好大喜功的心理，提出："只有封禅泰山，才能镇抚四海，夸示外邦。"真宗听了果然心动。而后，王钦若又告诉真宗："自古都是先有'天瑞'，帝王才行封禅之举，那么怎么求得'天瑞'呢？难道伏羲时真有所谓河图洛书吗？不过是圣人以神道设教罢了。天瑞虽非人力所为，但只要皇上深信而崇奉，以明示天下，则与天降祥瑞无异。"真宗又去问秘阁直学士杜镐："河图洛书是怎么回事？"杜镐随口回答："就是所谓'龙马负图出于河、神龟负书出于洛'，其实都是古来即有的圣人设神道为教而已。"真宗听了，心领神会，决定施行。

真宗感到需要先将以宰相王旦为首的一批官员买通，让他们也心悦诚服地加入到这一剧情的演员行列中，那戏才会演得逼真。王钦若去转达了真宗的有关"圣意"，王旦半信半疑地勉强表示顺从。不久，真宗召群臣欢宴，提出不分君臣而以主宾就座，知枢密院事陈尧叟、权三司使丁谓，及王旦、杜镐等大臣不敢，真宗说："今天只想和爱卿们乐乐，就不要讲君臣大礼了。"喝到高兴当口，真宗命侍者给每人一个红包，打开一看，都是大颗珍珠。真宗请大家继续喝酒，说等会还有赏赐，席终果然还有良金重宝之赐。尤其是特赐给王旦御酒一樽，嘱咐回家与妻儿共享。王旦回府打开一看，见樽中都是亮晃晃的大颗明珠，联系到前些天王钦若传达的"圣意"，顿然有所领悟。

景德五年（1008）正月初三的早朝上，内侍来报说宫城左承天门南角发现像书卷一样的黄帛有两丈多长，黄帛上隐约有字。真宗便向群臣讲了一个天方夜谭式的故事："去年十一月某日夜里，有神人来告，谓来月在正殿建道场一个月，将降下《大中祥符》天书三卷。朕自十二月朔日已在正殿设了道场，恐内外起疑，所以未曾宣布。今日之帛书想必是天书下降了。"王旦带领群臣马上称贺，随后真宗率领众人来到左承天门，焚香望拜，让内侍上城楼取下"天书"，由真宗跪受。"天书"上写："赵受命，兴于宋，付于恒。居其器，守于正。世七百，九九定。"其中"付于恒"，当然是指真宗赵恒，可见真宗即位是天命所归，且可传"世七百"，永葆宋祚。真宗大喜，把"天书"收藏于金匮之中，然后大宴群臣，令改元为"大中祥符"，"大中"有万事适中之意，"祥符"就是"天瑞"。接着大赦罪犯，官员普加薪俸，京城放假五天，公费欢宴庆祝。并遣使祭告天地、宗庙、宫观，群臣也纷纷上表称贺，一场闹剧拉开序幕。

大中祥符元年三月，兖州知州率千余人赴京上表，称天降祥符，万民称颂，请圣上封禅泰山，以报天地。真宗命朝臣讨论此事，众臣以为封禅泰山是帝王将自己统治天下的功德昭告天地的大礼，秦皇汉武都举行过这一大典，大宋建立以来，国泰民安，丰衣足食，天下大治，完全有必要举行这一大典。四月，又有"天书"降于宫中功德阁，进一步表明了天意。宰相王旦率领文武百官、外来使臣、僧道耆寿等各界代表25000余人伏阙上表，请求真宗封禅。这样规模大代表广的上请，竟达五次之多，这班老臣也的确配合默契。

真宗遂决定当年十月赴泰山举行封禅大典，曾问权三司使（财政大臣）丁谓经费有无问题？丁谓回答："大计有余。"这更坚定了真宗过封禅瘾的决心。六月的一次朝会上，真宗又继续演绎着上回那个故事说："去年那位神人又托梦告知，将有'天书'降于泰山。"果然，王钦若上奏说，泰山下有醴泉涌出，泉旁的亭中有"天书"下降。于是群臣再纷纷上表称贺，乞加尊号"崇文广武仪天尊宝应章感圣明仁孝皇帝"，真宗拜受。至此，封禅的舆论准备，可谓相当完满。其他准备工作也正风风火火地进行着，如令匠人们专门制造了奉迎"天书"使用的"玉辂"。

十月初四，以玉辂载天书为前导，赵恒在庞大的仪卫扈从下居中，文武百官紧随其后，封禅队伍浩浩荡荡向泰山进发了。大队人马走了17天，才从京城来到泰山脚下。仪仗、士卒遍列山野，两步一人，数步一旗，从山下一直排到山顶，其气势着实宏大。十月二十三日清晨，赵恒在斋戒三天后，头戴通天冠，身穿绛纱袍，乘金辂，备法驾，在众臣簇拥下，登上南天门，来到岱顶神庙。次日，举行隆重而烦琐的仪式，封祭昊天上帝及五方诸神，礼毕下山。再以同样隆重的仪式，在社首山祭地祇神。最后登上朝觐坛，接受百官、外使和众僧的朝贺，上下传呼"万岁"，震动山谷。然后大赦天下，文武官员进秩，赐天下大酺三日，各地举行公费宴庆。

这里顺便提一下泰山中天门之下，海拔800米的"回马岭"，这里山重水复，峰回路转，景色优美。传说宋真宗到泰山封禅，骑马上山，至此坡路高峻陡峭，马不能行，只得在此回马。现有石坊一座，额刻"回马岭"三字。可是从历史记录来看，宋真宗并不是骑马上山的，而是坐山轿上的山。泰山岱庙的《宋真宗封祀坛颂碑》记述："上乃乘轻舆，陟绝巘，跻日观，出天门。"即乘坐山轿，攀盘道石阶而上。而这"回马岭"，据说唐代就有此名。有人认为应是唐玄宗封禅泰山的回马之处，也有人认为应是汉光武帝登封泰山的回马之处，不知哪个推断的可信度较大？

十一月，真宗的大队人马还拐到曲阜谒拜了孔庙，加谥孔子为"玄圣文宣王"，命近臣分奠七十二弟子，然后参观了孔府，游览了孔林，赐钱300万。以封禅礼成，诏改乾封县为"奉符县"。真宗还作《庆东封礼成诗》，令诸臣唱和，最后盛宴群臣。回到京城开封，诏定"天书"下降京城之日为"天庆节"，"天书"降于泰山日为"天贶节"，命文臣将其封禅泰山之行编成《大中祥符封禅记》一书。封禅大典前后历时57天，此后天下争言符瑞，群臣也争上表章，竞献赞颂之词，举国如痴如醉。

在其后的日子里，各地不断有符瑞吉兆像卫星一样放出来。如陕州报告说："黄河自清"了，解州又发生"池盐不种自生"的奇迹，河中府百姓居然在中条山苍龙谷发现了黄金护封的仙书《灵宝真文》……真宗都深信不疑。大中祥符三年（1010）六月，河中府士人、父老、僧道1200人恳请真宗到汾阴祭祀后土，其后又有文武官员和各界代表3万余人到京请愿，要求真宗亲祀汾阴后土祠。真宗这时对制造大排场以抬高声望的做法似乎已经上瘾，决定明年春天亲祭汾阴地神。

大中祥符四年（1011）正月二十三日，赵恒又率众启程，西祀后土的队伍仍以"天书"为前导，经洛阳，出潼关，沿黄河北上，直趋汾阴（今山西万荣县西南）。历时21天才到山西宝鼎奉祇宫，以封禅泰山的隆重礼仪祭祀后土地祇完成后，真宗又过黄河，折道向西，来到华山，补上拜谒祭祀西岳庙的礼仪。归途中，又在洛阳停留了20多天，再去巩县（今属河南）拜祭祖宗三陵（太祖之父的永安陵、太祖永昌陵、太宗永熙陵）。直到四月初才回到京城，前后闹腾了近70天，这趟"西祀"比"东封"耗费更大。准备工作就做了年余，修行宫、治道路、征民夫、役兵卒、贡钱物，动辄上万人，几十万钱帛。一些正直的朝臣上书劝谏，真宗根本听不进去。回来后，又是加官进俸，又是派使臣分赴五岳，为诸岳册封帝号，仍忙得不亦乐乎。

大中祥符五年（1012）十月的一天，真宗又忍不住演绎上回的故事，还说那位神仙托梦，传达天帝的旨意："令先祖赵玄朗授你天书。"不久，这位先祖果然托梦告诫真宗："要善为抚育苍生。"真宗认下这位子虚乌有的先祖后，马上出台了一连串举措：一是命天下为圣祖避讳；二是为圣祖上尊号，并配上一位圣母；三是在京城建造景灵宫，供奉圣祖和太祖、太宗像，其规模仅次于太庙；四是在京城最大的道教宫观大殿里供奉玉皇和圣祖的塑像；五是下令天下州县天庆观增建圣祖殿，官员上任和离职都必须拜谒；六是命宗正寺修订皇室家谱，增入圣祖事迹。由是真宗带头撰写《圣祖降临记》，王钦若的《圣祖事迹》、盛度的《圣祖天源录》等也纷纷出笼。

大中祥符六年（1013）六月，老子故里亳州（今安徽亳县）的官吏和父老3000多人进京请愿，强烈要求真宗亲谒亳州太清宫，拜祭老子。数天之中，群臣们也凑热闹，再次吁请。于是，真宗下诏，明年春天幸亳州，加老子"太上老君混元上德皇帝"尊号，命丁谓判亳州，筹措相关事宜。几个月后，丁谓又称瑞兆频生，从亳州献上灵芝37000枝，真宗另辟一殿展览这些灵芝。次年正月，仍以"天书"为前导，真宗率众又浩浩荡荡地开赴亳州，在太清宫拜谒老子后，一个月后才回开封。

半年过后，真宗又想出崇道的点子，宣布天帝的尊号为"太上开天执符御历含真体道玉皇大天帝"。大中祥符八年（1015）正月初一，在隆重的礼仪中，真宗在玉清宫向天帝正式奉上尊号，参加这一仪式的除文武百官外，还有少数民族领袖、宗教界僧道代表和外国使者等。同时命令天下官员和百姓都须在家中设案焚香，向玉皇大帝致敬，地方官要派人检查，民间"玉皇大帝"的称呼也始于此。天禧元年（1017）正月初一，真宗又到玉清宫向玉皇大天帝献上宝册和龙服。全国各地也同日分设罗天大醮，以供民众僧道烧香跪拜。这样，将全国都卷入这一敬拜"玉皇大帝"的狂热迷信活动之中。

为了把以"天书"为中心的崇道活动搞得场面壮观，从大中祥符元年开始，真宗就在京城和全国大兴土木，营建宫观。其中最大的玉清昭应宫有2600多座殿宇建筑，役使数万工匠夜以继日，用了7年多时间才竣工，并动用了全国最好的建筑物资，其宏大豪华之规模，超过秦之阿房和汉之建章。次年，真宗又命令全国各州县都必须建天庆观，供奉三清玉皇，总数在千所以上。真宗还在寿丘（今山东曲阜境内）建景灵宫，有1320多座建筑，以供奉圣祖赵玄朗，又造太极观供奉圣祖母。由于曲阜太远，真宗不便亲致礼拜，就在京城也分别建造景灵宫和太极观。

乾兴元年（1022），真宗去世，"天书"也随葬入陵，总算结束了长达15年的荒唐闹剧。真宗晚年已完全沉浸在这出自导自演的荒诞戏剧中，满口胡话，神魂颠倒。当然还有大量的必不可少的配角，才能把这场戏演得如此生动鲜活。其中王钦若、丁谓、林特、陈彭年和刘承规五位配角最为重要，他们相互勾结，行踪诡秘，号称"五鬼"，将朝政搞得乌烟瘴气。然而各人在其中发挥的作用不同，王钦若为人奸巧，智数过人，胆大妄为，又懂道教，这出戏由他首创建议，作用最大。丁谓狡黠机敏，开始主要是推波助澜，后来居上累官宰相，成为真宗末年政治中举足轻重的角色。林特工于算计，善于逢迎附和，接任三司使，主管封祀和营造的财政大计，几乎把太祖、太宗朝的家底积蓄都挥霍殆尽。刘承规是宦官，官居皇城使，当时伪造"天书"，多由皇城司奏报，或兼负责道具的制作。陈彭年擅长礼法，颇有学问，为东封西祀参订仪制，历翰林学士、参知政事。天禧大礼，为天书仪卫副使，负责闹剧场景的设计。宰相王旦名为正直，以美珠一樽，竟箝其口，且屡次力请封禅，冒称众意，利令智昏到如此程度。尤其值得注意的是，许多僧道、耆寿、外臣乃至大量士人、百姓都参与了进来，搞得举国如痴如醉，进入迷狂状态。

那么，是什么魔力能动员起全国各阶层这么多的人士，最后完成这令后人深感可笑又可悲的荒诞闹剧呢？其中有多少人在不同程度地参与作假？多少人明知"天书"等符瑞吉兆有假，却依然崇信有加，痴狂不已？为什么此类文化现象有如此之感召力而在中国历史上能常演不衰？

名相寇准冤狱之谜

寇准乃北宋名相，为人豪放而洒脱不拘，为官正直而气度不俗，敢于犯颜直谏，不畏强权，为世人敬仰。大家知道，北宋澶渊之盟前后，幸亏这位名相处变不惊，力挽狂澜，坚持真宗亲征，宋军得以略挫辽军锐气，最后签订城下之盟。百年后就有宋人说："当年若无寇准，天下已分南北矣！"如此一位功臣，最终却落得贬死岭南的下场。那么是什么原因造成这一悲惨的结局？寇准自己的行为应承担多少责任？宋真宗、刘皇后及王钦若、丁谓诸人又在其中扮演什么角色呢？

太宗朝，寇准已为参知政事（副相）。一天，上朝奏事，寇准所言与太宗之意不合，太宗一怒而起，准备退朝回宫，寇准却上前牵住御衣，要皇帝冷静坐下，继续议事。过后，太宗细细回味其过程，不觉大加赞赏："朕得寇准，犹李世民（唐太宗）之得魏征啊！"

真宗即位后的第七年，即景德元年（1004），寇准拜相执政。适逢辽国20万大军南下侵边，来势汹汹，直逼澶州（今河南濮阳）城下，举朝惊恐，主守主战，纷纷不决。寇准力排众议，坚决主战。某天早朝，参知政事王钦若提出请皇上驾幸金陵（今江苏南京）暂避，签署枢密院事陈尧叟建议皇上避难成都。真宗征询寇准意见，寇准厉声回道："若采用此二策，则人心崩溃，敌骑深入，天下还能保吗？何人为陛下画此策，臣请先斩此人祭旗，然后挥师北伐。"王钦若在一边听得面红耳赤，低头不敢作声。寇准又提名王钦若出判大名府（今河北大名），去守前线重镇，王钦若没法推辞，只得上路，心中却记下这笔账。

在寇准的要求下，真宗同意御驾亲征，率军直抵澶州。皇帝亲临前线，士气大振，加上号令严明，将士用命，开仗之初就射杀辽军大将，略挫敌军锐气。但在真宗厌兵求和的懦弱态度促使下，没能按寇准的强硬主张坚持下去，终与辽国签订屈辱的澶渊之盟，以30万岁币，换来北方边境的暂时平静。

正当真宗为此战"亲征"有所成果而感到庆幸，对

寇准

寇准也敬重有加之时，王钦若经过深思熟虑，开始挑拨离间。一天，真宗目送寇准退朝，王钦若在一旁问道："陛下如此敬重寇准，是否以为他对社稷有功呢？"真宗点头称是。钦若又道："澶州一役，陛下不以为耻，反以寇准为有功，臣实不解。"真宗愕然，顿问何故。钦若答："陛下贵为天子，却与外夷作城下之盟，此《春秋》所耻。寇准逼陛下亲征，犹如赌博，输钱将尽而孤注一掷，陛下乃寇准之孤注，逼陛下为如此危险之事，寇准何功之有！"几句话就把真宗说得面颊发青，闷郁不快，自尊心被扫尽，对寇准的敬意和眷宠也随之降格。

同时，寇准在战后有意无意居功自得的架势，也令真宗老大不快。自此，真宗待寇准日渐疏远。不久便罢去其相位，出知陕州。而王钦若却靠此类手段，再次被用为执政。此人貌状矮小，且颈项中有瘤，一副怪样，时人称"瘿相"。

天禧元年（1017），全国正沉浸在"天书"、封禅等的迷信闹剧之中，寇准在判永兴军的任上，其属下军官巡检朱能，伙同朝中宦官周怀政，伪造"天书"，想通过寇准上呈，以得皇上恩宠。寇准喜其附己，不辨真伪与忠奸，便忘乎所以地以地方长官的身份上奏朝廷，称有"天书"降乾祐山中。一些大臣以为此乃奸臣妄诞，以蛊惑天聪，却不解原来并不相信"天书"的寇准何以会一改初衷。然而真宗已入迷狂状态，宰相王旦也觉得应该让寇准奏上来，所以朝廷下诏令寇准马上回京奉上"天书"。

入朝临行，有门生劝寇准说："你若称病，推托不去，实为上策。若入京见驾，便揭发此天书乃奸人伪妄之作，尚可保全平生正直的名声，其为中策。若由此再入中书拜相，自堕志节，恐怕最为下策。"寇准听了不以为然，依旧我行我素，入京奉上"天书"。真宗大喜，正遇王旦离世，王钦若坐事罢职，天禧三年（1019），寇准再入中书为相。

寇准二度入相，丁谓也再任参知政事，寇准与丁谓原先关系不错，所以曾向宰执推荐过丁谓的才能。丁谓虽博学多才，然狡诈过人，善于揣摩奉迎，智谋而奸邪。某夕，中书用餐，寇准饮羹污须，丁谓殷勤至极，起身为他拂拭干净，哪料寇准并不领情，略带酒意地戏语道："参政乃国家大臣，难道是为长官拂须的吗？"一句话将丁谓说得无地自容，面颊青一阵，红一阵，心中好不懊恼，由是暗怀敌意，伺机报复。

天禧四年（1020），真宗忽患风疾，病情时好时坏，不能上朝视政，事多决诸刘皇后，丁谓和知制诰钱惟演等人联合起来迎奉刘皇后。寇准和参知政事李迪等人却有后宫擅权的担忧，正好宦官周怀政此时向寇准传达了真宗要让太子监国的想法。一天入宫请安，寇准便向真宗说："皇太子不负众望，愿陛下传以神器。"真宗点头称是。寇准既得皇上允准，便密令翰林学士杨亿草表，请太子监国。此时寇准已觉丁谓奸佞，有意让杨亿代丁谓之职。然而，寇准一时酒后漏言，传入丁谓耳中，丁谓当即入诉刘皇后："皇上稍有不适，即当痊愈，奈何令太子监国？寇准谏立太子，当有异图。"

此前，发生过刘氏宗人在蜀地不法事，真宗以皇后亲属之故，便赦其罪。

而寇准却偏提出要依法处置，所以与刘皇后早有芥蒂。此时寇准又站在太子立场上，想限制刘后之权，所以刘后早就想整一下这个寇老儿，便向真宗诬告，说寇准要太子监国将有异图，丁谓也在真宗面前极力诋毁寇准。而真宗不知是病体晕晕，还是出尔反尔，竟记不起自己曾允准过寇准的有关建议，便下诏罢去寇准的相位，以丁谓代之。

宦官周怀政在内廷颇有权势，前因伪造"天书"事，更恩宠有加。此次寇准欲令太子监国，怀政亦预谋其事。寇准因此被罢相，怀政亦遭斥责，并渐被疏离。怀政在忧恐略定之后，想挽回败局，便阴谋杀丁谓，废刘皇后，奉真宗为太上皇，立刻传位太子，并恢复寇准的相位。怀政与其弟怀信，潜召大臣杨崇勋、杨怀吉等人密谋，约以共同举事。不料，有人向丁谓告密，丁谓与枢密使曹利用计议后，入奏宫中。真宗立即下令逮捕有关诸犯，组成众大臣审理法庭，周怀政很快招供伏罪，被斩首示众。此案被牵连的有关官员、亲属有数十人，都被发配边远，寇准也因此被远贬，出知相州。

丁谓又揭发永兴军巡检朱能也是周怀政伪造"天书"的同党，朝廷接着便派使者去永兴军捉拿朱能等人，朱能自度不能免罪，竟然武装反抗，杀死使者，率军造反。最后在数路大军的围剿下，很快溃败，朱能自缢而亡。而寇准曾是朱能上司，且联手进奉"天书"，所以再坐朱能反叛之事，贬为道州司马。

不久，真宗驾崩，仁宗即位，才13岁，由刘太后垂帘听政。丁谓更是飞扬跋扈，与太后再次将寇准贬为雷州司户参军。雷州半岛为广南最边远地区之一，与海南岛遥遥相望，自然环境相当恶劣，生活条件更是艰苦，将寇准这位60余岁的老人谪放此地，无疑是要将其置诸死地。越年，寇准便病殁于雷州。

此冤狱中，奸臣王钦若的贬损、丁谓的诬害固然是原因之一，但寇准自己的行为也存在相当的阙失。在判永兴军的任上，寇准居然与军官朱能、宦官周怀政联手，附和当时全国痴愚病狂的迷信闹剧，用"天书"下降当地的谎言和伪作来博取皇帝的宠信。这样，原来并不相信"天书"的寇准为什么会一改初衷，最终也扮演了一个小丑的角色，而采用这种低级手段来博取相位呢？据说名臣张咏认为寇准有奇才，可惜学识不足。这一行为仅仅是学识不足的原因吗？或者说寇准为了再次入相掌权，而不择手段，哪怕利用奸人和做荒唐事。这就不是学识不足的问题，而是政治品质的问题了。有人说这是中国大多数政治家的一种习惯性思路，它是中国皇权政治的必然产物，所以毁坏自己的名誉或走向冤狱的结局，这都是宿命。那么，寇准到底属于哪一类性质的官员呢？

这案中宋真宗扮演的角色，最令人迷惑。明明是自己先有让太子监国的想法，也亲自同意了寇准的提议，最后居然出尔反尔，不但将寇准罢去相位，贬其出知小州，甚至还要差点追究太子的责任，幸亏参知政事李迪提醒道："陛下有几个儿子，竟要这么做。"真宗这才觉悟，自己仅此一个继承人。不过也有迹象表明，真宗晚年已病重而糊涂，许多诏旨实为刘皇后一人擅行，就是说寇准冤狱主要是刘皇后矫诏制造的。所以，在寇准早已被贬出京城，真宗还时或会问："眼前为何久不见寇准？"左右不敢据实回答。总之，此案约在天禧四年之后所下的诏令，已很难分别哪些是真宗清醒时的旨意，哪些是刘皇后矫诏擅行的。在君主专制的中国，每到皇帝晚年，这样的宫中之谜，其实是经常性的节目。

宋仁宗生母之谜

演绎宋代宫廷故事的元代杂剧《抱妆盒》和包公戏《狸猫换太子》等剧目，都是讲述宋仁宗母亲、宋真宗的李宸妃如何遭到刘皇后的陷害，仁宗也差点险遭不测的传奇故事，其遭遇之坎坷，情节之跌宕，令人扼腕。为什么民间对宋代宫廷的这段故事如此津津乐道呢？其历史的真相又是如何的呢？

元代杂剧《抱妆盒》讲述了这样一个故事：宋真宗的李宸妃生了一子，刘皇后十分忌妒。便令宫人寇承御假传圣旨，说皇帝要见儿子，诓出婴儿勒死，再抛尸河中。寇宫人有怜悯之心，但不知如何救这孩子。正好此时，真宗派太监陈琳怀抱妆盒到园中采摘新果，送与御弟楚王祝寿，在金水桥巧遇寇宫人。寇宫人请陈琳帮助，陈琳便将婴儿放入妆盒，带出宫来拜见楚王，细禀此事，楚王将孩子收养家中。10年后的一天，楚王带此子谒见皇兄，刘皇后见此子声容举止都酷似李宸妃，心生疑窦。回宫后拷问寇宫人，寇宫人不甘屈辱，当即头撞石阶而亡。数年后，楚王将此子身世婉转告之真宗，真宗将他立为太子，由刘皇后收养。五年后，真宗驾崩，仁宗继位。仁宗怀疑自己身世，亲自查审此事，陈琳这才和盘托出。此时李宸妃早已过世，可怜母子生前没能相认，仁宗下旨尊母亲为纯圣皇太后。刘太后逆天悖理，手段残忍，应严加惩办。但仁宗考虑到先帝的尊严，刘太后年岁已老，也算有养育之恩，姑且容之，奉养如旧。加赐封赏楚王与陈琳，并重建寇宫人之墓，封为忠烈夫人。

包公戏《狸猫换太子》讲述的相关故事却如此演绎：开封府尹包拯外出巡视，一天在路上，突然被一阵怪风吹落了帽子。包公感到这风来得蹊跷，就随飞滚的帽子追去，来到一座破窑前。窑中住着一位双目失明的老妇人，衣衫破旧，面容憔悴，行动中却隐隐透出一些宫廷风范。包公上前问候，并报出姓名。老妇人得知来者是当朝铁面无私的"包青天"时，不由得泪流满面，喊出一声"包卿，可要为奴家伸冤啊！"这声叫得包公大惊失色，这"包卿"岂是普通人可随便叫得的？仔细询问后得知，老妇人实为当今天子宋仁宗的亲生母亲，宋真宗的李宸妃。因为给真宗生下皇子，却被生不出儿子的刘皇后调包夺走。刘皇后勾结太监郭槐，买通接生婆，用剥去皮的狸猫换出皇子，诬李宸妃生下怪胎妖孽，打入冷宫加以陷害，要将李宸妃治罪。多亏宫人冒死相救，宸妃才得以逃出深宫，隐名埋姓，流浪颠簸至今。包公开始半信半疑，老妇人取出当年真宗留给她的玉佩，包公见是宫中之物，才知老妇人所言不假，可怜她身为国母，却母子不能相认。于是包公将老妇人带回京城，设计使仁宗认母，并惩办了此案的郭槐等恶人。

上述两个故事虽然都是讲述仁宗生母的悲凉遭遇，而情节却相距甚远。其实二者都为后人虚构，与历史真相存在较大差距。那么后人为什么如此热衷于演绎这段宫廷故事呢？它应该不会完全是捕风捉影吧？有关的历史真相究竟是怎么一回事呢？

先说刘皇后，原为真宗的德妃。真宗的原配是潘美的女儿，即位前已去世。即位后所立的郭皇后，也在景德四年（1007）病故。其后，中宫虚位多年。在众多的嫔妃中，真宗属意的是刘德妃。德妃名刘娥，太原（今山西）人，后徙益州华阳（今四川成都），出身低贱，却生得玲珑秀眉，擅长播弄鼓乐。十来岁就嫁给当地匠人龚美。雍熙初年，夫妻来京城谋生，龚美因为贫寒准备叫刘娥改嫁。此时，真宗为襄王，很想娶一个有才艺的川妹子为妾，经襄王府给事张耆的张罗，刘娥就这样进了襄王府。这时她年才15，风华正茂，大受宠爱。太宗知道此事，嫌其出身卑贱，令将刘娥逐出王府。真宗实在舍不得，就暗中让她寄居在张耆家。十余年后，真宗即位才将她接回宫中，立为美人，重得宠幸，她在后宫的地位也升得很快，大中祥符初已为德妃。当真宗打算立刘德妃为后时，大臣们以其出身为由而激烈反对，但真宗力排众议，终于在大中祥符五年（1012）将德妃立为皇后。

刘皇后虽出身低贱，入宫后却也好学，逐渐通晓史书，加上生性警敏，关心朝廷与宫闱有关要事。真宗也常退朝后在其宫中批阅封奏，便询问一些政事，她都能妥善应答，其政治才干颇受真宗倚重。天禧四年（1020）春，真宗一度病重，朝政就多由皇后决断。真宗驾崩，仁宗即位才13岁，刘氏为太后而垂帘听政。改元天圣，"天圣"拆字即为"二人圣"，指皇帝与太后二人当政。由于仁宗年少，实由刘太后一人当政，长达11个年头，成为宋代第一位临朝的母后。

刘太后听政后所做的第一件大事，就是听从大臣王曾和吕夷简等人的建议，把"天书"随同真宗一起葬入永定陵，下令禁止兴建宫观，有力地遏制了大中祥符以来弥漫朝野的迷信狂热。既借用过奸相丁谓，也很快免去其权位，贬为崖州（今海南）司户参军，实为流放。接着，在全面把握朝政期间，从谏如流，颇有建树。如创设谏院，完善科举，兴办州学，澄清吏治，重视水利，连中国古代最早的纸币——交子，也是在她的批准下得以发行。当然也存在贬逐寇准、李迪等较为正直大臣，及稍有倚用宦官、放纵外戚等的过失。不过大体而言，史官对其治绩一般持基本肯定的评说："内外肃然，纪纲具举，朝政无大阙失。"

再说仁宗母亲李宸妃，她开始只是刘德妃宫中的侍儿，即一位平常的宫女。由于生得还较端正庄重，且肤色明丽，言语不多，真宗一时高兴，让她侍寝而怀上了孕。生下仁宗后，封崇阳县君，又生一女（后早夭），方进为才人，不久迁婉仪。刘德妃为皇后，因无子，便把襁褓中的仁宗夺为己子，并让杨淑妃抚育，而李婉仪从此就失去了亲自抚育儿子的资格。仁宗从小就叫刘皇后为大娘娘，叫杨淑妃为小娘娘，"母子"感情融洽，而不知自己还有生母在宫中。李氏因为地位低下，不能论理，默然杂处在先朝宫嫔之中。直到仁宗少年即位，由于还是刘太后掌权，李氏也不敢有一点母以子贵的表现。人们都畏惧刘太后，也没有人敢对仁宗说出事情真相。而刘太后却让李氏去为真宗守陵，用隔绝其亲生母子的手段，来确保自己权力地位的稳固。同时，太后也派人访得李婉仪失散多年的兄弟李用和，给这个原本衣食无靠的小工匠当上三班奉职，做得也不算太绝情。

明道元年（1032），李氏病重，方得进位宸妃，不久去世，享年46岁。可悲的是，宸妃贵为一国君主之母，并与仁宗同住一宫廷中，却生前不能与儿子相认相聚。刘太后打算用一般宫人的礼仪在宫外治丧，宰相吕夷简上奏建议丧礼应从厚。太后怕在座的仁宗听出破绽，急忙引皇帝走开，然后单独回到帘下，责问吕夷简："一宫人死，你提出厚葬，是要想离间我们母子关系吗？"吕夷简从容回答："太后若不想到刘氏族人，就算臣没说；若为刘氏后人着想的话，则丧事宜从厚。"一句话提醒了刘太后：日后万一仁宗得知自己的身世，痛感生母生前死后都没有得到应得的待遇，一定会怨恨自己，就会迁怒于刘氏后人。于是就问该如何厚葬？吕夷简请下诏以一品之礼安葬于洪福院。同时，吕夷简还密令经办人员，要以皇太后的服饰装殓，且要用高档的水银宝棺。

明道二年，刘太后病卒。宋仁宗号泣忧伤，悲痛过度，茶饭不思。章惠太后（即杨淑妃）劝道："她非帝母，帝自有生母。"燕王诸人也告知仁宗："陛下乃李宸妃所生，宸妃死于非命。"在一番询问后，仁宗方知自己的身世，号恸顿止，不视朝累日，下哀痛之诏自责，尊生母为皇太后，谥号章懿。又亲临母亲所殡之洪福院祭告，同时派兵包围了刘氏府第。然后亲自哭着开棺验视，见生母穿着皇太后的冠服，在水银的养护下肤色如生，没有毒杀的痕迹，才感叹传言之妄，下诏将母亲棺椁陪葬真宗永定陵。于是撤去刘府围兵，又到刘太后灵前焚香泣告，对刘氏仍然恩礼有加。为了弥补对亲生母亲的愧疚之情，仁宗对李氏家族的恩宠益厚，一再提升母亲弟弟李用和的官职，拜为彰信军节度使、检校侍中，还将福康公主下嫁李用和的儿子李玮。

上述历史真相中，刘太后应该说是一位还算不错的垂帘听政者，她掌权的天圣、明道年间，基本恢复了真宗早年咸平、景德间的小康发展势头，也为仁宗的庆历盛世奠定了基础。史传曰："虽政出宫闱，而号令严明，恩威加天下。"她的政治才干绝不在其夫真宗和其子仁宗之下，临朝时的个人品德也并无大的阙失。虽说刘太后未必不想效法武则天，但宋代限制后宫干政的家法颇为森严，众臣的监督谏阻也算有力，使刘太后只得明确表态不做有负祖宗的事情。晚年，太后召见曾反对她预政的大臣李迪，问道："我今日保护天子与大宋江山至此，你以为如何？"李迪表示心悦诚服。

当然，在对待李宸妃的问题上，刘皇后有自己的私心和不当行为，但这也与当时的后宫制度有关，为了保住自己的地位，她不得不这样做。同时，她也并没有使出如其他朝代一些后宫之间的残忍手段，应该说对李氏并没有绝情，仍还有一点天良，故使李氏得以善终，且还提携了李氏家人。这与民间小说戏剧中刻画的刘皇后，一个有着阴狠毒辣之心肠与手段的皇后形象相去甚远。说到这里，仁宗生母的谜团已清晰解开。令人不解的是：为什么民间社会对这样一位还算清明的刘皇后形象要进行如此的歪曲？把一位实有功于宋朝统治的太后描绘成一个丧尽天良、恶毒卑劣的刽子手？

郭皇后暴卒之谜

宋仁宗即位之初所立的郭皇后，实是太后强加于少年皇帝的婚姻，所以久不得宠，却又骄纵泼辣。一次后妃之间的争风吃醋，失手打了皇帝，闹出废后风波。宰臣与宦官的推波助澜，使郭后终被废黜，出居道教宫观。问题是，仁宗后有悔意，打算召郭氏回宫，这时郭氏暴卒。是被人暗害而死，还是上天无情？留下永久之谜。

宋仁宗的婚姻一直很不顺心，主要是由于刘太后在其中强行贯彻自己的意志。开始为仁宗挑选皇后时，蜀人王蒙正的女儿姿色冠世，入京备选，仁宗一见倾心，刘太后见了却认为此女过于妖艳，恐对少主不利，就将她改配给自己的侄子刘从德。眼看绝代佳人成为他人之妇，仁宗久久不能释怀，然也无可奈何花落去。在准备正式立后之时，仁宗属意于张美人，但刘太后又坚持立平庐军节度使郭崇的孙女，胳膊扭不过大腿，仁宗只能顺从母意。天圣二年（1024），郭氏立为皇后。

仁宗对母亲硬塞给他的皇后并不喜欢，郭皇后却仰仗着太后的偏心而非常骄纵，使仁宗难得亲近其他嫔妃，仁宗早就憋了一肚子的气。不久，刘从德去世，仁宗内批封王氏为遂国夫人，允许她出入宫禁，因朝臣竭力反对而作罢。从中也可看到，由于郭皇后始终没有博得仁宗的欢心，所以仁宗总把旧情放在心上。

明道二年（1033），刘太后去世。宰相吕夷简手疏八事，劝帝重整朝纲，语真情切。仁宗与吕夷简商议重建宰执班子，意在逐渐消除太后的影响，建立自己的权力班底，准备把原为太后亲信的执政夏竦、张耆和晏殊等都罢政出朝。退朝后，仁宗随口与郭皇后说到这件事，郭氏却说："难道吕夷简独独就不依附太后吗？他不过为人机巧善变罢了。"仁宗听了，想想似乎颇有道理，就决定把吕夷简的相位也给罢了。第二天早朝，宣读了皇帝的诏令，除上述诸相被依次免职外，末后吕夷简也罢为武胜军节度使，出判陈州。吕夷简大为惊骇，也大惑不解，这样被出乎意料地罢相，不知是何事忤旨而遭此遣，就托入内都知（宦官）阎文应打听，才知底里，遂对郭皇后怀恨在心。

宋仁宗复召李迪、王随等人执政，还用旧相张士逊，他曾是仁宗在东宫时的老师，所以颇得信任，但张很快就坐事罢相，出判许州。半年后，仁宗感到新班底并不是十分满意，还是有点思念吕夷简，所以又召他为相。

后宫中，仁宗比较宠爱尚美人和杨美人，而郭皇后却不时与她们争风吃醋。一次，郭后与尚氏同在仁宗前侍谈，没说几句，又起口角。尚氏恃宠不肯相让，并当着仁宗的面讥刺郭后，郭后气愤之极就跳起来打尚氏的面颊。仁宗看不过去，起座拦阻，不料郭后已经出手，而尚氏闪过一旁，一巴掌正打在仁宗颈脖之上，指尖锐利，掐成两道血痕。一怒之下，仁宗决定废黜郭后，遂找宰执近臣商量。宦官阎文应给仁宗出主意，让仁宗将颈脖上的伤痕给执政大臣们看，以取得他们对废后的支持，仁宗也照着做了。

宰相吕夷简对前不久因郭后一句话而被罢相一事，一直耿耿于怀。这次正是报复的机会，怎肯轻易放过。由是他不但赞同废后，以为"皇后如此失礼，不足母仪天下"，还提出两条强有力的理由：一是皇后在位九年，却无子嗣，二是汉唐故事中，光武帝素称明主，其皇后郭氏只是怨怼就被废黜，何况陛下被伤颈脖。说得仁宗遂下决心，下诏废郭后，封为净妃、玉京冲妙仙师，赐名清悟，居于长乐宫。

废后诏书公布后，引起朝臣们的轩然大波。主要是御史中丞孔道辅率领范仲淹等十余名谏官、御史，向皇帝上了很多道奏折，认为皇后没有大过，不应轻率废黜，请求重新审视此事。吕夷简指示有关部门，不得接受台谏官的章奏，所以反对废后的奏疏无法上达仁宗手中。于是御史们准备进殿面奏，要求仁宗接见。然而吕夷简与阎文应等早有布置，殿门紧闭不开。孔道辅等只得拍打门环，大呼："皇后被废大事，奈何不听台谏入言？"仁宗便令宰相去向台谏官当面说明情况。

吕夷简只得硬着头皮至中书与台谏官们商谈。孔道辅、范仲淹等台谏官指斥夷简道："大臣服事帝后，就像儿子服事父母，父母不和，只可劝解，奈何顺父出母呢？"夷简答："后伤帝颈，失礼太甚。且废后亦汉、唐故事，何妨援行。"道辅厉声说："此乃汉、唐失德事，如何引为法制？"辩论中，双方唇枪舌剑各不相让，最后吕夷简只得同意他们明天直接向皇帝进谏，然后拂袖而去。

吕夷简回去对仁宗讲述了台谏官请对的要求，认为实非朝政太平之幸事，要仁宗早做准备。第二天清晨，台谏官们早早上朝，准备与皇帝、宰相当廷辩论。不料，仁宗先下了即日起不许台谏请对的诏书，同时对为首的台谏官员进行了处分：孔道辅、范仲淹出知地方州郡，其他台谏官员分别给予罚金处分。在皇帝与宰相的联手打压下，这场废后风波得以平息，台谏官的进谏未能见效。

景祐元年（1034），被废的郭后又出居瑶华宫。而尚、杨二美人越发得宠，一有机会就缠着仁宗，几乎每晚都共同陪侍上寝。为此，仁宗搞得圣体疲乏，或累日吃不下饭，不久一场大病，数天不省人事，内外忧惧。朝臣们私下议论，认为主要是二美人侍寝过于殷勤之故，杨太后（即真宗时的杨淑妃）与内侍阎文应轮流劝说仁宗，黜逐二美人以保重龙体，仁宗无可奈何之下只得点头同意，阎文应便把二美人用车送出后宫。次日传出诏旨：尚美人出为道士，杨美人出为尼姑（一说别宅安置）。九月，立大将曹彬的孙女为皇后。

仁宗身体康复后，一天游览御花园，见到郭后原来乘过的轿子，触景生情，黯然泪下，颇有悔意，作《庆金枝》词一首，派内侍给郭后送去。郭后见词也觉伤心，答和一词，凄怆哀婉，动人情怀。仁宗看后颇为感触，又派人告之有重召郭后回宫之意。郭氏一想到被废时的情景，顿感万分屈辱，表示若再受召回宫，必得百官立班受册方可。吕夷简、阎文应听到此消息，大为吃惊，两人在仁宗面前说过郭后的许多坏话，担心郭后回宫将对自己不利。恰好郭氏得病，仁宗派阎文应带太医前去诊治，几天后，郭氏暴卒。

郭后的暴卒，当时就引起不少传言。有人怀疑是吕夷简、阎文应所害，认为二人力主废后，与郭后已势不两立，而仁宗欲郭后回宫复位，这必定造成二人心理上的恐慌，从而采取措施将郭后害死。还有消息说，阎文应在带太医诊治郭后的过程中，故意用药引发其病，使其病体加重而亡；或说是阎文应乘机进毒，致郭氏暴亡。甚至有人传言，郭后在病体加重，但尚未断气之时，阎文应就向仁宗报告郭氏病亡的消息，然后急忙用棺木收殓。当时有谏官王尧臣等人对此反常现象提出疑问，要求重新察验郭后的病历起居记录，但仁宗不同意，最后只得不了了之。

史载，仁宗得知郭氏病亡，"深悼之，追复皇后"，却不加谥号，也不行附庙之礼，仍葬于佛舍而已，这一做法也是够奇怪的。联系前面仁宗并不深究郭氏暴卒的原因诸事，也让人看不懂。就是说，郭后究竟在仁宗心目中是个什么地位，其实也是一个谜。

后来，范仲淹回朝任天章阁待制，他虽提不出什么过硬的证据，但始终认为郭后之死应与宦官阎文应有关，阎带医就治郭氏小疾，几天后暴卒，起码有失职之咎，于是上书弹劾，阎文应终于被贬逐岭南，死在路上。吕夷简对此事颇感不快，就递过话来："待制乃是侍从之任，不是口舌之任。"言外之意让他闭嘴。范仲淹却反击道："向皇帝进言，正是侍从所应做的！"范仲淹虽对吕夷简也有看法，但拿不出任何有关凭据，后在揭发吕夷简存在结党营私诸行为的斗争中，又被贬出朝廷，出知饶州。

总之，前面怀疑吕夷简、阎文应加害郭后的种种说法，应该说都只是社会传言，而没有多少真凭实据，因此郭氏之死留下一个永久的疑问。

包公为长嫂抚养之谜

宋代清官包拯由长嫂抚养长大的故事，在一些戏曲和民间不断流传。这不是历史事实，因为包拯是独子，然而包拯的次子确实由长嫂抚养长大，故事还相当感人。那么，包公的家庭情况到底有何秘密？其故事又是如何进行父子间演绎转换的呢？

包拯字希仁，是宋代杰出的政治家，祖籍庐州合肥（今属安徽）。宋仁宗天圣五年（1027）29岁时考中进士甲科，出知建昌、天水县，历任监察御史、工部员外郎、知谏院、河北转运使，在知开封府任上最为出名，迁御史中丞，拜三司使，官至枢密副使。一生秉性刚毅，处事严明，坚持惩恶扶善，深得百姓好评。

吉剧《包公陪情》和京剧《赤桑镇》等戏剧的内容，都描写说包公自小双亲早逝，由长嫂抚养长大，所以对嫂子的感情十分深厚，待嫂若母，或称嫂娘。又描述他的侄子包勉，进士及第，却为官奸猾，且贪赃凌弱，罪恶累累。包公秉公执法，大义灭亲，铡了嫂娘的亲骨肉。事后，包公回家向嫂娘赔罪，嫂娘痛失亲子，责怪包拯不顾亲情，忘了当年的养育之恩，激愤中举剑欲砍包拯。包拯晓以大义，讲述了被害百姓的苦难，其一片忠心终于打动了嫂娘。叔嫂间捐弃私愤，和睦如初。

几百年来，民间一直流传着包公由长嫂抚养长大而待嫂如母的故事。然而，查遍有关史籍和论著，却找不到相关的记载。相反，有关传记资料表明，包拯其实是独子。其父包令仪，字肃之，曾进士及第，授朝散大夫，任尚书虞部员外郎，外放过地方官。后退居乡里，不再出仕，这位忠厚长者一生只有包拯一个儿子。包拯没有兄长，更何谈嫂子。《宋史·包拯传》载，包拯"举进士，除大理评事，出知建昌县，以父母皆老，辞不就。得监和州税，父母又不欲行，拯即解官归养。"就因为是独子，所以解官归养双老。"后数年，亲继亡，拯庐墓终丧，犹徘徊不忍去，里中父老数来劝勉，久之赴调。"可见其与父母感情笃厚，而没有什么嫂娘。那么包公由长嫂养大的故事难道完全是子虚乌有？

经过有关史料的考察，包公的长媳崔氏实有前述故事中那位长嫂的风范。《宋史·包拯传》载："初，有子名繶，娶崔氏，通判潭州，卒，崔守死不更嫁。拯尝出其媵，在父母家生子，崔密抚其母，使谨视之。繶死后，

包拯

取媵子归，名曰绶。”再查有关资料显示，包拯46岁时，长子包繶20余岁就病故，长媳崔氏守寡。包拯60岁时，把一位已经怀孕的媵妾孙氏遣送回家，崔氏对她暗中妥善照顾，不久生一男孩，崔氏把他接回家中，即包拯的次子包绶。合肥包拯墓碑铭刻有：“子繶，太常寺太祝，先公卒。绶，五岁儿也。”可见，包拯在嘉祐七年（1062）病逝时64岁，而次子包绶才5岁。

包拯墓附葬区内其长子包繶与长媳崔氏的合葬墓碑铭，有这样一段记载：“（包拯）晚得幼子绶，其母出，节妇慈养之为己子”，“当姑夫人捐馆舍时，绶犹孩童，节妇迎师教导之，以至成人，为择取良妇。绶事节妇如母，复立族子永年，为祝史嗣”。在次子包绶与次媳文氏的合葬墓碑铭中也记载说：“公有寡嫂崔氏，素以节义闻，公以母礼事之。”这些记载都告诉我们，包拯的长媳崔氏把包公媵妾所生之子即年幼的包绶领回家中，精心抚育，请师教导，为择良妇，犹如自己儿子。包绶与寡嫂的感情也很深厚，就像母子一样。

再查《庐州府志》等资料，“节妇”崔氏的事迹的确颇为感人。崔氏嫁到包府第二年，其丈夫就得暴病去世了。才21岁的崔氏生下一遗腹子，名文辅。包拯见媳妇如此年轻，意思让她改嫁，并使左右去劝劝媳妇。崔氏哭着对包拯说：“公公为天下名臣，媳妇能在家干些粗活，服侍公婆，已很满足了。我生为包妇，死为包鬼，誓不改嫁。”不幸，其子文辅养到五岁时夭亡，从此崔氏就一心侍奉公婆。后来探得公公媵妾有子，便暗中妥善照顾，后抱回精心抚养。包拯病逝时，次子包绶才五岁，婆婆也已年老多病，寡居多年的崔氏就完全担负起对弟弟包绶的养育之责任。

崔氏的母亲吕氏闻听包拯去世，就从家乡湖北赶来包家，欲劝女儿改嫁。崔氏说：“倘若要改嫁，也不会等到今天了。”吕氏说：“丧夫守子，子死你守谁呢？如今公公也去世了，应该改嫁了。”崔氏答道：“过去没有改嫁，并不单单是为了儿子。如今公公去世了，婆婆年老体弱，又有小叔年幼如儿，其门户待我而立，难道忍心离去吗！”吕氏听了很不高兴，甚至以死相威胁。崔氏哭着说：“母亲远地而来，义不当使母独自回归，儿可陪同回荆州。倘再以不义相迫，必自绝而以尸还包氏。”母女俩回家乡后，吕氏见女儿决心已定，只能将女儿再送还包家，崔氏以守节终。此事后来还惊动了朝廷，追封崔氏为永嘉郡君，由苏轼亲撰旌表，褒奖其门闾。

这一感人的故事中，埋藏着一个耐人寻味的谜：就是包拯60岁的时候，为什么要把其怀孕的媵妾孙氏遣送回家？当时包拯的长子已过世十余年，年将老而膝下无子，是非常寂寞和苦恼的事，所以此时应是包家盼子心切之际，而其媵妾这时能怀孕应非常值得庆幸，包家应该非常高兴才对。而这时包拯却将其遣送回家，实际上是不承认这个儿子。同时，孙氏生子后，据说包拯仍十分歧视，且在与皇帝的交谈中还声称：“臣年六十，且无子”（《宋史·包拯传》原为“臣年七十”），也是不认这个儿子的铁证。此外，崔氏是偷偷打听到孙氏生子，且暗中加以照顾，估计是包拯去世后，才力排众议把这个弟弟接到家中抚育。这样，人们或有权利怀疑包绶是否是包拯的亲子？否则就很难理解以公正严明著称的包拯的这一行为。

剩下的另一个谜是：包拯长媳崔氏与小叔包绶的故事，怎么会演变成包拯由长嫂抚养长大的故事？就是说这一子冠父戴的情况是如何发生的？

有学者认为，可能与包氏家族墓碑的记载有关。包拯的墓碑其称呼是："宋枢密副使包孝肃公拯之墓"；长子包繶与崔氏合葬墓碑的称呼是："宋奉义郎潭州通判包公繶节妇永嘉郡君崔氏之墓"；次子包绶与文氏合葬墓碑的称呼是："宋朝奉义郎潭州通判包公绶蓬莱县君文氏之墓"。"公"是古代对男子的一种尊称，"包公"则是人们对宋代清官包拯的专称，然而上述包氏父子墓碑上都称"包公"，人们一般只知道清官包拯，所以后人有可能将这几位"包公"的事纠缠在一起，都加在清官包拯的头上，以讹传讹，由此产生出包拯由长嫂抚养长大的故事。这样的解释，也只能是一种猜测。

范仲淹创作《岳阳楼记》之谜

北宋名臣范仲淹的人品行止犹如一块丰碑，耸立在中国历史的长廊中，后人在仰慕他的风采时，往往要咏诵他的千古绝唱《岳阳楼记》，其浩渺雄浑的自然景观，光风霁月的人格境界，让人心旷神怡，思绪万千。然而，一些学者在经过详尽考证后，居然提出范仲淹一生从没到过洞庭湖，更没登过岳阳楼的观点。那么，《岳阳楼记》是如何创作出来的呢？这些学者的这一观点能成立吗？

庆历六年（1046）九月十五日，范仲淹58岁，在知邓州（治今河南邓县）任上，完成了这篇脍炙人口、流传千古的《岳阳楼记》：

予观夫巴陵胜状，在洞庭一湖。衔远山，吞长江，浩浩汤汤，横无际涯，朝晖夕阴，气象万千。此则岳阳楼之大观也。前人之述备矣。然则北通巫峡，南极潇湘，迁客骚人，多会于此，览物之情，得无异乎？

若夫霪雨霏霏，连月不开，阴风怒号，浊浪排空，日星隐耀，山岳潜形，商旅不行，樯倾楫摧，薄暮冥冥，虎啸猿啼。登斯楼也，则有去国怀乡，忧谗畏讥，满目萧然，感极而悲者矣。

至若春和景明，波澜不惊，上下天光，一碧万顷，沙鸥翔集，锦鳞游泳，岸芷汀兰，郁郁青青。而或长烟一空，皓月千里，浮光耀金，静影沉璧，渔歌互答，此乐何极！登斯楼也，则有心旷神怡，宠辱皆忘，把酒临风，其喜洋洋者矣。

嗟呼！予尝求古仁人之心，或异二者之为。何哉？不以物喜，不以己悲。居庙堂之高，则忧其民，处江湖之远，则忧其君。是进亦忧，退亦忧。

然则何时而乐耶？其必曰：先天下之忧而忧，后天下之乐而乐欤！噫，微斯人，吾谁与归！

这座岳阳楼，乃江南古代三大名楼之一，位于今湖南岳阳市西边的洞庭湖畔。据说，早年是岳阳城的西门楼，三国时吴国名将鲁肃曾将它作为阅兵台，在其上检阅了浩浩荡荡的东吴水师。唐宋以来，久负盛名，成为历代文人墨客登临赋咏之所。经历了数十次的重建与修葺，还有三次迁移，在不同的历史时期有着迥然有别的风景与外貌。然而在读过此篇《岳阳楼记》的人们的心目中，它却始终是范仲淹笔下的那座能俯瞰八百里洞庭，景色气象万千，使人心旷神怡的千古名楼。

楼以文显，文以楼传，千百年来，岳阳楼因范仲淹的名篇而声誉益著。该文对岳阳楼景物描写得如此生动逼真，人们不由被那风云变幻的洞庭山水所深深吸引。文章的抒情也独具匠心，表现出作者非凡的抱负，演绎出一种光风霁月的人格精神，令人高山仰止。凡是读过此名篇的人，谁不向往到岳阳楼一睹其卓绝景观和精神风姿呢？

然而，在对《岳阳楼记》的研究中，许多学者查阅了《范文正公文集》、《范文正公年谱》等有关史籍，却发现范仲淹"少长北地"，成年后考中进士，就一直在其他各地做官，一生从未到过洞庭湖，更未登过岳阳楼。我国四大淡水湖区域，范仲淹曾守苏州、饶州，在两地留下过有关诗文，所以到过太湖、鄱阳湖；他任京官和外放之间，也多次经过洪泽湖；惟独没有资料表明他去过洞庭湖。有学者对范仲淹在成年后的行踪和宦历做了详尽排察，绘成往返路线图，最后的结论仍是：范公无法到达洞庭湖区域。

既然许多学者认为范仲淹没有到过洞庭湖，也没登过岳阳楼，那么这篇如此脍炙人口的《岳阳楼记》是如何写出来的呢？范仲淹是怎样把有关景物描绘得栩栩如生的呢？

一种说法是，范仲淹的祖籍是苏州，所以说他是生在苏州，长在苏州，甚至断言范仲淹"诞生在苏州郊区的香山镇"，曾经在苏州的天平山下发愤苦读。所以他从小在太湖的岸边长大，对湖泊那种浩浩汤汤、横无际涯、气象万千的景观十分熟悉。

其实，范仲淹的出生地及其少年成长之地都存在不同说法。据富弼所撰《文正范公墓志铭》记载，唐代后期，范氏从长安举家南迁，有一支定居苏州吴县。五代时，范氏数代在吴越做官。范仲淹的父亲范墉于太平兴国初归宋，先后任一些地方的幕僚官。端拱二年（989）八月，范墉官任武宁军（徐州）节度掌书记，其继室谢氏生下小儿子范仲淹。楼钥《范文正公年谱》明确记载："太宗皇帝端拱二年己丑秋八月丁丑，公生于徐州节度掌书记官舍。"就是说，范仲淹生于山东徐州，而不是苏州。

也有学者认为，范仲淹出生地应是当时的北道重镇

范仲淹

真定府（今河北正定县），而不是徐州。范仲淹对自己的出生地有非常明确、极为清晰的表述，就是在庆历八年（1048）致挚友韩琦的一封信中这样说："真定名藩，生身在彼，自识别以来，却未得一到，谅多胜赏也。"对自记事以来，未能对出生地重游，怀着无限的惆怅。问题是出在范墉原为真定府节度掌书记，应在范仲淹出生后，才调任武宁军，后人误以为范公出生在武宁军（徐州）。上述二说不知孰是？然而"苏州说"肯定不对，它大多是地方史话的产物。

当然，范仲淹即使不是生长在苏州，也在苏州做过官，对太湖的风光还是了解的。但是说其《岳阳楼记》是模拟太湖来写洞庭湖，还是颇为牵强。因为两湖的气势其实还是有较大差别的，如据有关姑苏人士所说，太湖基本没有惊涛裂岸、浊浪排空的景观。范仲淹也有《苏州十咏》，其描述太湖的"万顷湖光里"，大多是"无风还练静"的胜景。

另一种说法是，巴陵郡守滕子京在请范仲淹作记时，曾写来《求记书》，并附送来一本《洞庭晚秋图》，供其"涉毫之时或有所助"。范仲淹形象思维能力很强，虽未亲临洞庭，但以来信和图中描述为依据，再参考前人的有关诗赋，便写出了《岳阳楼记》中洞庭湖的浩瀚场景。此说也难以令人信服，我们知道生活是文学创作的源泉，所谓"神游物外，心与景接"。认为仅凭一幅画，加以想像，就能将洞庭景色描写得如此出神入化，恐怕勉为其难吧。且古人写游记，未亲历而着笔墨者极为少见。

还有一种说法，认为《岳阳楼记》是范仲淹根据鄱阳湖的风光加以联想而描绘完成的。范仲淹知饶州一年半，未留下关于鄱阳湖的片言只字，说明其对鄱阳湖的景观印象不深。既然对鄱阳湖都没有多少印象，何谈以此来描绘洞庭湖呢？

也有一些学者认为范仲淹不但到过洞庭湖，甚至在湖边生活过一些岁月，对八百里洞庭之景观曾有过细致入微的观察与体验，否则写不出如此脍炙人口的神来之笔。范仲淹两岁时，父亲就因病去世，母亲谢氏贫无所依，只得带着褓褓中的儿子改嫁，其青少年时代的生平行实在史籍中几乎是空白，其实就应从这里寻找范仲淹与洞庭湖的关系。其时，范仲淹随继父朱文翰宦游四方，曾经到过澧州安乡（今湖南安乡西南），还有池州（今安徽贵池）、淄州（今山东淄博南）诸地，度过了他少年苦读的岁月。

学者方健经详尽考证后指出，约在至道、咸平年间（995～1003），少年范仲淹约在7至15岁的时候，其继父朱文翰任安乡知县，仲淹就从母随朱氏生活于今湖南的安乡县，这里正位于水势浩渺的洞庭湖畔。在此"县三面皆大湖"的安乡度过了其难忘的少年生涯，数年中，洞庭壮丽秀媚的湖光山色，给他留下了极为深刻的印象，使他久久不能忘怀，范仲淹就是在这时与洞庭湖结下了不解之缘。

宋末王象之的《舆地纪胜》和祝穆的《方舆胜览》都载："范文正公读书堂，在安乡县。仲淹幼孤，从其母归朱氏，朱宰安乡，与俱来读书此地。"《范文正公文集·褒贤集》卷三有南宋宝庆三年（1227）时所记的《澧州范文正公读书堂记》，其详细记载了安乡县范氏读书堂的情况，南宋初曾毁于兵火，庆元中再重修。康熙《安乡县志》中保存了最早记录范仲淹在安乡遗事的文献，为庆元二年（1196）时澧州州学教授王仁撰写的《重修范文正公书台记》，其更为翔实地叙述了安乡范氏读书台的 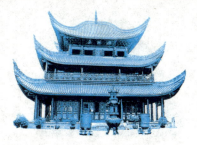 来龙去脉，尤其是相当精确地描绘了读书台的地理位置，在澧阳县南80里处，正位于洞庭湖畔。而"书台夜雨"已成为安乡著名的八景之一。此外，从县志中一块残碑上考证出范仲淹在安乡读书的启蒙老师为太平兴国观中的司马道士，所以范仲淹对道家学说有较为精湛的研究，实源于此。其他有关佐证不胜枚举。

其后，朱文翰调任淄州长山县令，仲淹与母亲也自然随之来到山东，曾苦读于长白山醴泉寺僧舍，此时仲淹约16岁。此山位于山东中部，即今邹平县以南的白云山，因山中云气长白而得名。范仲淹在这里发愤苦读，博览群书，山中溪水清澈，读倦了就"以水沃面"，从而"慨然有志于天下"。所以，今天这里也有范仲淹的读书纪念堂，它与安乡的范氏读书台并没有矛盾，而两处读书堂之遗迹，正好填补了范仲淹青少年时行迹记载的空缺。

在离开洞庭的40余年之后，当他应巴陵郡守滕子京之请，写《岳阳楼记》之时，少年时候的一碧万顷、浮光耀金的洞庭风光再次浮现脑海，真是文思如泉涌，笔锋在八百里湖面上纵横驰骋，将浩渺壮观的湖光山色尽收笔底，写出这一千古绝唱的名篇，也就不奇怪了。不过，人们还是比较一致地认为，范仲淹没有时间去登临写此名篇的前一年滕子京重修的岳阳楼，所以在行文至此之际，只能采用"避实就虚"的手法，仅记"重修岳阳楼，增其旧制，刻唐贤、今人诗赋于其上"，也轻巧简雅。

总之，流传千古的《岳阳楼记》，是晚年的范仲淹根据40余年前少年时的洞庭印象而写就的。你相信吗？

王安石为人之谜

既然王安石做的事情如此难下定论，那么他又是一个怎样的人呢？可以说，对王安石的为人，包括其政治生活、思想作风、社会交游、个性特征、生活情趣等方面，人们同样众说纷纭，个人形象相当复杂，褒贬毁誉参半，难以准确评判。

《墨客挥犀》说，王安石"性酷嗜书，虽寝食间，手不释卷"。《宋史·王安石传》说：“安石少好读书，一过目终身不忘。其属文动笔如飞，初若不经意，既成，见者皆服其精妙。”可以说，王安石是一位颇有天赋的读书人，其嗜书之痴，运笔之神，令人慨叹。“安石议论高奇，能以辨博济其说，果于自用，慨然有矫世变俗之志”。并胸有大志，决心不做俗儒，学以致用，要在政治上干出一番事业来。

他22岁考中进士，签书淮南判官。数年后任鄞县知县，“起堤堰，决陂塘，为水陆之利；贷谷与民，出息以偿，俾新陈相易，邑人便之”。似也颇有政绩，迁知常州，改江南东路提点刑狱，又调三司度支判官。上仁宗皇帝万言《言事书》，直指朝政弊端，提出一些初步的改良方案，表现出一个朝廷官员的责任心。

王安石不迩声色，慷慨钱财。《邵氏闻见录》载有这样一件事：王安石官知制诰，吴夫人为他买了一妾。安石见了，问道：“你是干什么的？”其妾回答：“夫人要我来服侍大人左右。”安石又问：“你从何处来？”妾说：“我丈夫原是一低级军官，在运输粮草的过程中，船翻粮沉，家资全给没收还不够赔偿，就把我给卖了以作抵偿。”安石听了颇为动容，就问：“夫人用多少钱买了你？”答：“九十万。”安石把夫人叫来，令将此女送回，使其夫妇如初，还送给一些钱财，让其渡过难关。

王安石做宰相后，仍清廉朴实，生活简约。《独醒杂志》记载了一个颇为生动的故事：王安石任宰相的时候，其儿女亲家萧氏至京要来参谒，安石约其来府吃饭。第二天，萧氏整装盛服而往，以为相府必然盛宴招待。入府坐定，“果蔬皆不具，其人已心怪之”。日过午，萧氏已觉饥饿，但并没有开饭的迹象，又不敢离去。过了好一会，才上了胡饼两枚，猪肉四片，酒一杯。很快供饭，也只加一道菜羹而已。萧氏平时在家吃得不错，面对如此简单菜席，“不复下箸，唯啖胡饼中间少许，留其四傍，公顾取自食之，其人愧甚而退。人言公在相位，自奉类不过如此。”

王安石淡泊名利，晚年生活更是恬淡安然。《东轩笔录》载：“王荆公再罢政，以使相判金陵。到任，即纳节让同平章事，恳请赐允，改左仆射。未几，又求宫观，累表得会灵观使。筑第于南门外七里，去蒋山亦七里，平日乘一驴，从数僮游诸山寺。欲入城，则乘小舫，泛潮沟以行，盖未尝乘马与肩舆也。所居之地，四无人家，其宅仅蔽风雨，又不设垣墙，望之若逆旅之舍，有劝筑垣墙，辄不答。”

南宋开始，王安石变法遭到彻底否定，其新学也遭到批判。理学家朱熹虽然对王安石变法持否定态度，但对王安石的为人与志向仍称赞有加：“安石行己立朝之大节，在当世为如何，而其始见神宗也，直以汉文帝、唐太宗之不足法者为言，复以诸葛亮、魏元成之不足为者自任，此其志识之卓然，又皆秦汉以来诸儒所未闻者，而岂一时诸贤之所及哉。”陆象山对王安石的人品操守也给予高度赞扬："英特迈往，不屑于流俗、声色利达之习，介然无毫毛得以入于其心，洁白之操，寒于冰霜，公之质也。扫俗学之凡陋，振弊法之因循，道术必为孔孟，勋绩必为伊周，公之志也。"

《宋史·王安石传》论曰："朱熹尝论安石'以文章节行高一世，而尤以道德经济为己任。被遇神宗，致位宰相，世方仰其有为，庶几复见二帝三王之盛。而安石汲汲以财利兵革为先务，引用凶邪，排摈忠直，躁迫强戾，使天下之人，嚣然丧其乐生之心。卒之群奸嗣虐，流毒四海，至于崇宁、宣和之际，而祸乱极矣。'此天下之公言也。"

这一"公言"评判，在其后的几百年中成为后世所遵奉的圭臬。其中的逻辑：有如此高洁品行之人，却做出了如此害人乱世之事。实在让人无法理喻，难道真会如此矛盾吗？当然，朱熹等人也指出过王安石性格上的一些弱点："其为人，质虽清介而器本偏狭，志虽高远而学实凡近。"还有就是王安石平素生活不拘小节，衣着不整，不修边幅和性格强拗等方面小事，这些也还是不能自圆其说。

清代至近代以来，许多学者为王安石变法翻案。尤其是20世纪下半叶以来，一些史学家根据列宁的定论，对王安石变法作了完全肯定的论述。这样，似乎王安石从道德人品到做事效果，都是比较完美的一个封建官僚的典型。真是如此吗？

首先在变法过程中，有些事就颇令人怀疑王安石之品行。如一天，神宗说起民间颇苦新法之事，王安石不以为然地说："老百姓连祈寒暑雨都要怨嗟的，不必顾恤！"神宗不满道："不能让老百姓连祈寒暑雨的怨嗟都没有吗？"安石老大不高兴，居然称病不出视政。熙宁七年，大旱引发饥荒，而各种征敛新法依然逼迫着灾民变卖田产，流离失所的灾民只能扶老携幼地向开封等城市逃荒乞生。监开封安上门的郑侠便把民众饥寒交迫的现状绘成画卷《流民图》，写了论时政得失的上疏，由于正常途径遭到梗阻，于是假称紧急公文，用马递的方式送上朝廷。神宗看了长吁短叹，夜不能寐，交给安石看后，新党以擅发马递的罪名处郑侠以杖刑。作为执政大臣，如此不顾恤百姓之死活，能说其品行高洁吗？

所以在当时，就有人认为王安石大奸似忠，大诈似信，欺世盗名。熙宁二年六月，御史中丞吕诲上章弹劾参知政事王安石，指斥其有十方面的奸邪：倨傲不恭，慢上无礼；见利忘义，好名欲进；自取师氏之尊，不识上下之仪；自居政府，用情罔公；常怀忿隙，徇私报怨；卖弄威福，怙势招权；妄言圣衷，专威害政；任性专权，凌轹同列；离间宗族，勾结朋奸；商榷财利，动摇天下。《宋史·吕诲传》说："诲性纯厚，家居力学，不妄与人交。""诲三居言责，皆以弹奏大臣而去，一时推其鲠直。"去世时，"海内闻者痛惜之"。这样的"鲠直"大臣首先向王安石的人品操守发难，或能反映一些问题。

《邵氏闻见录》引申发挥了上述事件的一些背景故事：一天早朝，翰林学士司马光与吕诲相遇而同行，司马光问："今日上殿将奏言何事？"吕诲举起奏章说："我将弹劾参知政事。"司马光愕然道："王安石素有学行，朝廷正喜于得人，奈何弹劾之？"吕诲回答："你也这么说啊，其实王安石虽有时名，好执偏见，不通人情，轻信奸邪，喜人佞己。听他说话好像很有道理，而施于用就会出乱子。他若在一般的侍从官位置，或也可以忍容；若作为宰辅大臣，天下必受其祸！"司马光说："未见王安石有什么不善之行迹，这样论奏恐怕不妥。"吕诲答："皇上新即位，年富力强，朝夕与之谋议国家大事者，二三执政耳。执政苟非其人，则败政亡国啊！此乃腹心之疾，惟恐治不及时，难道可以缓后吗？"不久，官员中有传阅吕诲之奏章者，多以为说得太过。王安石变法开始，新法专务聚敛，天下骚然，台谏官奏议不能有所改变，于是有人遂叹服吕诲可谓知人。司马光最后也被迫退出朝廷，闲居洛阳，每想起此事，慨然叹曰："吕诲有先见之明，我不及也。"

《邵氏闻见录》又载："神宗天资节俭，因得老宫人言，祖宗时，妃嫔、公主，月俸至微，叹其不可及。王安石独曰：'陛下果能理财，虽以天下自奉可也。'帝始有意主青苗、助役之法矣。安石之术类如此，故吕诲中丞弹章曰：'外示朴野，中怀狡诈。'"其中，王安石劝神宗理财的这句话"虽以天下自奉可也"，完全把"天下"作为皇上的私产，皇上处理自己的私产，自然可以为所欲为了。

还有苏洵的《辨奸论》，更是将王安石比作历史上欺世盗名的奸臣王衍、卢杞。认为王安石"口诵孔、老之言，身履夷、齐之行"，实是个"阴贼险狠"之人，性情乖张，不近人情，大奸似忠，其人品之恶劣，可集历史上众奸臣之大成，断言一旦王安石当政，天下"将被其祸"。似乎苏洵比吕诲更早看清王安石之真面目，清朝有人考证，断言此文乃邵伯温伪作，近人又有论其非伪者。此谜，本书另章有叙。

此外，《宋史·王安石传》载，安石"擢进士上第，签书淮南判官。旧制，秩满许献文求试馆职，安石独否……寻召试馆职，不就。（欧阳）修荐为谏官，以祖母年高辞。""俄直集贤院。先是，馆阁之命屡下，安石屡辞；士大夫谓其无意于世，恨不识其面，朝廷每欲界以美官，惟患其不就也。明年，同修起居注，辞之累日。门吏赍敕就付之，拒不受；吏随而拜之，则避于厕；吏置敕于案而去，又追还之；上章至八九，乃受。"其中的一些表演，已非一般人和常理所能解释，似乎有故意作秀的痕迹。苏轼在当时的奏议中，已一针见血地说："昔王安石在仁宗、英宗朝，矫诈百端，妄窃大名，或以为可用"（《论周穜擅议配享札子》）。鲜于侁更直指其"沽激要君"，即与皇帝讨价还价（《宋史·鲜于侁传》）。

俗话说，物以类聚，人以群分。人们能较为清晰地看到，受王安石排斥及与王安石共事的人明显分成两个阵营。王安石在执政变法时，打击排斥者多数为当时口碑颇佳的贤能之臣。"于是吕公著、韩

司马光

维，安石藉以立声誉者也；欧阳修、文彦博，荐己者也；富弼、韩琦，用为侍从者也；司马光、范镇，交友之善者也；悉排斥不遗力"（《宋史·王安石传》）。还有曾公亮、范纯仁、吕诲、杨绘、刘琦、刘攽、刘恕、刘挚和苏轼、苏辙兄弟等。总之，御史、谏官论列变法非是而被罢官贬黜者，不计其数，其中也有许多正直敢言者。

而王安石信任重用者，许多都是奸臣小人。如邓绾为人鲜廉寡耻，趋附新党就为升官发财，其乡人笑骂他，他却声称："笑骂由他，好官我自为之。"官员王岩叟曾列举其变法派集团中的小人：曾布"强悍而险刻"，邓绾"善柔而阴谀"，薛向"剥下附上"，韩绛"苛佞"，李定"藏奸包慝"，蔡确"狂诞轻狡"，章惇"阿谀辩巧"，程昉（宦官）"暴横凶忍，荼毒一方"，吕惠卿"奸邪之才，又冠其党"。还有练亨甫、吕嘉问等，不一而足。安石引荐这些人担任要职，支持其有关活动，乃至主持变法的重要方面。以致许多人都认为，王安石变法的失败主要就是"排斥君子，任用小人，败坏政纲"的结果。以后大奸臣蔡京（其弟弟蔡卞还是王安石的女婿）一伙，从总的政治倾向上看，仍属于变法派，其继承着王安石变法的敛财路线，直到北宋亡国。

如何解释上述现象呢？如果说王安石是"君子"，那为什么要与这么多"小人"为伍？如果说其变法是一件有利于社会进步的好事，那为什么主要是依靠一些"奸臣小人"在操作呢？总之，王安石是"君子"还是"小人"，你能分辨吗？

苏轼与王安石乌台诗案之谜

苏轼和王安石都是大宋王朝的风云人物、文学大家。在政坛上他们是相互对立的政敌，在文坛上却又有些惺惺相惜。由于反对王安石变法，苏东坡遭际了变法派官员的残酷迫害，乌台诗案后被贬谪黄州。然而就是在遭贬谪的日子里，东坡却道经金陵去谒见了安石，据说两人握手言欢，同游唱和。两人关系到底如何？确令后人颇为难解。

元丰二年（1079）六月十八日，御史皇甫遵奉令到湖州缉拿知州苏轼。苏轼这时刚由徐州改任湖州，上任还不到两个月，就遭到一场凶狠的暴风雨袭击。堂堂一位太守，正坐公堂办事，就被两个狱卒像驱逐鸡犬一样，逮到城外的船上，押送汴京。

苏东坡这次受到四个变法派官员的弹劾：御史中丞李定、监察御史何正臣、舒亶，国子博士李宜之等人先后四次上书，罪证是别人为苏东坡所刻的一部诗集，诸御史择其要害部分汇编成册，在神宗面前大进谗言，而导火线还在于苏轼到湖州上任后所上的《谢表》。罪名便是在"谢表"和"诗文"中愚弄

苏轼

朝廷，妄自尊大，对新法肆意诋毁，无所忌惮。此案牵涉到东坡的许多作品，也牵涉到一些朋友，其后都受到不同的惩处。

在苏东坡的作品中，确有一些是攻击和嘲讽王安石变法的。然而反对王安石变法，早在熙宁变法开始之初，苏轼就已表明了态度。写出《上神宗皇帝万言书》，先后两次，极论新法之不便，对新法进行了比较激烈而又全面的攻击。如要求撤销制置三司条例司，反对青苗法、均输法、免役法和农田水利法等，以为"王安石不知人，不可大用"。借口批评商鞅，指责王安石"怀诈挟术，以欺其君"，诋毁新党中"新进小生"是"小人招权"，并把新法比作毒药，实行后"四海骚然，行路怨咨"，所以"今日之政，小用则小败，大用则大败，若力行不已，则乱亡随之"。就是说新法将会招致国家的败亡。因此，他劝神宗不要急于求成，欲速则不达，提出结人心、厚风俗，存纪纲，徐徐求进，积十年之功，何事不立。

苏东坡与反对变法的官员司马光、欧阳修、张方平、曾巩、刘挚、刘恕、孙觉等人交往日深，成为反对派阵营中敢于从正面出击而直面敌人的一员勇将。如在送官员刘恕的诗中，东坡就直接攻击王安石，把他比作曹操、张汤，而把与王安石绝交的刘恕比作孔融、汲黯，褒贬反差强烈。在王安石提出科举新法，神宗下诏讨论时，东坡又独持异论，公开加以反对。开封府考试进士，苏轼主考，又发策问影射王安石变法独断专行，将败坏国事。后来司马光曾回忆说，与新党作战，苏轼最为勇敢。这在某种程度上，可能与其父苏洵写《辨奸论》，对他有一定影响。

王安石在这种情况下，也给苏轼以牙还牙般的回击。范缜曾推荐东坡担任谏官，如果推荐成功，那将对变法派十分不利。王安石就通过他担任御史的姻家谢景温，弹劾苏东坡在回四川奔父丧之时，多占船位，贩卖私盐和苏木。王安石下令淮南、江南、湖北、成都诸路转运司，严加调查，搜集证据，并逮捕篙工水卒，进行刑讯穷治。但由于这是个莫须有的罪名，所以调查很久，结果一无所获。苏轼对这种诬陷没有进行任何辩解，但已感到在京压力的沉重，处境的困难，就坚决请求外补，朝廷批准他通判杭州。

熙宁四年（1071）十一月，苏轼抵达杭州上任。三年后移知密州（治今山东诸城），再过三年，改知徐州。其间，王安石曾于熙宁七年罢相，次年复相，由于变法派内部倾轧，年余又再次罢相，判江宁府（今江苏南京），退居半山园。总之，在乌台诗案发生的时候，王安石已不在中枢执政。然而当政的变法派还是对东坡的讥嘲心存宿怨，决心要除掉苏轼，便上书攻击苏东坡包藏祸心，讪上骂下，嘲讽新法，"无尊君之义，亏大忠之节"，甚至要求将苏东坡正法，以正风俗民心。

苏东坡确有一些嘲讽新法的作品，表达了对某些问题的个人感慨和内心牢

大宋王朝历史之谜

骚，其中往往夹杂着对人民的某些同情，及忧国忧民之情怀。而有些加在东坡身上的罪名，纯属断章取义、牵强附会的诬陷。如东坡《八月十五日看潮五绝》中有"东海若知明主意，应教斥卤变桑田"一句，诸御史指斥为反对农田水利法。东坡《王复秀才所居双桧》中有"根到九泉无曲处，世间惟有蛰龙知"，宰相王珪居然在神宗面前挑拨道："陛下飞龙在天，苏轼以为不知己，反欲求地下的蛰龙，非造反而何？"可以说纯粹在捕风捉影，枉加罪名。

苏东坡从七月十八号入狱，到十二月二十八日，五个多月的时间里，不断受到审问和各种重刑折磨，可谓无所不用其极，变法派也只是为了加给苏轼一个"讥讽朝政"的罪名。最后，苏轼写了长达2万多字的"供状"，承认了有关罪名，表示"甘服朝典"。由于写作而惹出这样的大祸，这是东坡所始料不及的。期间，诗人身心受到极大的伤害，屡次想自杀以结束生命。那么为什么神宗这时要惩治苏轼呢？当然对苏轼这样有影响的官员以文字攻击新法，他不无恼怒，但问题是苏轼反对新法的态度早已表明，嘲讽王安石的诗作也早已有过，为什么过了八九年，神宗才严惩苏轼？

同时，又是什么原因最后使神宗宽恕了苏东坡？据说此案也惊动了内宫，由于文才与名声，宫中上下也早知苏轼之名。尤其是仁宗曹皇后在病重之际还想到此事，神宗原想为了祖母病情的好转而进行一次大赦，曹太后却说："当初仁宗主持科举，回宫曾高兴地说：'吾今又为子孙得到太平宰相两人。'就指苏轼兄弟。现在你难道要把他杀掉吗？不需赦天下凶恶，但放了苏轼足矣。"神宗只得听命。

或说众臣的救助与说情，也起了相当的作用。大臣张方平、范镇曾上书援救。弟弟苏辙为恳求神宗免哥哥一死，上书乞纳在身官职，以赎兄之罪。变法派官员中也有不同态度者，如宰相吴充就对神宗说："曹操尚能容忍祢衡，陛下为什么不能容一苏轼呢？"王安石的弟弟、中书舍人王安礼也劝神宗不要杀苏轼。据说，连王安石也说了句"岂有盛世而杀才士乎"的话，传到神宗的耳中，才最后决定宽恕苏轼。

或说还是太祖誓碑起了一定作用，神宗不敢开本朝杀士大夫的先例，怕被后人指责。此外，神宗也颇赏识东坡的才华。据说苏轼在狱中自感凶多吉少，便作《寄子由》二首以嘱托后事，其第二首写道：

圣主如天万物春，小臣愚暗自忘身。
百年未满先偿债，十口无归更累人。
是处青山可埋骨，他年夜雨独伤神。
与君世世为兄弟，更结人间未了因。

其兄弟诀别之深情，使人读了凄然泪下，神宗读后也大动恻隐之心，加上本来并无杀意，所以最后的处分是：责受检校水部员外郎、黄州团练副使，本州安置。

这场冤狱虽然结束了，但苏轼于其中所受的迫害与侮辱应是无法忘怀的。甚或后世士大夫提起这件诗案，都会谈虎色变。由于它是王安石变法所引发的，那么苏轼与王安石是否进一步势不两立了呢？历史的回答却是否定的。

元丰三年（1080）二月，苏东坡抵达黄州，过起谪居生活。这个富有理想、富有才华、更富事业心的知识分子，在困厄中艰难度日，其文学创作还走出了一个小高潮。四年后，神宗下诏："苏轼量移汝州（今河南临汝）。"苏轼只得别离黄州，坐船上路。经过江州、高安诸地，道过金陵，通过几个朋友的斡旋与安排，在那里会见了王安石。

这是元丰七年（1084）的七月，艳阳高照，气候颇热。苏东坡在朋友的陪同下，上蒋山谒见王安石，已经64岁的王安石也热情接待了这位比他小16岁的后辈。有的说是王安石野服乘驴到船上与苏轼相见，然后相游蒋山。14年来，两人各处异地，未曾一晤。朝廷政坛也已今非昔比，主要是两人在政坛中的地位都已发生了戏剧性的变化，这两位过去曾经相互对立的政敌，如今抛却了从前的不愉快，开始握手言欢。东坡与安石同游数日，共览江山之胜，尽论文章学术，互作诗词唱和，甚或谈佛说禅，气氛相当融洽。

王安石对苏轼当然不无成见，不过也看好东坡的文学天才，爱读苏轼的诗文。如对东坡所作《钱氏表忠观碑》一文，认为"绝似西汉"，"直须与子长驰骋上下"。在读到东坡的诗句"峰多巧障日，江远欲浮天"时，抚几而叹："老夫平生作诗，无此一句。"读完苏轼在黄州所作《胜相院藏经记》后，称赞道："子瞻，人中龙也！"所以在文坛上，王安石也是当时最了解苏轼的天分，并能给予高度评价的人物之一。

苏轼反对新法，对王安石的一些诗文也时有揶揄，如安石《字说》谓："坡者，土之皮也。"苏轼以"滑者，水之骨也"相讥。但通过十几年来的观察，对王安石的个人人品，尤其是安石在文章学术方面的成就，还是能实事求是地给予肯定，曾说："王氏之文未必不佳。"当他读到王安石的词《桂枝香·金陵怀古》，也赞叹道："此老乃野狐精也。"所以两人在文章学术方面应是同路人，仍有相当多的共同语言。当时王安石大病初愈，就舍宅作寺，又约苏轼卜居秦淮河边，东坡也不无感激地在和安石的《北山》诗中说：

骑驴渺渺入荒陂，想见先生未病时。

劝我试求三亩宅，从公已觉十年迟。

看来此次会见，两人在感情上有所沟通。王安石曾叹道："不知更几百年，方有如此人物。"东坡在离开金陵后，曾写给王安石两封信。王安石也给东坡回了信，劝他"跋涉自爱"。但两人是否已尽释前嫌了呢？似乎也未必。王安石谢世后，由苏轼替朝廷撰写"制词"《王安石赠太傅》，南宋还是有人以为："此虽褒词，然其言皆有微意。"尤其是制词中对王安石变法诸事避而不谈，说明苏轼对此问题采取了保留的态度。苏轼又作"制词"《吕惠卿责授建宁军节度副使》，对吕惠卿是持谴责和否定的态度，有人以为也"都是把王安石包括在内加以指斥的"。不过，元祐更化时，司马光欲全废新法，而苏东坡却又主张对新法"较量利害，参用所长"，如对免役法如何存利去害，与司马光争得面红耳赤。

总之，苏、王两人的关系，确实极为微妙，迷雾不少，令人无法看透。

《清明上河图》名称之谜

《清明上河图》为什么以"清明"命名？历来有不同的解说。一说是描绘汴京开封城清明时节的景象；一说"清明"是汴京的街坊名，图绘汴京清明坊到虹桥汴河西岸的景象；一说"清明"是中国传统社会中常用的作为"太平盛世"的称颂之辞。那么，到底作何解呢？

《清明上河图》全图可分三个段落，首先是汴京郊外的景物，薄雾疏林，杨柳新绿，菜园阡陌，茅檐低伏，商队旅人，穿梭往来。中段描绘汴河两岸的繁忙景象，大河上下，货船往返，拱桥飞虹，行人如织，道路之中，商贩云集。后段是市区街景的写真，城楼高耸，酒肆茶坊，店铺稠密，车水马龙，各行各业，生意兴隆。仔细品味，图中三教九流，无所不包，个个神形兼备，极富情趣。整部作品长而不冗，繁而不乱，严密紧凑，一气呵成。尤其是画中"虹桥"一段，那街头市肆的热闹气氛扑面而来，观画人恍如身临其境，体验着宋代社会的文化风俗。其技艺备受世人赞赏，令人叹为观止。

北京故宫的《清明上河图》并不见宋徽宗瘦金体"清明上河图"的题签，所以"清明"一词最早见于金代大定二十六年(1186)张著的题跋，张著引《向氏评论图画记》称，张择端作有《清明上河图》和《西湖争标图》，于是其图名便确定下来。有关"清明"的解释，经过这些年来学者们的争论，大致有三种不同意见。

一说该图描绘的是汴京开封城清明时节的景象，即清明节时汴京的春天景色。明代李日华《味水轩日记》称，此图宋徽宗曾题诗，诗中有"如在上河春"一句，可见描绘的是初春的汴京。近代郑振铎等人更大张"清明节"说："时节是清明的时候，也就是春天三月三日。"把具体日子都定了下来。据宋代文献记载，人们在清明时节前后，家家禁断烟火，门上轿上插柳条，然后蜂拥出城扫墓踏青，在郊外亲友相聚，歌舞宴饮，尽情游玩，直至日暮才回城等等。那么，《清明上河图》中有这些内容吗？

有学者指出，该图画面景物的物候表现及有关人物的生活状况，显然与"清明"时节明显不符。画面许多地方显示出中原地区余热未退的初秋时景，而不是春寒料峭的清明时节。如画中某一角绘有摊贩的桌上陈放着切开的西瓜，如是清明时节，河南一带哪来的西瓜？再如图中手执扇子的人物多达十余人，与北国清明时节的春寒气温也明

显不符。尤其是画中有一些孩子在大路两旁嬉戏，由于热不可耐而光着身子，非常活泼和自然，如在清明时节，孩子们裸着身子是会冻着的。图某一角的农家短篱内，长着果实像茄子一类的作物，似有秋熟的迹象。赵太丞家门口的垂柳，已经枝叶茂盛，也非初春的杨柳。图中商店林立，各种店铺门前差不多都顾客盈门，颇为热闹；唯独纸马店前门庭冷落，没有什么顾客光顾，看不到清明时分当地上坟祭祖风俗的影子。而临河的一家酒店，在条子旗上写着"新酒"二字，这是告诉人们当时是"中秋"时节。总之，作者如要立意表现"清明节"这个主题，是不会如此处理画面的。

也有学者进行了反驳，指出关于用扇子的节令，开封在清明前后用不着，而中秋时分也基本上不用了。从社会风俗上考察，当时有"博扇子者最多，以夏之迩近也"的情况，就是在清明时节，人们以扇子为赌博之利物，用以推销扇子。再看西瓜，图中的块状物并非西瓜，北宋以前，中原人不熟悉西瓜，也不曾种植西瓜。新酒问题，《东京梦华录》说："中秋节前，诸店皆卖新酒。"而画中的几处酒店，只有一处旗子上写"新酒"。况且一年四季均可造酒，所以酒店随时可卖新酒，也可卖陈酒。最明显的是，图中170多棵树木，其中柳树都是细叶嫩芽，其他树木则是光秃秃的，正是清明前后的情景。如中秋前后，所有树木都枝叶繁茂，绝不会是光秃秃的样子。图中郊外的路上，两位老者骑着毛驴，头带风帽，与少数赤膊小孩恰成对比，说明老人尚觉春寒未尽，正是清明时节。总之，从画面景物看，该图所绘并非中秋时节，应是清明时节，当然不一定非在三月三日。"上河"之"上"，按宋人的习惯，指到或去的意思，"上河"就是到汴河去。清明时节，东京人上河去观赏汴河及两岸风光，"汴渠春望漕舟数十里"，形势非常壮观，是有一定特别意义的。张择端的风俗画选择这个时节，画的题款用这个命名，应该也是独具匠心的。

一说"清明"是汴京的街坊名，即以地名为画名。当时汴京内、外城及郊区，共划分130余坊，而外城东郊区共分三坊，其第一坊就是清明坊。图中所绘是汴京清明坊到虹桥汴河西岸的这一段"上河"的景色，所以就以此街坊名为画名。

持不同意见者认为，现存该画的起点是汴京郊外小道，并非是什么街坊。据《清明上河图记》有关题跋所载，原先那幅有徽宗御笔题签且加盖御玺的真迹，所绘内容幅度很大，系从汴河东水门外10余里的荒郊开始，一直画到城中宫苑，而不止是清明坊到虹桥汴河西岸这点距离。清明坊不过是一个极小的地名，画家此作品是呈献给皇帝的重要礼品，不应选此小地名作为一幅画面如此宏大的作品的名字。还有学者指出，从《东京梦华录》诸书上反映，人们习惯上已多用街巷名来称呼某个地区或某建筑物所在地，而不是用街坊名。这一点张择端应该清楚，所以如用"清明坊"来命名此画，不说东京以外的人不明白其含义，就是东京城内的人也未必都能知晓。更何况此画所绘东京市容究竟属于哪个部位，争论分歧也很大。如有人认为是位于东京新城东水门内外到旧城里东南部，有人认为全是东水门外的虹桥上下一带，也有认为应位于旧城东角子门内外，或笼统认为是汴京城郊的汴河到城内街市。其实不管它反映的东京市容有多逼真，既然是艺术品，就必然有虚实，有夸张。所以称此画面如此恢宏的作品，主要在画某一街坊的说法本身就难以成立。

一说"清明"是中国传统社会中常用的作为"太平盛世"的称颂之辞。《诗·大雅·大明》曰："肆伐大商，会朝清明。"毛传："不崇朝而天下清明。"《后汉书·班固传》有谓："固幸得生于清明之世。"可见"清明"本义在于指统治的平顺，往往称颂盛世。张择端初绘此画，于北宋徽宗宣和年间，当时社会虽然危机四伏，处于动乱前夕，但表面上依然歌舞升平，京城繁华，宫廷内外，咸颂"清明"。金代鉴赏家所写的跋文中说："通衢车马正喧阗，祇是宣和第几年，当日翰林呈画本，承平风物正堪传。"其中已点明此画的主题在于表现宋朝的"承平风物"，而"清明"就是"承平"、"太平"的同义词。此画龙点睛之名称，自然也获得徽宗的赞赏。《式古堂书画汇考》记有"图成进入绢熙殿，御笔题签标卷面"。靖康之难后，画家流亡南宋杭州，回首北望，勾起国恨家仇，追慕故都风物，再画《清明上河图》，以寄托自己的爱国之情。

持不同观点者指出，一方面在说张择端此画在歌颂北宋末年的"太平盛世"、"清明政治"，一方面又说张择端在开封画的那幅《清明上河图》已不复存在，现存北京故宫的那幅图是张氏在遭遇靖康之难后南渡杭州时再画的，两者似乎已不大协调。张择端在宋代留下来的画著中默默无闻，在画院中凭其如此高超之技艺却并无多高的官位，大概是一位不肯苟合封建统治集团上层的人物。尤其在南宋初年，正当抗金派批判蔡京等"六贼"把北宋政治搞得一塌糊涂、从而招致国破家亡之时，一位有爱国心的画家会再把那时的状况当成太平盛世去歌颂吗？当然，张择端是否到过杭州，也还无法定论。主要是此画实为北宋东京的社会风俗画或景物画，不是一幅宣扬统治清明的政治宣传画。

《清明上河图》的命名，似乎和它的真迹一样，令人难以捉摸。期待专家们再做深入的研究，以期有新的突破。

宋徽宗画迹真笔之谜

宋徽宗赵佶虽然是个昏君，却是个大艺术家，尤其是他的花鸟画，可谓一代宗师。然而有许多被题为"宣和殿御制御画"作品，其实却不是赵佶的亲笔，往往由当时皇家画院的画师代笔。所以现存传为赵佶所亲制的20余幅图画，要分清哪些是赵佶真迹？哪些是赝品？还真是个难题。

宋徽宗赵佶（1082~1135），宋神宗子，哲宗弟，曾封端王。元符三年（1100）哲宗无嗣而即位，到宣和七年（1125）传位钦宗，做了26年的皇帝。作为君

宋徽宗赵佶

主，他在政治上昏庸腐败，对内贪暴荒唐，对外懦弱无能，十足一个蠹国害民的统治者。然而他却是一个杰出的艺术家，能诗词，著有《宣和宫词》已佚，近人辑有《宋徽宗诗、词》；工书法，自成一家，称"瘦金体"，有《千字文卷》等墨迹传世；擅丹青，花鸟山水，精巧深微，天机盎然，艺术上都有所建树，许多作品流传下来，在中国绘画史上占有一席之地。

历史文献中著录有宋徽宗赵佶的大量绘画作品，他曾对臣下说："朕万机余暇，惟好画耳。"可见他在绘画上确实下了不少功夫，仅以流传到今天的作品而论，其质量之高，人或称他为划时代开派之宗师；其数量之多，在宋代画家中也是非常突出的。据初步统计，赵佶的重要作品如今还流传在国内外的，共有20余件。问题是这些传世作品中，到底有多少是赵佶亲制的手笔？对于这个问题，历来艺术界就有不同看法。

宋蔡絛《铁围山丛谈》说："独丹青以上皇（赵佶）自擅其神逸，故凡名手，多入内供奉，代御染写，是以无闻焉尔。"这是说当时的名笔画手，大多被招入御画院，都曾为皇帝代笔作画，有的甚至连自己的姓名都被湮没了。

徽宗在位20余年，其间对画院特别有兴趣，也特别重视，大量吸纳人才，佳作自然喷涌，所以北宋画院是我国历史上皇家画院最鼎盛的时期。可悲的是，许多画家都需为风流皇帝代笔，成为御用画家。而赵佶作为皇帝，在侵占别人成果为己有的过程中也绝无羞耻之感，反而认为是理所当然的。

元汤垕《画鉴》说："《宣和睿览集》累至数百及千余册，度其万机之余，安得暇至于此？要是当时画院诸人，仿效其作，特题印之耳。然徽宗亲作者，自可望而识之。"史载，赵佶曾将从各地掠夺来的花石禽兽视为"诸福之物，可致之祥"，而陆续加以图绘，以十五幅为一册，累至千册，名曰《宣和睿览集》。这样庞大的画册，其中万余幅画，怎么可能是赵佶一人所绘呢？显然，其大部分是画院中画家的代笔，这些人有时需专门"供御画"。其中许多画上虽有赵佶手书"御制御画并书"的字样，却也不一定是他的亲笔。《画鉴》说，赵佶的真迹，他"可望而识之"，但没有说明赵佶的亲笔有些什么特征，也没有举什么例子，所以不免在自我吹嘘。

元王恽题《宋徽宗石榴图》诗："写生若论丹青妙，金马门前待诏才。"也是说赵佶绘画，大有捉刀之人，许多作品，赵佶只是在画上加以自己的题印而已。南宋《秘阁画目》、《中兴馆阁录·储藏》对赵佶亲笔的"御画"和赵佶在别人画上题字的"御题画"，进行了分别记载，但后人仍有各种怀疑。

今人对传世的赵佶画也做了大量的分析考订，以下略作介绍。

如《听琴图》诸画，谢稚柳先生从画的题字方面推论其画的真伪。《听琴图》旧为清内府所藏，胡敬的《西清札记》说是赵佶自画像，画中弹琴者为赵佶，下右首低头静听者是大臣蔡京。图右上角有赵佶所书"听琴图"三字，左下角签署着"天下一人"款押，钤"御书"朱文一印。正中有蔡京题诗，传世

大宋王朝历史之谜

的赵佶画，有蔡题的不止一幅，如《文会图》、《雪江归棹图》、《御鹰图》都有蔡题，可见当时在皇帝画笔上题字似乎还较随便。问题是所题诗的内容，差别很大。《听琴图》蔡所题诗为："吟微调商灶下桐，松间疑有入松风。仰窥低审含情客，似听无弦一弄中。"这诗中，蔡没有一字对皇帝画笔加以颂扬。而《雪江归棹图》却题着"皇帝陛下，丹青妙笔"，还说："盖神智与造化等也。"《御鹰图》蔡也题"皇帝陛下，德动天地"与"神笔之妙，无以复加"等等肉麻的颂扬之词。可见后两画应出于赵佶真笔，如为代笔御画，蔡京就不可能加以如此的颂扬，因为对于一个善画的皇帝来说，给予代笔御画加以过分的恭维，这就会有讽刺皇帝的嫌疑了。

此外，《文会图》有赵佶的亲笔题诗："题《文会图》：儒林华国古今同，吟咏飞毫醒醉中。多士作新知入彀，画图犹喜见文雄。"蔡京的和诗为："明时不与有唐同，八表人归大道中。可笑当年十八士，经纶谁是出群雄。"谢稚柳先生认为，如果此图为赵佶亲笔，怎么会用"画图犹喜见文雄"这样的语气呢？这明明是在观赏他人作品时所用的语气，包括开首所写"题《文会图》"，也不像在题自己的画。蔡京的和诗在画的左上角，与右上角和赵佶题诗遥遥相对，而蔡京的诗也只是依韵和皇上的诗，引申赵佶的诗意，标榜当时要胜过唐代，却没有一字涉及皇帝画笔。这与《听琴图》的题诗风格一致。所以，《听琴图》与《文会图》都不是赵佶的真笔，或也不是代笔，而是画院画家的作品为皇帝所满意，便加以御笔题诗，蔡京也只是奉命题诗，故没有对画本身加以赞扬。

而赵佶的《竹禽图》、《柳鸦芦雁图》、《枇杷山鸟图》、《金英秋禽图》、《四禽图》、《祥龙石图》、《杏花鹦鹉图》诸画，其大体的艺术主旨，在追求一种雍容高雅、无微不至的写生，笔致秀挺温婉，形象俊俏生动，或也有雄健的格调，其笔势纯然一体，散发出一种静穆的墨气。所以上述作品应大都出于赵佶亲笔，当然有的仍存争议。

故宫博物院收藏的《芙蓉锦鸡图》与《腊梅山禽图》，画上虽有赵佶题诗和签押，谓"宣和殿御制并书"，都为赵佶传世名作。但从画笔风格方面看，似乎与上述真品有异，没有赵佶骨子里那种笔情墨意。同样，《听琴图》与《文会图》中的那些人物与山水竹木，也与上述亲笔有别，实为"御题画"。

《画鉴》还说，宣和时画院画家周怡专"承应摹仿唐画"。就是说画家周怡专门为皇帝描摹唐画，可见一些传为赵佶临摹唐人的作品也是靠不住的。如赵佶的《摹张萱捣练图》、《虢国夫人游春图》，都不是赵佶真迹。前者笔势冗弱，殊不流畅；后者所画马的四蹄呆滞无神，与赵佶的艺术手法很不相类。

徐邦达先生在《古书画鉴定概论》中说："最奇怪的是宋徽宗赵佶的绘画，几乎百分之八九十出自当时画院高手的代笔。他既不是年老力衰，也非疲于应酬他人，因为所有的画幅大都存于宫内为自己欣赏——著名的所谓'积至千册'的《宣和睿览集》，尽管题上'御制'、'御画'、'御书'，但实际上那些'御画'没有一幅是亲笔的，自己欺骗自己，真不明白他是一种什么心理，可能是要托以传名后世吧！"

而谢稚柳先生为之辩解道："有一个推想，这些画绝非'代御染写'，事实上赵佶的画并没有'代御染写'之作。那么，这些不提作者名氏的御题画，看来都是'三舍'学生的创作，或者是每月考试的作品，被赵佶人选了，才在画上为之题字，这已经是显示了皇帝的恩宠。然而，被人说成是'代御染写'，这是这位善画的皇帝尊严始料所不及的吧！"（《宋徽宗赵佶全集》序）

总之，如今要在所有题有赵佶"御画"的作品中，分别出哪些是赵佶的亲笔画，哪些不是，已是一件非常不容易的事。同时，宋徽宗为什么要如此自欺欺人的原因，恐怕也很难完全猜透。

"宋四家"中"蔡"氏之谜

中国书法史上论及宋代书法，素有宋四家"苏、黄、米、蔡"的说法，四人被认为是宋代书法发展水平的典型代表。其中前三位苏轼、黄庭坚、米芾自然不存在问题，问题是最后之"蔡"，其指蔡襄还是蔡京，人说不同，历来就有争议。

中国书法发展到宋代，一反唐代的平整森严，而标举优美抒情的书风，讲求书家的散怀舒意，强调书法的风神天姿。书法成为文人寄情达意的形态艺术，书家的精神风韵与文化情趣在其中得到绝好的抒发。宋四家"苏、黄、米、蔡"的书法风格，就是在这样的时代氛围中诞生，他们也成为宋代文化精神某方面的代表。

苏东坡的书法风格，用笔丰腴跌宕，常能自创新意，得天真烂漫之趣，时凝练端庄，或豪放不羁，或风神萧散。黄庭坚的书法风格，用笔纵横拗崛，努力自成一家，尽奇藏郁拔之能，时气势磅礴，或意趣自然，也姿态多变。米芾的书法风格，用笔俊迈豪放，提倡天真率意，走沉着痛快之路，时癫狂不俗，或风流倜傥，也清旷恬淡。各人书风自成一格，时人后人都推崇备至，列于宋四家之中，向无异议。

惟独列于四家之末的"蔡"，时有争议。一般认为应指蔡襄（1012～1067），字君谟，兴化军仙游（今属福建）人，天圣进士，历知福州、开封、杭州等地，入为翰林学士，迁三司使，为官有能名，卒谥忠惠。他在书法上可称五代之后卓然为宋朝领先的大家，他力挽狂澜改变了宋初书坛的靡弱风气，可以说是他开启了宋朝书派的主潮。他用笔委婉秀劲，讲究晋唐古意，得法度精神之气，时锋利流畅，或简约含蓄，也

蔡京

清灵拔俗。楷、行、草诸体都可在书法史中占一席之地，如其正楷端庄沉着，行书淳淡婉美，草帖富于变化。总之，功底深厚，技巧全面，精妙得体，自成一格。

欧阳修对其书法曾称赞不已，说："蔡君谟之书，八分、散隶、正楷、行狎、大小草，众体皆精。""蔡君谟博学君子也，于书尤称精鉴。""君谟独步当世，然谦让不肯主盟"（《欧阳文忠公文集》）。苏轼也认为，"独蔡君谟天资既高，积学深至，心手相应，变态无穷，遂为本朝第一"（《东坡题跋》）。邓肃曾评论道，"观蔡襄之书，如读欧阳修之文，端严而不刻，温厚而不犯，太平之气，郁然见于毫楮间"（《跋蔡忠惠书》）。黄庭坚也说，"苏子美、蔡君谟皆翰墨之豪杰"（《山谷文集》）。《宋史·蔡襄传》曰："襄工于书，为当时第一，仁宗尤爱之。"曾诏命制诸贵族碑文。可见其书法得到社会的重视及文豪们的赞赏，甚至"为当时第一"，那么，将蔡襄列于"宋四家"之中，应是当之无愧的。

然而，明清以来有学者提出：四家之末的"蔡"原本应指蔡京。如明代孙在《书画跋》中说："宋四大家其蔡是蔡京，今易以君谟，则前后辈倒置。"清代书画鉴赏家张丑在《清河书画舫》中也说："宋人书例称苏、黄、米、蔡者，谓京也。后人恶其为人，乃斥去之而进君谟书耳。君谟在苏、黄前，不应列元章后，其为京无疑矣。京笔法姿媚，非君谟可比也。"确实存在先后辈分的问题，苏轼比蔡襄小25岁，黄庭坚比蔡襄小33岁，米芾比蔡襄小39岁，将蔡襄排于其后，真是辈分倒置了，更何况蔡襄又可称是宋朝书法开派之大家。而蔡京比苏轼小10岁，比黄庭坚小2岁，只比米芾大4岁，将蔡京排在最后，这方面问题应不大。清杭世骏《订讹类编续编》就将"苏黄米蔡非蔡襄"，作为人们讹误的一个事例。可见，明清时"蔡京说"颇有市场。

蔡京（1047～1126），字元长，与蔡襄同乡，熙宁进士，徽宗朝曾四度为相，长达17年之久，坏事做绝，为"六贼"之首。然而平心而论，蔡京的书法还是有一定成就的，据说徽宗之所以看中蔡京，主要是其书法的魅力。其用笔简捷飘灵，显得自然流畅，无犹豫雕琢之痕，时秀劲潇落，或婉约柔美，也带几分矜持。一般以为书法是人生的艺术，由书而论人，或由人而论书，人品与书品往往相辅相成。然而在蔡京身上，我们却看到人品与书品极不和谐的一幕：其人品是如此阴暗龌龊、狡诈可恶，其书品却常常清秀明快，境界颇妙。可见书法作品有其一定的独立性，不能和人品混为一谈，但中国历史传统却常常因人废书，或以人评书。由此，史料中评述蔡京书法活动的有关资料很少，其留给后人的作品也不多。

不过，我们还是能看到一些有关蔡京书法较为客观的评论。如《宣和书谱·蔡京》评其《十八学士图跋》"深得羲之笔意，自名一家"。元代陶宗仪《书史会要》曾引当时评论者的话说："其字严而不拘，逸而不外规矩，正书如冠剑大人，议于庙堂之上；行书如贵胄公子，意气赫奕，光彩射人；大字冠绝古今，鲜有俦匹。"姿媚豪健的蔡京书法，与较含古法的蔡襄书法相比，似乎也更富有新意，更能体现宋代"尚意"的时代情趣。所以安世凤《墨林快事》就认为：蔡京胜过蔡襄，"今知有襄而不知有他蔡，名之有幸不幸若此"。近人《中国书法大观·蔡京的书法艺术》也评价道："蔡京《跋唐玄宗鹡鸰颂》在纵笔方面做得非常成功。平心而论，此幅作品已可追蔡襄了。此跋较其他作品显得圆活，清劲姿媚……可谓已入唐人行书的风范，结字也迫近唐代柳公权，内紧外松，主笔舒展清健，灵运独到，浑然天成。通篇作品能在经意之中表达出一种随意的风流藉蕴，确为不易。有若风行雨散，润色开花，情驰神纵，超逸优游，甚得晋唐人神韵。"

另外，蔡襄书法虽在前期被推为"当时第一"，但自北宋中期书法新貌形成之后，人们对蔡襄的字渐有微辞。苏轼在《东坡题跋》中就提到"近岁论君谟书者，颇有异论"，"仆以君谟这当世第一，而论者或不然"。主要是蔡襄的作品有时过于纤弱柔媚，如米芾曰："蔡襄如少年女子，体态妖娆，行步缓慢多饰名花。"（《宝晋英光集·补遗》）黄庭坚也说："君谟书如蔡琰胡笳十八拍，虽清壮顿挫，时有闺房态度。"（《豫章先生遗文》卷十）主要是蔡襄在追求风流韵趣的同时，没有把握好阴柔与阳刚二者之间的尺度，过于阴柔而缺阳刚之气。可见，到北宋中后期，人们对蔡襄书法的评价已不那么一致了。

对此，坚持"蔡襄说"者提出反驳，认为"宋四家"之说，虽然迄今未见于宋人文献，但南宋遗民、元初王存在《跋蔡襄洮河石砚铭》墨迹中称蔡襄书法"笔力疏纵，自为一体，当时位置为四家。窃尝评之，东坡（苏轼）浑灏流转神色最壮，涪翁（黄庭坚）瘦硬通神，襄阳（米芾）纵横变化，然皆须从放笔为佳。若君谟（蔡襄）作，以视拘牵绳尺者，虽亦自纵，而以视三家，则中正不倚矣"。其中已明确提出"四家"之说，且"蔡"是为蔡襄。至于排列次序，近人张伯驹曾在《宋四家书》一文中指出："按次序应是蔡、苏、黄、米，普遍读为苏、黄、米、蔡，以阴阳平上去顺口，遂成习惯！"说明这一排列是因读音上的顺口而形成的，与四大家的年龄辈分高下并无关系。

另外，在书法史上，蔡襄的书法作品以全面著称，楷、行、草诸体都能有所成就，而其许多非行非草的作品，随意纵逸，更具魅力。同时，他还是宋代尚意书风的奠基人，重振了宋初靡弱的书坛。因此，从总体上看，其书法成就显然是要超过蔡京的。而蔡京的作品，与其他诸家比较起来，不免有单薄的感觉，用笔不太周到厚重，尤其是笔法的不丰富，显得不够熟练和老辣，所以米芾说"蔡京不得笔"（《海岳名言》）。蔡京以复古为新，没有强烈的创新意识，艺术品味的局限很大，他所继承的晋唐风范实质上已是被"歪曲"了的晋唐，没有了神韵的洒落，其作品仅是优雅的"案头小品"罢了。所以蔡京比蔡襄略逊一筹，难以与苏轼、黄庭坚、米芾三人相提并论，在宋四大家排列中，应是蔡襄的地位更牢固。

看来，"蔡襄说"颇有道理，"蔡京说"也非无稽之谈。而从蔡京是个大奸臣，且做了如此多的祸国殃民之事的历史来说，人们从感情上自然要倾向于蔡襄说。不过，如从纯粹艺术上讲，二蔡之争看来很难有最后的定论。

李师师传说之谜

北宋名妓李师师的故事充满了传奇色彩，她不但与亡国君主宋徽宗有过一段浪漫恋情，并且与当时的许多文人墨客、风流雅士关系密切，据说大词人周邦彦还在皇帝与名妓之间插上一脚，使恋情故事演绎得更为有滋有味。历史上的李师师真有如此魅力吗？

宋人张端义的笔记《贵耳集》记载了这样一个故事：

一天，宋徽宗道君皇帝微行到歌妓李师师的家中。刚巧，大词人周邦彦已先到那里，听说皇上驾到，慌忙躲到床底下。徽宗不知情，拿着一只新橙进到房中，得意扬扬地说，此是江南才进贡来的，很是新鲜，便和李师师亲昵地说起私房话。不料其中隐私全被床下的听去，周邦彦后来写了一首词《少年游》影射此事：

并刀如水，吴盐胜雪，纤指破新橙。锦幄初温，兽香不断，相对坐调笙。
低声问：向谁行宿？城上已三更。马滑霜浓，不如休去，直是少人行。

此后，李师师非常喜欢此词，并在徽宗面前唱起了这首曲子。徽宗听得若有所悟，便问是谁所作？师师答云："周邦彦词。"徽宗勃然大怒，拂袖而去。第二天上朝，徽宗对宰相蔡京说："开封府有个监税官叫周邦彦，听说他负责的税额没有完成，你们怎么不抓他来审办。"蔡京听得莫名其妙，也只得唯唯诺诺地回答："容臣退朝后招呼开封府尹审办，然后再禀报惩处结果。"蔡京把开封府尹喊来，将皇帝谕旨告之，开封府尹说："本府周邦彦超额完成了征税定额。"蔡京说："皇帝要惩办他，只得照办。"于是，以渎职罪名罢黜了周邦彦的官位，并派人押送出京城。

过了几天，徽宗又来李师师家，不见师师，问其家人，知道是去送周邦彦了。徽宗暗暗高兴，总算将此人送走了，但等了很久，李师师才愁眉苦脸地回来。徽宗看着师师那憔悴的样子，生气道："你刚才到哪里去了？"师师回答："臣妾万死，知周邦彦得罪，被押出京城，所以去和他道别，不知皇上驾到。"徽宗赶忙问："有没有作词赠别？"师师说："有一首《兰陵王》词。"徽宗道："唱一遍听听。"师师强作笑脸，奉上一杯酒说："臣妾歌此词为皇上贺寿。"曲终，徽宗听得入迷，赞赏不已，便高兴地下了诏书：复召周邦彦回京，并委任以大晟乐正的官职。

此外，南宋周密的《浩然斋雅谈》、张邦

基的《墨庄漫录》及陈鹄的《耆旧续闻》诸书，也都有些相似的记载。只是周密说周邦彦作《少年游》一词得徽宗赏识而得官，自此出名并跻身仕途。上述都属于南宋较有影响的文人笔记，作者熟谙宋代的掌故，因此长期以来该故事总为人们津津乐道，并添油加醋地述说着徽宗与李师师的风流韵事，以及大词人周邦彦也加入其间的这段三角恋情。

据说，李师师是京城一位穷染匠的女儿，本姓王，自幼父母早亡，后为隶属娼籍的李姥收养，才改姓李，艺名师师。经过拜师学艺和悉心调教，师师成长为一名风姿绰约、文才出众、色艺双绝的歌妓。其气质优雅，通晓音律书画，招来许多文人雅士的追捧，遂与汴京名士来往频繁，如她和当时著名文人周邦彦、晁冲之等人都有诗词相赠。宋代是词的全盛时期，词属于音乐文学，它必须通过歌唱才能充分为人们所欣赏，才能广泛传播。唱词，宋代叫做"小唱"，歌妓便是主要从事这种特殊伎艺的。最后，徽宗这位风流皇帝也慕名上门，与之吟诗唱曲，并演绎了一段浪漫恋情。

宋代宫廷有较为严格的制度，言官们对皇帝的私生活也时有规谏，而宋徽宗居然能够经常微服私访歌妓之家，有时甚至彻夜不归。《宋史·曹辅传》说："自政和后，帝多微行，乘小轿子，数内臣导从。置行幸局，局中以帝出日谓之有排当，次日未还，则传旨称疮痍不坐朝。"据说，宋徽宗怕别人发现自己狎妓之事，于是以给禁卫军建造宿舍之名，从宫苑侧门到李家的镇安坊修起一道3里多长的夹墙，使之成为一个皇帝嫖娼的安全保密的通道。这就更让人感到惊讶了，宋代皇帝能做出如此出格的事吗？况且若要人不知，除非己莫为，皇帝嫖妓在当年的东京开封城中早已为一大新闻，徽宗有必要此地无银三百两吗？

到近代，国学大师王国维对这段皇帝、词人与名妓的三角风流恋情提出异议。他在《清真先生遗事》一文中指出有三个疑点：一是"徽宗微行始于政和而极于宣和。政和元年先生（周邦彦）已56岁"，应该不会再有章台游冶之事了，说他与李师师有私情，并能够在床下呆一晚，这是不合情理的。二是周邦彦当时官至卫尉宗正少卿，品位颇高，不可能兼任开封府监税这样的小官，也不可能发生以"课额不登"为由被罢官并驱逐出京城的事情。三是历史上根本没有大晟乐正这一官职。因此，王国维先生断定《贵耳集》中的故事纯属杜撰，著名词人周邦彦与李师师之间不可能发生什么风流韵事。

周邦彦生于仁宗嘉祐元年（1056），卒于徽宗宣和三年（1121），徽宗即位时，他45岁。其实，唐宋时官员50岁以上狎妓者，大有人在，并不稀奇。《贵耳集》也没说他在床下待了一晚，当然"遂匿床下"之描写本来就有些夸张，不必这么认真。开封府监税的官职，周邦彦是没有担任过，被罢官驱逐出京城也是杜撰，他担任的是国子主簿、秘书监、徽猷阁待制诸职。然而徽宗时，周邦彦确实做过"提举大晟乐府"之职，这和"大晟乐正"一职应没有什么大的差异。而这个故事的关键问题是：当时周邦彦和宋徽宗能否喜欢同一名妓。宋徽宗比周邦彦小26岁，即位时19岁。这样如在崇宁大观年间，一位20多岁的皇帝与一位50岁上下的官员，同时喜欢上一位名妓，我们觉得也并不是不可能的。当然，周密的《浩然斋雅谈》说："宣和中，李师师以能歌舞称。时周邦彦为太学生，每游其家。"这种说法失于考证而几近荒唐，宣和初，周邦彦已64岁，怎么可能是太学生。此时，他正出知真定府，改顺昌府，次年归居睦州，宣和三年经扬州西上，卒于商丘鸿庆宫。就是说，宣和中，周邦彦不但年纪老迈，也根本不在京都，不会再与皇帝去为一位名妓争风吃醋。

后又有香港大学罗忼烈先生发表文章《谈李师师》，对其生平作了考证。认为北宋词人张先（字子野）熙宁末年（1077）最早在《师师令》中提及李师师，称当时李师师只有十五六岁。这样算起来，她约比周邦彦小6岁，而比宋徽宗就要大20岁，所以李师师与周邦彦产生私情是完全可能的，而与宋徽宗之间应该是不会产生什么风流韵事的，或者说这位风流皇帝是不会去"幸"这位"妈妈级"美女的。同时指出，周邦彦的《少年游》为元丰年间初入太学时的少年艳词，和作《兰陵王》一词相隔大约有40年，而《贵耳集》却把它们凑在一起，可见其牵强附会。

有人注意到，张先的《师师令》中只提到"师师"之名，而未提及此人之姓。这样，或许北宋曾有两个"师师"，一个与周邦彦有私情，另一个与宋徽宗交欢，因为都叫师师，所以后来的文人骚客将两人混为一谈，由是杜撰了一出"忘年"的三角恋情。

不同意张子野《师师令》与徽宗时的李师师有关联的看法，早在清代就已有人提出。吴衡照在《莲子居词话》中说："张子野《师师令》相传为赠李师师作，按子野熙宁十年，年八十九卒。自子野之卒，距政和、重和、宣和年间又三十余年，是子野不及见师师，何由而为是乎？调名《师师令》，非因李师师也。"就是说《师师令》为流行曲调名，而非为李师师而作，直接否定了张子野《师师令》是赠徽宗时李师师的说法。丁绍仪在《听秋声馆词话》中也说："子野系仁宗时人，少游（秦观）于哲宗初贬死滕州，均去徽宗时甚远，岂宋有两个师师耶？"秦观、晏几道等人的词咏中也有赠"师师"的作品，秦观卒于哲宗末年（1100），晏几道虽晚几年去世，但徽宗即位时已有70高龄，其所咏赠的都不应是徽宗时的李师师。其实，由于宋代民俗，歌妓名"师师"者甚多。从上述情况看，可以说在北宋中期至少有一个出名的歌妓"师师"，有别于北宋末徽宗时的李师师。

而徽宗时的李师师，《东京梦华录》卷五"京瓦伎艺"条记："崇观以来，在京瓦肆伎艺……小唱李师师……诚其角者。"《墨庄漫录》卷八说："政和间，李师师与崔念月二妓，名著一时。"《浩然斋雅谈》又说："宣和中，李师师以能歌舞称。"有学者估计，自崇宁迄宣和的20余年间是李师师活跃歌坛的出名时期，如以崇宁元年师师为16岁计，到宣和六年她便是38岁。而周邦彦从哲宗绍圣四年（1097）至徽宗政和元年（1111）都在京城为官，尤其是政和六年至七年（1116～1117），正是他提举大晟府之时，李师师既是汴京角妓，其所居镇安坊又和大晟府互为邻近，所以两人的交游完全可能，且由于业务上的需要，周邦彦、晁冲之等官员都可召师师来官府，以了解民间新曲和小唱艺术，或将新词以之试歌，当然也不排除周、晁之辈可径至师师家采风。宋人记述师师与周邦彦的关系虽有传讹的可能，但确有根据，只是在流传过程中给人们添油加醋，则是免不了的。

《宋史》载，"自政和后，帝多微行"，其实政和以前，徽宗也已偶有微服出幸之事。《李师师外传》记徽宗初幸师师家是在大观三年（1109），这年师师约23岁，二幸、三幸在大观四年，四幸于宣和二年（1120），五幸于宣和四年。这与正史中徽宗"多微行"的描述基本上是吻合的，当然其幸师师家的次数当不止于此。徽宗本是个昏庸荒淫的皇帝，李师师"色艺绝伦"之民间歌妓的特殊风韵，引起徽宗的强烈兴趣，从各方面条件分析，《贵耳集》中描写的皇帝、官员与名妓的三角恋情，是完全有可能发生的，至于它是否历史事实，则就难说了。今人所作的《宋词通论》，就相信这三角恋情是历史真实的故事，说："堂堂之尊的宋徽宗，竟不惜纡尊降贵，常微服夜幸其（师师）家，后来因感不便，竟从内宫通了一个潜道到她家里……我们若读了周邦彦的《少年游》……一首清倩小调，我们可以想见一个风流自赏的天子和一个浪漫少检的词人，演出一段三角恋爱喜剧的韵事。"

那么，你如何看待这一段浪漫的恋情故事呢？由于徽宗的穷奢极欲，败坏了江山社稷，北宋为金兵所灭，宋徽宗被俘后，北迁至五国城（今黑龙江依兰）。据说，徽宗这时犹提笔为李师师立传，恐佳人事迹湮没，其痴情若此，你相信吗？

李师师归宿之谜

李师师是北宋末年冠盖满京华的名妓，她的事迹虽不见于正史纪传，但在笔记野史里却也够热闹的，成为徽宗时期的一个风流人物。那么，北宋亡国后，这位风尘女子的下落如何呢？笔记野史中也众说纷纭，其遭际悲凉透心。

一位名妓与天子搞上关系，其地位之腾起就不言而喻了。《瓮天脞语》载有"山东巨寇宋江，将图归顺，潜入东京访李师师"等语。连水泊梁山的好汉们，为了招安都要找李师师帮忙，可见她当时在东京的风光程度了。加上其风姿绰约、慷慨大度，琴棋书画无一不通，人称"飞将军"。甚至有人说，后来宋徽宗干脆把她召进后宫，册封为瀛国夫人或李明妃。查风流天子徽宗的嫔妃，确要比其他皇帝多，在政和年间就"册妃至六七人"，如政和六年（1116）仅贵妃就有四名，为两名王氏和乔氏、崔氏，其中并不见有"李明妃"。不知是史载有漏，还是后人故意锦上乱添花。不过这点是可以肯定的，就是李师师深受宫廷宠信，社会地位日隆，生活条件优裕，且积累有相当私有财产，这在歌妓中是少有的。

然而好景不长。徽宗慑于金兵的淫威，禅位给太子钦宗，自己慌忙南逃，后又躲进太乙宫，号称道君教主，不理天下政务，李师师失去靠山。据《三朝北盟会编》载，靖康初(1126)钦宗为搜括金银财宝以向金人乞和，居然下旨籍没了李师师等"娼优之家"的家产。也有记载说她自知难逃抄家之灾，时值金兵侵扰河北，"乃集前后所赐之钱，呈牒开封府，愿入官，助河北饷"，并自乞为女道士。(《李师师外传》)无论是抄家籍没家产，还是自愿缴纳入官，经过这次浩劫，李师师几乎一贫如洗，地位自然也一落千丈，真所谓从天上落到人间。而随着北宋王朝的灭亡，她更为凄惨的命运还在后面。

《李师师外传》这样描写：金兵攻破北宋都城，烧杀掳掠，无恶不作。金兵主帅还点名索要李师师，声称金国君主也听说了她的名声，一定要得到活人，以进献金主。然而追查了几天，都还没有线索。奸臣张邦昌为讨好金兵，帮助搜寻李师师的踪迹，终于将她献到金营。金营摆出宴席为师师接风，而师师对张邦昌骂道："你们得到高官厚禄，朝廷哪点对不起你们，为什么事事帮敌人来危害国家？我蒙皇帝眷宠，宁愿一死，别无他图。"乃脱下金簪刺喉自杀，没有马上咽气，又折断金簪吞下，才气绝身亡。此结局，李师师不甘凌辱，颇有侠士风度，得到后世通俗小说和一些文人的称道。一些史学家却持有异议，如邓广铭《东京梦华录注》称"一望而知为明季人妄作"。但其描写的历史背景却是真实的。如《靖康纪闻》载：那些被官府搜捕到，并送往金营的各色妇女，对着这些卖国的官吏斥骂道："尔等任朝廷大臣官吏，作坏国家至此，今日却令我辈塞金人意，尔等果何面目！"当然，李师师的这个结局是否真实，已不可考，但写作这篇传奇小说的作者，至少是在借李师师之死来鞭挞奸臣之罪恶，抒发亡国之感慨。

有人或说，她被金兵俘获后，押解北上，一路上受尽折磨，苦不堪言，容颜憔悴，求死不得，只能嫁给一个病残的老军士为妻，最后凄凉悲惨地死去。清人的《续金瓶梅》等书皆宗其说，这一说法有没有根据呢？汴京失陷后，金人除大肆掳掠外，还乘机要挟，大量索取金银、宫女、乐工，乃至妓女。而开封府官员竟也可耻地追捕宫女、妓女，捕至教坊选择后押送往金营，络绎不绝，哭声遍野，惨不忍闻。《靖康要录》卷十五记：金人"胁帝传旨取……教坊乐工四百人……又取内人、街巷子弟、女童及权贵戚里家细人……凡千余人，选端丽者。府尹悉捕诸娼于教坊中，以俟采择，里巷为之一空……粉黛盛饰毕，满车送军中。父母夫妻相抱持而哭，观者莫不嘘欷陨涕。"最后，金兵在汴京掠走成千上万名各色俘虏。在这种情况下，金人或会指名追索李师师，官府也会帮助搜索，然而她是否被官府捕着，却很难下结论。许多人认为她应该没有被官府捕着，也未被押往金营。按照一般的逻辑推理，师师在被抄家后，其自身的地位与国家的势态均已非常不妙，这时李师师惟一的出路只有藏匿于民间，大多会随着难民离开京城，从而开始了她历尽艰辛的南方流浪生涯。

中州词人朱敦儒也是逃难到了南方，他曾在一次宴会上听到师师的歌声，激动而感慨地写下了这首《鹧鸪天》：

唱得梨园绝代声，前朝惟有李夫人。

自从惊破霓裳后，楚奏吴歌扇底新。

秦嶂雁，越溪砧，西风北客两飘零。

尊前忽听当时曲，侧帽佥杯泪满巾。

其"李夫人"就是对师师的尊称，同在异乡为异客，"忽听当时曲"，怎不令人"泪满巾"呢。南宋张邦基《墨庄漫录》称，靖康间，李师师与同辈赵元奴诸人，流落到浙江，"士大夫犹邀之以听其歌，然憔悴无复向来之态矣"。宋人评话《宣和遗事》是说，师师南下流落到湖湘，嫁作商人妇，过起寂寞无闻的日子。宋刘子翚《汴京纪事诗》也有"辇毂繁华事可纷，师师垂老过湖湘，镂金檀板今无色，一曲当年动帝王"的诗句。所以明代梅鼎祚《青泥莲花记》说，"靖康之乱，师师南徙，有人遇之湖湘间，衰老憔悴，无复向时风态。"清人陈忱《水浒后传》记述了师师来到临安（今杭州），仍操旧业的故事。都沿袭上述说法而来，应该说师师晚年在南方的说法较为合乎情理。

当然，富于传奇色彩的李师师，由于其身世不记于正统史籍之中，而笔记小说中的有关传闻难免有讹传和臆测之处，因此她的晚境究竟是如何度过的，恐怕永远是一个谜了。

毕昇身份之谜

毕昇是中国古代活字印刷术的创始人。由于有关的历史记载太少，所以毕昇的身份始终没有搞清。他到底是刻字工人，还是锻工，或者是读书人，乃至书商，众说纷纭，至今没有定论。对其活字是何物制成，学者也有争论。

沈括《梦溪笔谈》中有两处分别提到毕昇和毕升，其一是卷十八载："庆历中，有布衣毕昇又为活版。"是说毕昇发明了胶泥活字印刷，用胶泥刻成一个个"薄如钱唇"的活单字，用火烧硬，然后用一块铁板，上面敷上松脂、腊和纸灰，再放一个铁框，把活单字按要求一个个排进去，密布满铁框后，放在火上加热，使松脂和腊熔化，同时用一板压平活字，冷却后，铁框中的活字变得坚固而平整，即可上油墨印刷了。印刷完毕，也可再用火使脂腊熔化，活字便从铁板上脱落，按音韵装在专用木格中，以备下次使用。

其二是卷二十载："祥符中，方士王捷本黥卒，尝以罪配沙门岛，能作黄金，有老锻工毕升曾在禁中为捷锻金。"是说毕升是个熟练的冶金能手，曾在宫廷中为方士锻金，其方法是先造好炉灶，使人隔着墙鼓风，因为不想让人看到炉子的启闭和锻造运作。炼好的金，初从炉子中出来时，颜色尚黑，凡百余两为一饼，每饼可辐解为八片，称作"鸦嘴金"者即是，当时人就有收藏此金者。

上述一人是印刷高手，一人是冶金能手。两人生活的年代略有差距，一个在庆历年间（1041～1048），一个在大中祥符年间（1008～1016）。两人的名字也有一些微小的差别，一个升字有日字头，一个升字没有。那么两人有什么关系吗？

有学者认为他们俩是一人，身份是布衣，职业是锻工。如王国维、胡适等。冯汉庸在《毕升活字胶泥为六一泥考》中还提出更为详尽的考证，他否定了毕升用黏土制活字的流行说法，认为用黏土制成的活字，再经火烧加硬，便成了陶活字或瓷活字，瓷的吸水率近于零，陶的吸水率仅百分之二十，都是不能着油墨印刷的。而炼丹时封炉鼎用的"六一泥"，是由七种矿物研细活合后再入醋搅拌而成的泥状物，此种泥用火烧硬后，可以着油墨印刷。而作为锻工的毕升，曾和方士一起炼丹和冶金，掌握了"六一泥"的制作方法及其特性，才将它采用到活字印刷方面。所以，印刷高手的毕升，也曾经是个锻工和冶金能手。

有学者不同意上述观点，运用多种旁证材料证明以泥土铸成的字是能够印书的。《梦溪笔谈》记毕升在印书过程中，遇到"有奇字素无备者，旋刻之，以草火烧，瞬息可成"。其泥字瞬息即可烧成，用的又是温度很低的草火，估计并未将胶泥字烧成陶字或瓷字，只烧成瓦字，其吸水率较高，可以着油墨印刷。叶德辉《书林清话》中介绍自己藏有毕升活字版印成的《韦苏州集》十卷，书中"字画时若哨缺"，说明应是瓦字印成的，因为瓦字不够坚固，造成笔画时有断缺。元朝农学家王祯自著自印的《农书》，就是用了工匠制造的3万余个陶活字（《造活字印书法》）。就是在朝鲜、日本，用陶活字印书之记载也不乏其例。此外，历史上学毕升造活字印书的事迹中，我们还时可见有瓷活字的记载，其印刷质量也非常清晰。如清代印《周易说略》和《蒿庵闲话》两书，所用磁字称"泰山磁版"。因此，泥活字无论烧成瓦字、陶字、瓷字，都能印刷，且印

毕升雕像

得很好。所以，毕昇不是锻工，也没有为道家方士做助手炼丹，自然不知道什么"六一泥"的制作。

也有学者从其他有关方面推断，他们完全是两个人。首先，古代"昇"和"升"是同音异字，而古代人名用字，一般不会通假。治学严谨的沈括，不可能将一人的名字写成两个字。其次，从时间上看，大中祥符和庆历相差二三十年，在大中祥符年间已经"老"了的锻工，说他在二三十年后居然发明了活字印刷，似乎也可能性不大。再次，从地域上看，锻工毕昇在宫禁中和方士冶金，那是在汴京开封；而造活字的毕昇是在沈括的家乡，印刷业发达的杭州。一南一北，相隔几千里，也很难是一个人。所以刘国钧、胡道静、徐仲涛等学者，都认为毕昇就是一位刻字工人，这种说法还颇为流行。

也有学者认为，活字印刷术从铸造单字、铁板排检到加固印刷，有一套完整的方法。尤其是先要铸造出数以万计的单字，其中哪些字应各造多少，然后采用当时较为先进的"音韵分类排检法"按规律编排起来，其中的工作操作起来是非常复杂的，没有一定的文化水平是不能胜任的。同时，其工作量不小，需要雇用工匠，甚至花费数年的时间进行试验和改进，如从木活字到泥活字的改进过程定有不少困难，它没有一定的经济实力也是难以办到的。如元代王祯为印《农书》，单用工匠制活字就花费了两年时间。清代瞿金生使用了15个人力，经30年才造出十几万泥活字。宋朝的工匠地位低贱，一般很少读书识字，不具备相当的文化素质；同时收入微薄，生活艰难，不拥有一定的经济财力，所以一般刻字工人是难以完成这项艰巨工作的。

那么，是否可以假定刻字工人毕昇是在出版商人的支持下创造了这项技术的呢？可能性也不大，因为如果真是如此，其发明成果必然会冠以出版商的名字，有关印刷器材也必然归主人所有。而《梦溪笔谈》最后说："昇死，其印为余群从所得，至今保藏。"由此，从发明、试验和使用活字印刷术所必须具备的文化素质、资金财力及技术助手等方面的条件分析，毕昇绝非一般工匠，而应该是有殷实家底和热心图书出版事业，并有一帮"群从"的实力人物，可能就是书商。《梦溪笔谈》说毕昇是"布衣"，泛指平民，有可能是颇具文化素养的读书人，有可能是未入仕途的乡绅，有可能是民间的文化出版商人。

总之，种种说法其实都拿不出确切可靠的证据，而只能作一些猜想罢了。

北宋宫廷女子马球队之谜

打马球应在我国古代体育运动中占有重要地位，而北宋的宫廷女子马球队之风采就更是令人赞叹。下面有关记载，读者可细细品味。但遗憾的是，女子马球运动的游戏规则是怎样的？女子马球队为什么在南宋时突然消失了？这些问题恐怕人们已经很难找到相关的答案了。

中国古代就有踢球的游戏，最初为军中练武之用。而唐代从西藏方面又传进来骑马击球的马球运动，使得人们的体能得到更强劲的锻炼，在帝王中也时有出色的马球手。据说唐玄宗年轻时就球艺不凡，《封氏闻见录》说他在球场中"东西驰突，风回电激，所向无前"。后来女子球队也开始出现，《旧唐书》载，剑南节度使曾"聚女骑驴击球"，这是女子驴球队。五代后蜀花蕊夫人费氏，有一首专门歌咏蜀国王宫中女子马球队的《宫词》：

　　自教宫娥学打球，玉鞍初跨柳腰柔。

　　上棚知是官家认，遍遍长赢第一筹。

北宋宫廷中也有一支女子马球队，技艺超群。王珪的《华阳集》卷六中有几首《宫词》，就是描绘宋仁宗时期，一年一度的春季金明池百戏汇演的热闹场面，其中有这支宫廷女子马球队的精彩表演：

　　内苑宫人学打球，青丝飞控紫花骝。

　　朝朝结束防宣唤，一样真珠络控头。

　　银盆著水洒球场，马嚼衔声立两行。

　　齐上玉鞍随仗列，粟金腰带小牌方。

到宋徽宗时期，在这位风流皇帝的倡导下，宫廷中各项文化艺术活动都得到了惊人的发展，不但书法绘画、苑林建筑，而且踢球、百戏之类，这位"浪子陛下"都为其中"圣手"。当然女子马球队也是重要项目，甚至连女子击剑手都出现了，让人讶异不浅。我们来欣赏徽宗有关的几首《宫词》：

　　宫人击剑斗乘骑，宝带幞头烂锦衣。

　　凤尾杖交困月令，龙门球过一星飞。

　　金鞍宝辔簇骅骝，乐奏相从共击球。

　　花帽两边成锦阵，谢恩长喜上头筹。

　　控马攀鞍事打球，花袍束带竞风流。

　　盈盈巧学男儿拜，惟喜先赢第一筹。

可以看到这支宫廷女子马球队豪华的服饰"花袍束带竞风流"，和出色的技艺"龙门球过一星飞"。而女子击剑手居然也是在坐骑上争奇斗艳，其场景真让人大开眼界。

孟元老《东京梦华录》卷七"驾登宝津楼诸军呈百戏"中有关宫廷女子马球竞赛活动的描写是最生动形象的，一年一度的金明池宝津楼下的"百戏"活动正在上演，我们先看女子马球队上场之前的情景："宫监马骑百余，谓之'妙法院'，女童皆妙龄翘楚，结束如男子，短顶头巾，各着杂色锦绣，檽金丝番段窄袍，红绿吊敦束带，莫非玉羁金勒，宝花鞯，艳色耀日，香气袭人。驰骤至楼前，团转数遭，轻帘鼓声，马上亦有呈骁艺者。"可见马球队由百余名妙龄少女组成，其头饰如男子，身着锦绣紧身缎袍，跨在马上，确实"艳色耀日，香气袭人"，有人还提前在马上作秀，以"呈骁艺"。

接着是在宦官的指挥下，做赛前马上武术表演："中贵人许畋押队，招呼成列，鼓声一齐，掷身下马，一手执弓箭，揽缰子，就地如男子仪，拜舞山呼讫，复听鼓声，蹁马而上。大抵禁庭如男子装者，便随男子礼起居。复驰骤团旋分合阵子讫，分两阵，两两出阵，左右使马直背射弓，使番枪或草棒，交马野战，呈骁骑讫，引退。"这些妙龄少女骑在马上，一手执弓箭，一手揽缰绳，就像俊男般英武。其随着鼓声操演，双双出阵，或左右开弓，或枪棒交战，马上武艺绝不亚于男子。表演结束，暂退于一旁。

下面是男子驴球队的赛程，谓之"小打"。最后的压轴大戏，就是女子马球队的"大打"。孟元老如此描绘："有黄院子引出官监百余，亦如'小打'者，但加之珠翠装饰，玉带红靴，各跨小马，谓之'大打'。人人乘骑精熟，驰骤如神，雅态轻盈，妍姿绰约，人间但见其图画矣。"这是数十年之后的追忆，萦绕在老人脑海中的印象虽然深刻，但毕竟已不怎么具体，只有一些总体上的感觉"乘骑精熟，驰骤如神，雅态轻盈，妍姿绰约"之类，所以最后感慨道："人间但见其图画矣！"由于描写过于简洁，便留下一个悬念：这宫廷女子马球队的"大打"是如何进行比赛的？或者说其游戏规则是如何的？

孔宪易先生参照当时男子马球队的一些记载进行了猜测，认为其球场、球门、马球、球杖诸设施应与男子相同，这从上述男子驴球队"小打"与女子马球队"大打"使用同一球场，便可推知一二。这女子马球队"百余人"在球场中如何分配和操作，今天我们已无从得知。再据《文献通考》卷一四六及其他有关男子马球队比赛方面的资料推测，女子马球队也应分为两朋（队），每朋约16人，两朋为32人，进行对抗。而其他人约为递补队员、鼓乐队员、唱筹队员等。比赛时，就如上述男子驴球队，"分为两队，各有朋头一名，各执采画球杖，谓之小打。一朋头用杖击弄球子，如缀球子方坠地，两朋争占，供与朋头。左朋击球子过门，入盂为胜。右朋向前争占，不令入盂"。

其实，男子驴球队的比赛是"小打"，而女子马球队的比赛算"大打"，这两者应该有所不同。据《宋史·礼志》对这项运动的介绍，"有司除地，竖木东西为球门，高丈余"，参加者分左右两队，"以承旨二人守门，卫士二人持小红旗唱筹（报告胜球数）"。而上述"小打"只有一个小球门，两队一队攻一队守。这里"大打"是有"高丈余"的双球门，两队互相攻门。那么，女子马球队的"大打"应该与哪种规则相近呢？

上述完全根据男子马球队的规则而进行的推测，到底有多少可信度？ 当时如此激烈的体育项目，男子女子会没有多少区别吗？ 我们不得而知。还有一个令人颇感困惑的疑问是：南宋之后，女子马球运动在历史中突然消失了，其原因何在呢？ 孔宪易认为，其原因是多方面的，但用费浩大，是其中最重要的因素。我们觉得这一理由很难成立，请问：当奢侈的统治者竭力提倡或欣赏某种活动之际，什么时候会因费用问题而永远搁置起来呢？

美国的汉裔学者刘子健先生撰文《南宋中叶马球衰落和文化的变迁》认为，南宋马球的衰落，主要是儒臣们阻止宋孝宗以及太子（宋光宗）击球为戏，它是个关键因素。从北宋起，一直到南宋高宗，君主对于武艺球戏，还是相当重视的，有关史例不少。不过从宋孝宗开始，谏官开始批评朝廷宠臣以击球为戏，给孝宗的上谏也不少。一次，孝宗骑马击鞠，坐骑有点疲乏，跑到矮檐的走廊里，眼看要碰到横梁，两边的人惊呼失色，赶快跑过去救护，这时马已驰过，孝宗两手扳住横梁，悬空垂立，大家扶他下来，孝宗神色不动，而大臣们已经一身冷汗。尤其是乾道五年（1169），孝宗射箭伤目，谏官们又旧事重提，恳劝皇帝不要冒险戏球。孝宗受了臣下的影响，终于放弃马球，不过有时还爱看别人打马球。大臣也劝阻太子击球，尤其是光宗即位几年后，因精神病而逊位。从此，史籍不再有宫廷击马球的记载。以此推论，当然更不会存在宫廷女子马球队了。

也有学者认为，南宋马球衰退落的主要原因是马匹数量的减少，质量的降低。南宋丧失西北产马地，马源主要来自贸易和监牧饲养，马匹的缺乏，致使骑兵战斗力都减弱，所以使马球运动客观上受到限制。同时，南宋文弱之风日盛，儒臣力谏击球之戏。在社会上，仕宦之家子弟不为，主要是富豪风流子弟与闲人所习，故马球也从贵族风尚降为贱人恶习，从肯定的体育降为被否定的玩耍，马球在中国社会逐渐消失。

而陈高华教授又提出不同看法，其在《宋元和明初的马球》一文中，举出了大量的史例，论证了南宋打马球风尚并没有因儒臣劝驾而衰落，也并没有降为"恶习"。因为儒臣们主要是怕皇帝出危险，而并不是反对打马球运动本身，所以当时马球运动还是非常时尚的，在军队中最为流行。辽、金、元代也有许多相同的记载，贵族、将领们每遇节庆日就会举行马球比赛，宫廷中也如此。直到明初，宫廷中和贵族们依然乐此不疲，有关方面的记载同样丰厚，说明当时这项运动之普遍。问题是明代中叶以后这项运动的情况如何？ 人们还不得而知，至少是有关材料愈来愈少，或者可以说在逐渐消亡。

综上所述，明代中叶以后这项运动为什么消亡？ 确也是一大疑问，不过这是大明王朝之谜了。我们在这里想问的是：既然南宋、金、元时期，马球运动还颇为时尚，那为什么南宋之后有关宫廷女子马球队会突然消失呢？ 笔者以为可能应与当时理学的发展有关，那么，这理学是如何具体地在这方面压抑妇女的呢？ 还有待进一步的研究。

方腊身份及相关事迹之谜

方腊起义是北宋末年东南地区一次颇有规模的农民起义，数十万之众，坚持了半年多时间，然而它的余波一直延续了20余年。由于史籍记载的歧义，有关起义首领方腊的一些事迹，至今没有完全搞清。

北宋徽宗时期，蔡京、童贯等"六贼"把持朝政，穷奢极欲，赋役沉重。徽宗在六贼的怂恿下，更竭天下以自奉，大肆搜刮民间奇花异石，以纲船运入都城开封，建筑宫殿苑囿，时称"花石纲"。睦州青溪（今浙江淳安）一带出产各种花石竹木，民众受害尤深，百姓忍无可忍，终于在宣和二年（1120）十月，爆发了方腊领导的农民起义。两浙苦花石纲已久，人民争起响应，聚众至数十万，攻破睦、歙、杭、处、衢、婺等州，声震东南。方腊自称"圣公"，建元"永乐"，设官分职。第二年，朝廷发兵15万南下镇压。四月，方腊退守青溪帮源洞，因腹背受敌，战败被俘。八月，在京城被杀。这次起义，有一些细节问题，由于载籍歧异，存在不少疑点，这些疑点实为方腊起义中的关键问题。

一是方腊的出身与籍贯。南宋陈均的《皇朝编年纲目备要》、刘时举的《续宋编年资治通鉴》，还有方勺的《青溪寇轨》及所附洪迈《容斋逸史》等史籍，都记载"方腊家有漆园"。曾敏行《独醒杂志》说得最为详细："方腊家有漆林之饶……腊又为里胥，县令不许其雇募。腊数被困辱，因不胜其愤，聚众作乱。"其中方腊还自言："吾家本中产"。如此看来，方腊至少属中小地主阶层。方勺《青溪寇轨》还明确说方腊是"睦州青溪县堨村居人"。《宋史·方腊传》也清楚载："方腊者，睦州青溪人也，世居县碣村。"

保存在《桂林方氏宗谱》中的元人徐直之、刘彭寿的两篇传记，即徐直之的《忠义彦通方公传》（即《方庚传》）和刘彭寿的《宋故承信郎彦通公墓亭记》，载方腊为睦州青溪县万年乡地主方庚的"佣人"。还有，清人方象璜《重修桂林方氏宗谱序》中称，方腊为方世熊家佣，方世熊为方庚的兄长。此外，歙县、淳安的方氏谱牒，也一般称方腊是"佣工"，是"桶匠"，如南宋的《甲戌谱》到近代的《歙淳方氏会宗统谱》等。诸谱都载方腊为"歙人"，《山郭方氏宗谱》详细考察了方氏宗族的源流，认为方腊出于歙县柘源方氏。也就是说，方腊是徽州歙县人，而来睦州青溪县佣工。

有学者指出，家谱的记载一般是不太可信的，如上述《桂林方氏宗谱》中关于宋代事迹的记载矛盾百出，是不能作基本史料来用的。尤其是写《方庚传》的徐直之，他是方庚一个五世孙女的孙子，他记述方腊为方庚家的"佣人"，只是来源于他祖母在他幼年时的口述，并没有任何宋代的文献史料作依据。元人刘彭寿是当时的淳安县令，他是应方庚的六世孙、七世孙的要求而写《墓亭记》，既然要称道方庚之"忠烈"，自然主要根据家谱中原有的材料略加拔高而已，所述方腊事迹无非抄之家谱。

也有学者指出，方腊家有漆园的说法，以《独醒杂志》记载最为详尽，而此书"下至谑浪之语，细琐之汇……是皆近世贤士大夫之言或州里故老之所传"。《四库全书总目》评论该书："盖以记录为主，不以考证为主。"所以对旧说错误之处"皆不辨而述之"。所以其有关方腊成分的记载，也是难以深信的。《宋史》方腊"世居县碣村"之言来自《青溪寇轨》，而后者说方腊是"睦州青溪县碣村居人"，其"居人"顾名思义并非指其籍贯。

两说势均力敌，谁也说服不了谁。不过从史籍的作者方面来看，北宋末至南宋初的方勺、洪迈、陈均都异口同声地肯定方腊"家有漆园"，绝不是偶然的巧合。而对方徐直之、刘彭寿诸人都在离方腊起义已有200余年之后的元代，虽然也有学者认为，徐直之是以一些与方庚生前活动直接相关的原始材料作依据的，但我们毕竟没有看到这些原始材料。由此是否可以说，方腊为中产阶层的说法要略占上风呢？

二是方腊是否为摩尼教的首领。众多史籍都把方腊起义与妖魔鬼怪、旁门左道牵扯在一起，如《皇朝编年纲目备要》诸史籍说："腊以妖术诱之，数日之间，啸聚响应者至数万人。"《宋史·方腊传》其言"托左道以惑众"，"无弓矢介胄，惟以鬼神诡秘事相扇"。《宋会要辑稿》也说："方寇者，本狂愚无知之民，传习妖教，假神奇以惑众，遂谋僭道。"所载江东转运副使奏曰："访闻贼徒虽多，全少器械，惟以人众为援……童子妇人在前，饰以丹黛，假为妖怪，以惊我师……又为长人服大衣，作机关以动，上执矛戟，旗帜饰以丹黛，为鬼神之貌，以惑官兵，皆不足畏。"此类记载，不一而足。

那么，方腊起义军的上述情况，到底是一般的鬼神迷信活动，还是用当时流行的摩尼教在组织起义呢？《宋会要辑稿·禁约》载，宣和年间，江浙一带诸州村民多学妖法，自称明教，又号吃菜事魔，各村建有斋堂或道场，其经文与道、佛诸教不同，人们夜聚晓散，时而结集社会，习以成风。这就是摩尼教，其敬摩尼为光明之神，或尊张角为教祖，提倡素食、戒酒、禁欲、裸葬等教规。如起义与此教有关，方腊就应该是摩尼教的首领。然而此点，宋代史籍记载相当含混，致使近代学者的看法也完全不同。

不少史学著作认为，方腊起义时盛传的"妖术"、"左道"应与当时的摩尼教有关。首先，起义队伍中不少将领都是摩尼教徒或首领，如教徒兰溪朱言、剡县仇道人裘日新、仙居吕师囊，还有郑魔王、方七佛、八大王、俞道安等人。其次，史籍中关于摩尼教的"妖法"记载，常与方腊起义有关。《建炎以来系年要录》载绍兴四年五月，起居舍人王居正说："伏见两浙州县有吃菜事魔之俗。方腊以前，法禁尚宽，而事魔之俗犹未至于甚炽。方腊之后，法禁愈严，而事魔之俗愈不可胜禁。"陆游在《条对状》中这样说："淮南谓之二桧之，两浙谓之牟尼教，江东谓之四果，江西谓之金刚禅，福建谓之明教、揭谛斋之类，名号不一，明教尤甚……汉之张角、晋之孙恩、近岁之方腊，皆是类也。"《容斋逸史》说得最清楚："睦州方腊之乱，其徒处处相煽而起。闻其法断荤酒，不事神佛、祖先，不会宾客，死则裸葬。"庄绰《鸡肋篇》中也有完全相同的记载。当时，睦州一带确是吃菜事魔教秘密活动的重要地区，信教的人很多，所以方腊以宗教为掩护，组织起义队伍，是完全可能的。因此有人认为方腊是青溪摩尼教首领，或称其为睦州一带的魔头，或称其是食菜事魔教的首领。

宋史专家朱瑞熙《论方腊起义与摩尼教的关系》一文提出异议，认为方腊不可能是摩尼教的首领，甚至不可能是教徒。首先，许多史籍只是含糊其词地说方腊"托左道以惑众"，李焘的《续资治通鉴长编》素以治学严谨出名，也只说方腊"善妖术"。如果方腊果真是摩尼教首领，史籍不载简直是不可思议的。其次，方腊的身份职业也不允许他当摩尼教首领。按照教义，摩尼教徒不能积聚财产，且禁止结婚。如方腊为中产之家的漆园主，就不能为摩尼教首领。如方腊为一贫如洗的佣工，为了维持生活，须终岁勤劳，他也不可能有什么闲暇时间去进行传教活动。方腊有妻室、儿子，起义失败时一同为宋军俘获。再次，摩尼教主张断荤戒酒，而方腊起义伊始，就召集百余名骨干"椎牛酾酒"、"饮酒数行"，以发表著名的誓师演说，这些做法显然与摩尼教教规格格不入。由此，方腊起义所采用的"妖术"、"左道"之类，应是当时农村中流行的一些"星云神怪"、"役使鬼神"、"指挥阴兵"等迷信活动，或也利用了有关道教、佛教的一些活动。

当然如吕师囊、裘日新、郑魔王、俞道安等人，根据史料分析应是摩尼教的僧侣或首领，他们率领部分摩尼教徒参加了方腊起义，接受方腊的领导，作为起义军的几个方面军与官军进行着殊死的战斗。但他们不是方腊起义军的主力，因此在整个战场上不起决定性作用。而且这几支队伍参加起义军都较晚而先后不一，也使他们没能在对付官军的镇压方面，发挥出更大的威力。所以，方腊起义只存在部分摩尼教徒参加的情况。

三是有无政治纲领及其口号的读法。有学者认为，方腊起义没有政治纲领，理由是在史料上没有发现其起义过程中提出过什么简明口号类的纲领。而史学界一般认为，方腊起义是利用了佛教《金刚经》的经文"是法平等，无有高下"作为口号，表达了农民要求平等的愿望，所以其政治纲领是"法平等"。

然而，史籍却如此记载起义者对这句口号的读法：《鸡肋篇》载，食菜事魔教"亦诵《金刚经》，取'以色见我'为'邪道'，故不事神佛，但拜日月，以为真佛，其说经如：'是法平等，无有高下'，则以'无'字连上句，大抵多如此解释。"就是说《金刚经》中的经文，教徒们读作"是法平等无，有高下"。读法一改，意思就相反了，即认为佛法所谓的"平等"是不存在的。《容斋逸史》中也有同样的记载，只是"其说经"，改为"其说不经"。而叶梦得《避暑录话》还谈到了如此读经的原因："近世江浙有事魔吃菜者，云其原出于五斗米，而诵《金刚经》，其说皆与今佛者之言异，故或谓之《金刚禅》。"就是说，吃菜事魔教徒不是照本诵读佛经，而是往往按照自己的理解，去变动原意地诵读。所以，这只能说起义者在用佛经解释现实世界，而谈不上是什么政治口号。

有学者如此进行辩解：教徒们这样解释佛经，正是因为他们认识到佛经上所谓的"平等"，不过是欺骗，从现实社会中他们深深感受到等级的森严，人世的极不平等。所以将《金刚经》的改读，是对当时社会本质的揭露，也是对佛经的一种批判。起义农民在批判佛经的过程中，反映出他们向往一个真正"法平等"的社会，而这个社会正是他们奋斗的目标。所以，尽管起义首领方腊没有直接宣布"法平等"主张，但这一主张就从批判佛经的经文中折射出来，并指导着这次农民起义的实践。

也有学者提出，吃菜事魔教的信仰者并不会误读佛经，《鸡肋篇》等史籍这样描述起义农民对佛经的错读，实是对方腊起义的诬蔑。

四是方腊起义失败被谁擒获。许多学者根据苏州灵岩山《韩忠武王世忠中兴佐命定国元勋之碑》，认为方腊就擒于韩世忠。碑文详细记载了方腊在青溪帮源洞被俘的经过：韩世忠时为王渊禅将，率军潜行溪谷间，询问村妇路径，终于到达洞口。即挺身仗戈而前，越险数里，直捣巢穴，先抓缚八大王，格杀数人后，遂擒获方腊，并缚俘以出。这段碑文收入《名臣碑传琬琰集》，与《容斋逸史》的记载也可相印证。后来，《宋史·韩世忠传》、《宋史纪事本末·方腊之乱》以及《续资治通鉴》诸书都采用这一说法。

然而许多史籍却说方腊为陕西名将辛兴宗等捕获。《东都事略·徽宗纪》载，宣和"三年……夏四月，庚寅，童贯以其将辛兴宗与方腊战于青溪，擒之"。《宋史·徽宗纪》亦载："忠州防御史辛兴宗擒方腊于青溪。"《续通鉴长编纪事本末》卷一百四十一载，官军合围击败方腊起义军，在"翌日搜山"中，"王禀、辛兴宗、杨惟忠生擒方腊于帮源山东北隅石涧中"。《皇朝编年纲目备要·徽宗皇帝》也说：王"禀寻及辛嗣宗、杨惟忠生擒方腊于帮源山东北隅石涧中"。此"辛嗣宗"应是"辛兴宗"之误。应该说，载"辛兴宗擒方腊"的史籍并不少于载"韩世忠擒方腊"者，是否因为韩世忠以后成为中兴名将，后人便将此功往名将身上揽呢？然而《宋史纪事本末·方腊之乱》又这样讲述：韩世忠率兵入洞"擒腊以出，辛兴宗领兵截洞口，掠为己功"。《续资治通鉴》也采此说法。当时辛兴宗为剿方腊官军的主将之一，而韩世忠只是禅将，那么是否主将在掠取禅将之功呢？

有学者根据《桂林方氏宗谱》所载徐直之的《方庚传》，认为方腊是为方庚所诱捕。其如是说：宣和三年四月，起义已大部被官军镇压，就是没有捕得方腊。不离方腊左右的方京，一次出洞寻食品，被方庚抓住，方庚以利诱之，使方京回去骗方腊，说："刚出洞，就看到两个太阳在相斗，天象如此，不是在说圣公要东山再起嘛！"并请方腊出洞观看，方腊以为是真的，便走出帮源洞以观日影，方庚正埋伏了打手，将方腊生擒，献给官军。这简直就是一篇传奇小说的片段，你觉得可信吗？而清人方象璜的《重修桂林方氏宗谱叙》是说，方庚奔命江淮，迎领官军，为韩世忠军向导，乃诱擒方腊，并其党羽。方庚本人在《上郑寺丞札子》中也说："投身军前，为之乡导，大破贼徒，安复州县，立功非一。"这好像有一些可能，然也只是韩世忠军的向导，其作用有多大呢？

有学者根据范圭《宋故武功大夫河东第二将折公（可存）墓志铭》，认为也可能是折可存捕获了方腊。铭文说：折可存率三将兵，奋然先登，将士用命，方腊被擒，迁官武节大夫。有学者指出，据《宋史·杨震传》，杨震虽"从折可存讨方腊"，但折可存当时率军是在浙东一带镇压吕师囊等部，没有参加围剿帮源洞的战斗，所以铭文不可信，不如理解为：方腊起义被镇压后，折可存官升武节大夫。另外，《舆地纪胜》卷八说："宣和初，腊陷睦州，命刘光世、姚步仲擒之，斩于都下。"似乎方腊是被刘光世、姚平仲二将擒获的。其实，查有关史籍可知，刘光世当时正率部攻打衢、信等州，俘获郑魔王，后又攻下龙游、兰溪、婺州等地。姚平仲也正率部征讨浙东一带，四月下旬才攻下浦江县。两将都不可能参加四月下旬围剿帮源洞的战斗。

此外，据《严州府志》等书记载，擒获方腊者，还有王马、余木杓、余宗德诸将，但也均没有多少确凿的证据。另有方腊就擒于宋江说，由于宋江是否投降官军都还存在疑问，所以此说更悬。

宋江受招安与从征方腊之谜

《水浒传》以宋江为核心人物，演绎了一个个生动的官逼民反的故事，然而最后还是受了朝廷的招安，结局颇为悲哀。那么，历史上宋江是如何被招安的？招安后，他们是否跟从官军去征讨方腊起义？这些问题由于史料记载的错综复杂，矛盾百出，所以史学界也分歧很大，看法不一。

北宋徽宗时期，在方腊起义之前，北方山东、河北地区就爆发了宋江领导的农民起义。相传曾驻泊梁山，后来声势发展壮大，他们采用流动战术，"转略十郡，官军不敢婴其锋"，对大宋王朝构成一定威胁。《宋史·侯蒙传》载，宋江寇京东，知亳州侯蒙上奏说："宋江以三十六人横行齐魏诸地，官军数万都打不过他，宋江必有过人之才。今青溪方腊盗起，不如赦免其罪而加以招安，让他率军去讨伐方腊以自赎，或可平东南之乱。"《宋史·张叔夜传》载，张叔夜知海州（今江苏连云港西南海州镇）时，派出间谍侦察起义军动向，宋江率军向海州进发，夺得十余条装载货物的官府大船，遂将其作为大本营。张叔夜招募了千名敢死队员，预先设下埋伏，然后派轻兵引诱起义军上岸作战，藏匿海边的壮卒乘机举火焚其船，起义军一看大本营起火，皆无斗志。此时敢死队伏兵再包围突袭其大本营，多名副将被官军擒获，损失惨重，宋江于是投降。上述相关历史资料，王称《东都事略》也有类似记载，应是主张宋江投降官军观点的主要根据。

宋　江

　　主张宋江没有投降的学者认为，在北宋一代的官私案牍记载当中，全都没有说过宋江战败而投降宋王朝，也没有宋江这支起义军到过海州境内的说法，更没有宋江受招安后从征方腊的事迹。这些故事都是进入南宋后，人们才编造出来的，《东都事略》是南宋人写的，《宋史》是元朝人写的，皆不足信。

　　有学者指出，宋江起义已在北宋末年，所以南宋人写的有关史料应有可信度，同时也可找到北宋末的相关记载以作佐证。如《三朝北盟会编》卷八十八引《张叔夜家传·以病乞致仕宫观札子》说到他"出守海壖，会剧贼猝至，偶遭兵斩捕，贼势挫创，相与出降"。据说离海州城南15里的沿海古战场，其附近还有一大冢，相传埋着当年战死的梁山好汉们，如今民众还称它为梁山好汉墓。还有《丹阳集·王登墓志铭》说：王师心任海州沭阳县尉时，"遇京东剧贼数千人浮海来寇，公适就养在邑，命引兵邀击境上，馘渠酋数十人，降其余众"。其"剧贼"虽都没有指名道姓，但在《文定集·王师心墓志铭》中，便明确写出是"河北剧贼宋江者"。所以，宋江战败投降官军的说法似乎是有确凿的史料根据的。

　　还有一种说法，就是张守《毗陵集》卷十三《左中奉大夫充秘阁修撰蒋公（圆）墓志铭》。其载："宋江啸聚亡命，剽掠山东一路，州县大震，吏多避匿。公独修战守之备，以兵扼其冲，贼不得逞，祈哀假道。公俨然阳应，侦食尽，督兵麾击，大破之。余众北走龟、蒙间，卒投戈请降……陛见赐对，上问宋江事，公敷奏始末，益多其才。"这段文字表明，宋江起义军曾在沂州（今山东临沂）一带被蒋圆所率官军所打败，而后撤退转移，终"投戈请降"，受招安后，徽宗还在大殿接见了宋江。蒋圆死于建炎四年（1130），张守在绍兴五年（1135）为他写此墓志，其资料价值也颇引人注目。其中，说宋江投降与蒋圆在沂州大破其起义军有着直接关系，由于沂州之战离宋江受招安的时间可能较为接近，所以也不能说作者在捕风捉影，重要的是它为宋江受招安的又一个有力证据。

　　当时任元城县尉，后官至吏部侍郎的李若水所作《捕盗偶成》一诗，却如此描述宋江接受朝廷招安的经过，它也是最能说明这一问题的相关史料，特全引如下：

大宋王朝历史之谜

去年宋江起山东，白昼横戈犯城郭。
杀人纷纷剪草如，九重闻之惨不乐。
大书黄纸飞敕来，三十六人同拜爵。
狞卒肥骖意气骄，士女骈观犹骇愕。
今年杨江起河北，战阵规绳视前作。
嗷嗷赤子阴有言，又愿官家早招却。
我闻官职要与贤，辄唉此曹无乃错！
招降况亦非上策，政诱潜凶嗣为虐。
不如下诏省科徭，彼自归来守条约。
小臣无路扪高天，安得狂词裨庙略。

　　其中，朝廷是在宋江诸人"横行"齐魏大地而官军难于征服之时，才飞敕招安的。宋江等36人接受招安后，授官拜爵，骑马入城，意气骄昂的样子跃然纸上，连民众看了都惊愕不已。就是说，宋江并不是在战败而迫不得已投降的情况下，再接受朝廷招安的。反过来说，如果宋江起义军已战败投降，也就不用朝廷"飞敕"招安了。所以，尽管宋江接受招安已无须怀疑，但是在什么样的情况下，宋江才接受招安的？还是让人颇费猜测。有学者以为，如果说一定要将宋江招安与海州战役联系起来的话，那么张叔夜也只能是担任了官府的说客，在与宋江谈判后，才取得上述结果。《皇宋十朝纲要》卷十八载："宣和三年二月庚辰，宋江犯淮阳军，又犯京东、河北路，入楚州界，知州张叔夜招抚之，江出降。"《宋史·徽宗纪》也载："淮南盗宋江等犯……海州界，命知州张叔夜招降之。"那么，《宋史·张叔夜传》中有关宋江战败投降的描写就与此有明显的矛盾。

　　然而还有问题，有史料显示，宋江在宣和三年的五月，就是官军在镇压方腊起义军之后，又出兵镇压宋江，这时宋江被擒获。如《东都事略·徽宗纪》载，宣和"三年二月，方腊陷楚州。淮南盗宋江犯淮阳军，又犯京东、河北，入楚、海州。夏四月，庚寅，童贯以其将辛兴宗与方腊战于青溪，擒之。五月丙申，宋江就擒"。范圭《折公（可存）墓志铭》中也说：折可存在平定方腊后，"班师过国门，奉御笔捕草寇宋江，不逾月继获"。所以有学者提出，宋江等人在接受招安一段时间之后，再度反叛，所以官军在镇压方腊后，朝廷又颁布"捕草寇宋江"的命令，一个月后将宋江捕获。那么，这样的假设能成立吗？

　　下面再考察一下，宋江受招安后是否参加了征讨方腊的战斗。相关史料有四条：

　　一是《三朝北盟会编》引《中兴奸邪姓氏录》："方腊反睦州，陷温、台、婺、处、杭、秀等州，东南震动。以（童）贯为江浙宣抚使，领刘延庆、刘光世、辛企宗、宋江等军二十余万往讨之。"据《宋会要辑稿》、《宋史·童贯传》等史料的记载，童贯是宣和二年十二月二十一日被任命为江浙诸路宣抚使，所统之兵为"陕西六路汉蕃精兵"，所派将官为"辛兴宗、杨惟忠统熙河兵，刘镇统泾原兵，杨可世、赵明统环庆兵，黄迪统延兵，马公直统秦凤兵，翼景统河东兵，刘延庆都统制诸路军马"。其中并无刘光世和宋江，据方勺《泊宅编》诸书所载，此时"京东贼宋江等出青、齐、单、濮间"。直到第二年二月"淮南盗宋江犯淮阳军，又犯京东、河北，入楚、海州"。因此，宋江绝对不可能在童贯出兵镇压方腊时，便挤入诸将行列。此外，方腊并没有攻"陷温、台、秀州"，"辛企宗"这个名字也搞错了，都证明这条史料是不可信的。

二是《三朝北盟会编》引《林泉野记》："方腊反于睦州，光世别将一军，自饶趋衢、婺，出贼不意，战多捷。腊败走，入青溪洞，光世遣察知其要险，与杨可世遣宋江并进，擒其伪将相，送阙下。"这条材料的前半段没有异议，刘光世确于宣和三年二三月间率军从江西向东进攻，一路攻下衢州、龙游、兰溪、婺州。是与王禀、辛兴宗、杨惟忠从镇江、秀州、杭州而来的东路军，与刘延庆、刘镇、杨可世从金陵、广德、宣州、歙州而来的西路军，都不同的"别将一军"。问题是后半段材料出现异议：有学者认为，宋江于二月在海州招安后，便随刘光世南下，有可能赶上参加围攻方腊帮源洞的战役。有学者持不同看法，认为刘光世这支部队没有绕道淮海，宋江如何随军南下呢？刘光世部后一直在衢、婺一带活动，没有参加围攻方腊帮源洞的战役，如果宋江真在刘的军中，也无法参加擒获方腊的战斗。而且"光世……与杨可世遣宋江并进"一语文理不通，如是"刘光世与杨可世并进"，那么"遣宋江"三字是后来硬加进去的。如是"刘光世与杨可世派遣的宋江并进"，那么，杨可世早就随童贯率军南下，宋江是什么时候加入这支军队的呢？疑问不少。

有学者提出，从海州宋江投降到方腊起义失败，前后只有两个月的时间，即使朝廷调宋江及其部下去增援江浙战场，要求他们在镇压方腊的战斗中发挥作用，而事实上在时间方面是非常难以做到的。这首先要由地方上报和朝廷批准，往返手续需要时间。批准以后，宋江部队必须整编，这也需要一段时间，再加上从海州行军到江浙，起码10天。这其中没有两三个月的时间，根本无法完成。更何况皇朝对起义军的投降者历来十分猜忌，怎么会这么快就保留其原来统属和实力而让其行军出征呢？

三是《续通鉴长编纪事本末》卷一百四十一在描述官军组织帮源洞围攻时的部署时说："刘镇将中军，杨可世将后军，王涣统领马公直并裨将赵明、赵许、宋江既次洞后……"与《宋会要辑稿·兵》中的有关文字相比，《宋会要》为"刘镇、杨可世、王涣、马公直率劲兵从间道夺贼门岭"。可见《纪事本末》是经过了修改，修改后产生了明显的毛病：原来王涣与马公直的地位差不多，现在却成了上下级"统领"关系；原来赵明与杨可世的职位也约相等，现在杨可世为后军主将，赵明却成了"裨将"；原来没有"宋江"的名字，现在却硬挤了进来。如何解释这些问题呢？也有学者引用《宋会要辑稿·讨叛四》中的有关文字，来与该《纪事本末》的记载相互印证，而认为宋江在从征方腊军中是可能的。

四是《皇宋十朝纲要·徽宗》载："宣和三年六月辛丑，辛兴宗与宋江破贼上苑洞。"我们知道，辛兴宗是陕西名将，官任忠州防御史，为熙河兵主将，随童贯南下。而宋江刚受招安，怎么会有资格与他相提并论呢？尤其是前面我们已看到"五月丙申，宋江就擒"的记载，这又如何解释呢？如果说宋江四月份还在为官军出生入死地与方腊拼命，也不至于五月份官军就要"奉御笔捕草寇宋江"了吧。再说，称宋江为"草寇"而不是"叛贼"，也说明此人没有投降过，也就是没有跟从官军征讨过方腊。而这里，又说六月份，宋江还出现在与官军共同剿灭方腊余部的战场上，真让人如入迷雾之中。当然，也有学者解释，这"六月"应是"三月"之误，四月宋江从征方腊后，朝廷仍对他不信任，所以最后杀了宋江。或说，宋江从征方腊后再度反叛，而折可存军是在宣和四年三月才把方腊余部完全讨平，然后才奉命"捕草寇宋江"，所以"宋江就擒"应在一年之后的"五月丙申"。

也有学者提出，范圭《折公（可存）墓志铭》的记载也是有很大问题的。如两宋时期任何历史记载中都没有人说过方腊是折可存擒获的，而铭文含义中却有此意。然后又说"不逾月继获"宋江，就是铭文把"俘腊取江"两件大功都加在折可存头上。折可存死于靖康元年（1126），享年31岁，那么在宣和三年，他仅26岁，无论以他的资历或地位，恐怕都不足以担得起"俘腊取江"之大任的，更不会受到"奉御笔"的特殊"荣宠"。由于范圭是折可存的女婿，所以其溢美之词也是不可信的。

问题的错综复杂，真让人无所适从。于是有人便提出一个令人瞠目的假设：当时有两个"宋江"。一个"剧贼"宋江于宣和三年二月在海州接受朝廷招安，随官军从征方腊；一个"草寇"宋江没有投降官府，所以在剿灭方腊后，官军又与之交战一月，方得平定而擒获。这一降一战两个宋江，绝非一人所能为的。当然，也许是有些农民军为了更好地鼓动群众，利用"宋江"的声望，打着他的旗号，在河北、山东一带继续活动也是完全有可能的。所以，"此宋江"是"彼宋江"投降朝廷又镇压方腊之后，继续活动在北方的另一支农民军首领。这样的解释，你会认同吗？

宋江三十六好汉之谜

《水浒传》故事在中国几乎家喻户晓，人们对其108将的名字也都能叫出一些。然而历史上的宋江起义其实只有36好汉，宋江及其结拜兄弟聚义造反的真实情况到底如何？起义军是否以梁山泊为根据地？他们又是哪些英雄？

《皇宋十朝纲要》卷十八载："宣和元年十二月，诏招抚山东盗宋江。"说明宋江起义至少爆发于宣和元年（1119）之前，要使朝廷发诏招抚，说明起义已达一定规模，且呈现出有相当的力量，使官军围剿感到非常吃力。但是此时的具体情况，史载阙如，人们不得而知，现在只有小说家的传奇故事。不过，既称"山东盗"，说明这次起义的中心地区应在山东，而相传梁山泊聚义，应就在此起义初期。《所安遗集补遗·江南曲序》中谈到，作者曾路过梁山泊，坐舟遥见一峰，篙师介绍，此山就是当年宋江36好汉聚义之处，宋之为人，勇悍狂侠，至今山下分赃台置有石座36所。山东《寿张县志》载，梁山在县治东南70里，山上有宋江寨，即山冈上一小垣，周围村邑中风气强悍，圩寨甚多。

宣和二年十二月，"京东贼宋江等出青、齐、单、濮间"。此处称"京东贼"，而北宋京东路其实就是以山东地区为主，只在其西面包括今河南、江苏与山东交界的很少一些区域。其中，青州治今山东益都，齐州治今山东济南，单州治今山东单县，濮州治今山东鄄城，所以其基本活动范围还是在山东。可以说，起义军横扫青、齐、单、濮一带，势如破竹。但是在沂州（今山东临沂），为蒋圆的伏兵所败。蒋圆虽然战胜宋江，却也"益多其才"，就是承认宋江确有不俗的才能。

宣和三年二月，"淮南盗宋江犯淮阳军，又犯京东、河北，入楚、海州"。此时称"淮南盗"，北宋的淮南路包括今江苏、安徽及河南南部的一些地区，淮阳军治今江苏邳县东，楚州治今江苏淮安，海州治今江苏连云港西南海州镇，说明起义军在运动战中有向南方发展的趋向，或者说是其战略方向有所转变。南下的一路上，也把官军打得晕头转向，所谓"转略十郡，官军不敢婴其锋"。但在海州沭阳战败，后又中张叔夜的埋伏，起义军估计损失不小，于是在张叔夜的说降下，宋江接受朝廷招安。

上述也只是一个大概的猜测。从短短几年时间中，宋江一伙活动于河北、山东、淮南等一大片地区，说明其应以流动作战为主，没有以梁山泊为"大本营"。然而从在海州曾夺取官府大船作为大本营，说明其有水战的习惯，似乎完全可能在梁山泊一带活动过，上述有关地方志和口传史料也留下一定痕迹，但究竟规模如何？待了多长时间？恐怕也只能是历史之谜了。起义军受招安后，其前景就更说不清楚了。

那么，后人为什么对宋江起义以梁山泊为"大本营"如此感兴趣呢？梁山泊或称梁山泺，古称钜野泽，绵亘数百里，确为当时京东巨泽。据《续资治通鉴长编》、《宋会要辑稿》和《宋史》"蒲宗孟传"、"许几传"、"任谅传"等载，梁山泊在北宋就是著名的"盗薮"。整个北宋时期，梁山泊这一带的农民起义几乎史不绝书，如天禧中"盗寇所伏"，庆历中"京东贼大者五七十人，小者三二十人"，皇祐中"寇盗群起"，元祐中"梁山泺多盗，皆渔者窟穴也"。尤其是北宋末年，这里农民起义更是层出不穷，"梁山泺渔者，习艺为盗"，官府的镇压也极为残酷。《夷坚志·蔡侍郎》说，蔡居厚知郓州时，有"梁山泊贼"500人投降，都被他杀了。蔡居厚是政和八年（1118）由郓州卸任的，杀降应还要早于此年。有人以为他杀的就是宋江一伙之人，不知根据何在？可见人们把梁山泊作为农民起义的根据地是有道理的。

最早记载宋江起义36好汉有关情况的，大概是南宋末年的那部平话《大宋宣和遗事》。其描述宋江是从九天玄女庙中所得"天书"上看到这36人的姓名，他们是：智多星吴加亮、玉麒麟李进义、青面兽杨志、混江龙李海、九纹龙史进、入云龙公孙胜、浪里白条张顺、霹雳火秦明、活阎罗阮小七、立地太岁阮小五、短命二郎阮进、大刀关必胜、豹子头林冲、黑旋风李逵、小旋风柴进、金枪手徐宁、扑天雕李应、赤发鬼刘唐、一直撞董平、插翅虎雷横、美髯公朱同、神行太保戴宗、赛关索王雄、病尉迟孙立、小李广花荣、没羽箭张清、没遮拦穆横、浪子燕青、花和尚鲁智深、行者武松、铁鞭呼延绰、急先锋索超、拼命三郎石秀、火船工张岑、摸著云杜千、铁天王晁盖。最末一行还有："天书付天罡院三十六员猛将，使呼保义宋江为帅。"这可说是世人最早有关宋江36好汉的整体记载，可能也应算较为接近历史真实的一个档案材料。

与其差不多时间的另一个资料，是宋末元初学者周密的《癸辛杂识》，其续集上收有宋末元初画家龚圣与所作《宋江三十六人赞》。其序谓：宋江事迹见于街谈巷语，然不足采著。自己年少时钦佩其为人，想作一些画赞之类，但未见有关事实的记载，不敢轻易下笔。后看到《东都事略》中的《侯蒙传》，他曾奏言"宋江以三十六人横行河、朔、京东，官军数万无敢抗者"诸语，才知宋江之辈真有非凡事迹存于当时。由是，龚圣与开始搜集有关资料，终于完成此36人画赞，人为一赞，估计参考过《宣和遗事》的记载。

所赞36好汉是：呼保义宋江、智多星吴学究、玉麒麟卢俊义、大刀关胜、活阎罗阮小七、尺八腿刘唐、没羽箭张清、浪子燕青、病尉迟孙立、浪里白条张顺、船火儿张横、短命二郎阮小二、花和尚鲁智深、行者武松、铁鞭呼延绰、混江龙李俊、九文龙史进、小李广花荣、霹雳火秦明、黑旋风李逵、小旋风柴进、插翅虎雷横、神行太保戴宗、急先锋索超、立地太岁阮小五、青面兽杨志、赛关索杨雄、一直撞董平、两头蛇解珍、美髯公朱全、没遮拦穆横、拼命三郎石秀、双尾蝎解宝、铁天王晁盖、金枪班徐宁、扑天雕李应。

周密在此赞后评论道：上述都是相关群盗的记录，龚圣与既为各人作赞，又写序论之。这是为什么呢？就如太史公司马迁序游侠列传，而又为其中的奸雄立传，此虽免不了后世之讥，但司马迁还是有勇气首次为陈胜、吴广立传，且为项羽作本纪，其中的意义是相当深远的，读者当自能体察。说明这"宋江三十六人赞"，是有一定史料价值的。然而，毕竟时间已过了百数十年，又

武松

大宋王朝历史之谜

经过了民间文学的加工，所以其中定会有经修饰而改动的地方。就以上述两张名单作一比较，也已有不少区别，如李进义与卢俊义，李海与李俊，关必胜与关胜，阮进与阮小二，朱同与朱全，王雄与杨雄，张岑与张横。此外，《宣和遗事》中的公孙胜、林冲、杜千，《宋江三十六人赞》中的解珍、解宝，都只此一家，就是说此时在民间的传说中至少已有近40位英雄的名字。由此我们想到，这36人中除宋江外，哪些人的名字还能基本保持原貌呢？

我们在《三朝北盟会编》卷六中看到宣和四年五、六月间，将军赵明与"招安巨寇"杨志"将先锋军"，随大将辛兴宗等北上抗辽的记载。《宋会要辑稿·兵》载，此时由童贯、蔡攸所统领的征辽大军中，杨志为东路军将军之一。后杨志还随种师道解救太原之围，均立有战功，受到过皇帝的嘉奖，皇帝御批："当优与推恩"。说明"青面兽杨志"确有其人，他在招安后已成为宋王朝官军的大将。

《建炎以来系年要录》载，建炎元年（1127）七月，"贼史斌据兴州，僭号称帝。斌本宋江之党，至是作乱"。第二年十一月"泾原兵马都监兼知怀德军吴玠袭叛贼史斌，斩之"。有人猜测此"史"姓好汉应是"九纹龙史进"，由于年月的荏苒，"史斌"已被民间修改为"史进"。这里称"叛贼"，可见史斌曾随宋江接受招安，已为宋将，建炎初乘国事动乱，再次起事，然而第二年就被镇压了。

此外，最出名的大概要算景阳冈打虎的武松了，两张名单上都有"行者武松"的名字，但在宋代有关史籍中却并不见其大名，更不用说其打虎事迹了。大约在元人的杂剧中，开始出现武松故事。如在《义侠记传奇》中写到，武松自幼与贾氏订婚，因逼上梁山而与之失散，后来宋江受了招安，诸英雄都得了官职，武松也找到了贾氏，由宋江等作主，两人结了婚。明朝中叶流行的水浒故事《菽园杂记》有一个情节，说官府曾经悬赏一千万贯捉拿武松，这个数目仅次于宋江，据称此说源自张叔夜招安时的梁山泺榜文。《宣和遗事》载，武松征方腊回来，因战伤残废，遂于杭州六和塔出家为僧。清朝时，有人说在杭州铁岭关附近掘地得石碣，上题"武松之墓"。有人认为此恐杭人附会为之，不然为何南宋无一人言之，历400余年却有此异闻？反正武松在杭州的各种传说不少，以致抗战前夕，杜月笙、虞洽卿等人还在西湖秋瑾墓附近搞了个"宋义士武松之墓"。然而，武松是否确有其人，还很难说。

晁盖其人也同时见于上述两张名单，以"铁天王"为号，然而排名却颇后。前者排在最后，后者排在倒数第三，可能这比较接近历史上的真实情况。《宣和遗事》中记载了晁盖、吴加亮等八人智取生辰纲的故事，接着是官府追捕，郓城押司宋江星夜报信，叫晁盖逃走，八条好汉上梁山落草为寇。然后宋江杀阎婆惜，也上梁山入伙，后为众好汉之首领。可以说后来《水浒传》故事开张的骨架已经在这里具备，但是这一基本事迹是否历史真实，我们不得而知。还有晁盖是什么时候死的？当宋江36好汉横行齐魏时，他是否还在其中？我们还是不清楚。民间故事与《水浒传》中的晁盖，也有很多差别，但人们一般都认为晁盖是实有其人。如清朝初年，山东寿张县知县曹玉珂写的《过梁山记》就说："晁（盖）、宋（江）皆有后于郓（城）。"至今山东郓城县西北晁庄村的晁姓人，都自称是晁盖后裔。然而翻开那里的《晁氏宗谱》，其记有九世祖"晁盍"，人们说他就是晁盖，因为造反，砍头入谱，所以把繁体字上的"艹"头去掉，就成为"盍"字了。这种说法能成立吗？

还有人以为，与西门庆共同害死武大郎的淫妇潘金莲，历史上也可能真有其人。她是山东阳谷人，阳谷潘氏自认是潘金莲的母系后裔。清初王士禛《香祖笔记》说："阳谷西北有冢，俗称西门冢。有大族潘、吴二氏，自言是西门嫡室吴氏、妾潘氏之族。一日社会，登台演剧，吴之族使演《水浒记》，潘之族谓辱其姑，聚众大哄，互控于县令。"这样的记载，你相信吗？《水浒传》中，武松不是把潘金莲给杀了吗？怎么还会有潘的母系后裔呢？

当然，《水浒传》只是历史小说，那么其中包含有多少历史真实的成分呢？

北宋亡国之谜

北宋王朝经历了160余年的发展，不管从人口、疆域、政治、经济、文化、军事诸方面都可谓当时世界上首屈一指的大国。尤其是其经济的繁荣、文化的昌盛，在中国历史上也可算一个巅峰时期。然而，东北地区刚刚崛起的金国，只用了一年时间，就用铁骑摧毁了这个庞然大物，其原因何在呢？

北宋王朝经历了一百四十年的稳定发展，到宋徽宗即位，或可说进入了一个"太平极盛之世"。从孟元老《东京梦华录》的叙写，从张择端《清明上河图》的描绘，我们都可看到北宋都城汴京的繁荣景象。从人口方面说，宋徽宗初年，户数已超过2000万，一些学者估计人口已过1亿，在农业社会中，人口是衡量国家强弱的主要尺度，而1亿人口，还有近百万的兵力，这在当时的世界上，绝对是首屈一指的大国。从疆域方面看，自崇宁以来，随着对西夏战争的节节胜利，"斥大土宇，靡有宁岁"，直到宣和元年（1119），宋军在统安城战败，方被迫与西夏休兵。后又攻辽，从金军手中讨得燕云诸州，增置燕山府及云中府路。宋徽宗对这时国家的富盛，也颇自鸣得意，时时粉刷太平，好大喜功。词臣奉命进诗："四海熙熙万物和，太平廊庙只赓歌。"

然而就是这个看上去庞然富强的宋王朝，这个拥有世界上首屈一指的人力、物力和财力的宋帝

宋徽宗

国，在与东北刚刚崛起的小国——金国的较量中，仅一年多的时间，这座外观金碧辉煌的大厦竟然轰然倒塌，京城陷落，二帝及大批人员被掳，万民涂炭，其怵目惊心的惨状，实在惨不忍述。那么，为什么这样一个貌似富强的帝国会如此不堪一击？为什么这个上亿人口的宋王朝会如此迅速地被金兵的铁骑所摧毁？尤其是这摧毁仅仅用了两国军队交锋后的一年时间，这到底是金兵有这么大威力，还是宋王朝自取辱败呢？

下面我们来看一下北宋最后的两个皇帝，及其周围人们在北宋王朝最后的日子里的各色精彩表演，或能对这个问题有所领悟。

宋徽宗是历代帝王中屈指可数的天才艺术家，他在音乐、绘画、书法、棋艺、诗词等方面确有不俗的才华，如在书法上独创瘦金体，他的花鸟画精致逼真，他懂音乐，词也填得不错。然而处置军国大事的昏聩，生活奢侈腐化的程度，手下奸臣贪官的数量，也都和历代昏君有一拼。他指挥着规模空前的宫殿、后苑等的建造，穷侈极丽，设立造作局、应奉局，开运"花石纲"，挥霍民脂民膏，用之如泥沙而不惜。他酷嗜女色，五、七日必御一处女，即授名号或进阶，退位时出宫女6000余人，总数盖以万计。甚至还不满足，专设幸局，毫无顾忌地微行于妓馆酒肆，追声逐色，寻花问柳。其纵情于声色狗马，竭天下以自奉，浩大的宫廷开支，完全由人民的血汗在供养。

同时，宋徽宗口头上也自诩"永惟继志之重，深念守文之艰"。很快沿袭哲宗"绍述"神宗的变法方针，进一步惩罚反变法派，采取了财政、教育诸方面的新政，如继续方田均税，重视农田水利，进行盐法、茶法改革，奖励开发矿业，还有学校科举改革，加重赋税，崇奉道教等。其一系列新政呈现着复杂的情况，不能说其中没有合理的、积极意义的成分，但大多是搜括民脂民膏的内容。而崇奉道教就更是荒唐可笑，自封"教主道君皇帝"，一大批自吹道术高明的道士被徽宗尊为上宾，玩着自欺欺人的把戏。

宋徽宗周围的一帮宠臣，人们号称"六贼"：有宰臣蔡京、王黼、朱勔和宦官童贯、梁师成、李彦。人称蔡京为公相，童贯为媪相，梁师成为隐相。其实，当时的奸佞绝不止上述六人，再如宦官杨戬、兰从熙、谭稹等，官员李邦彦、高俅、蔡京诸子蔡攸等及孟昌龄、孟扬、孟揆父子等，这些人窃据要津，援引亲故，广结党羽。如蔡京之子六人、孙四人同时为执政、从官，其他奸臣同样效仿，一时乳臭童稚，目不知书，而官已列禁从者比比皆是。于是招权纳贿，货赂公行，尤其是对民众的各色残酷掠夺，有关史料俯拾皆是。

不要以为这些奸佞都是草包，其中一些人也是才子。如蔡京就是大书法家，进士及第，文章也写得漂亮，首倡"丰亨豫大"之说，鼓吹太平盛世，徽宗朝曾四度为相，长达17年之久。其弟蔡卞与京同年进士及第，王安石招为女婿而从安石学，官中书舍人兼国史修撰时，"文饰奸伪，尽改所修实录、正史"，二任宰执之官。蔡京诸子也颇有文采，如蔡絛著有《国史后补》、《北征纪实》、《西清诗话》、《铁围山丛谈》等。王黼《宋史》本传称其："为人美风姿，目睛如金，有口辩，才疏隽而寡学术，然多智善佞。"

尽管官场上一片乌烟瘴气，宋徽宗仍在标榜要惩治腐败，针对官员的受贿作弊，朝廷也处分了一批官员。如河北路转运副使李昌孺、河北监司贺希仲、滁州知州唐恪、提点江东路铸钱王阐等官员，都因贪墨而遭贬黜。然而，其体制中没有多少权力制衡机制，尤其是对最高当局，基本上没有监督能力。从而其体制腐败的根子就在皇帝本人，他其实就是最大的受贿者，其周围一大批高级贪污犯更备受皇帝的青睐，恩赏有加。

面对隐伏危机的表面盛世，也有一些正直的官员和太学生，起而痛陈时弊。如官员李纲上疏，被贬谪某县税务。太学生朱梦说屡次上书，被贬官池州。太学生雍孝闻力诋蔡京家族，被流放而死于海南。甚至有人上奏历数蔡京、童贯诸奸臣之罪，"中外大骇"，而宋徽宗却对此类忠言完全置若罔闻。

燕人马植由童贯荐引，献联金灭辽之策，宣和二年（1120）入金谈判，缔海上之盟。宣和四年（1122），金人约宋攻辽。在长期作战中，陕西军成为宋军精锐，然而在童贯率领下两次进攻辽都燕京，都被打得一败涂地。金军乘势拿下燕京，这时也看清了大宋王朝外强中干的实质。金军在向宋横敲一笔军费后，将古城洗劫一空，留下几座残破不堪的空城给宋。而宋朝君臣却还在自我陶醉，为收复燕云诸州的"功臣"们一一加官晋爵，徽宗还命人撰写《复燕云碑》来歌功颂德，似乎太祖、太宗未竟的事业，真的由他来完成了。所以，在金兵进攻之前，大宋王朝始终给人们一个盛世富强的印象。

宣和七年（1125）十月，金太宗下诏伐宋，兵分两路：一路攻太原，一路攻燕京，然后会师开封。领枢密院事童贯在河东听到金军南侵的情报，竟以赴京汇报为名丢下军队，逃之夭夭。十二月，燕京宋军投降，不过金兵在山西太原、河北保州一带还是遭到宋军的殊死抵抗。此时，徽宗才感到事态的严重，被迫下诏罪己，承认种种弊政，并于二十三日匆忙传位于钦宗，不负责任地把一副烂摊子撂给儿子。应该说此次金军初攻南方，宋军尚有抵抗能力，而徽宗却已吓得仓皇南逃，蔡攸、童贯、高俅等也随同而去。

靖康元年（1126）年初，宋钦宗见父王南逃，也想逃往陕西，在李纲的一再苦谏下，这才打消去意。命李纲为尚书右丞、亲征行营使，负责东京防务。金军打到东京城下，宋军防守严密，金兵死伤累累而不能得手，只得遣使入城议和。钦宗求之不得，在宰相李邦彦的力主下，答应割地赔款的苛刻条件，派兄弟亲王为人质赴金营，并派官员向民间勒索准备和议的金银。后各地勤王兵陆续抵京，名将种师道也率军到来，其将姚平仲立功心切，说动钦宗偷劫金营，李纲也不反对。然而劫营失败，姚弃军亡命。金军向钦宗追究责任，钦宗恐金症再次发作，罢免了李纲和种师道，遣使谢罪，准备交割北方三镇。可见，钦宗面对险恶的局势毫无应对能力，只是来回摇摆于投降和冒险之间。

消息传出，群情激愤。二月五日，太学生陈东率千余学生伏阙上书，军民不期而至者数万，要求罢免议和奸臣，复用李纲、种师道，反对割地乞和。群众把登闻鼓抬到东华门外，擂得震天价响，并围攻和诟骂主和奸臣李邦彦等。

开封府派兵围住学生，指责学生胁迫中央。学生反驳道："以忠义要求朝廷，不比你们以奸邪要挟天子强吗！"陈东挺身于斧钺之间，凛然无惧。钦宗自知大义有亏，众怒难犯，只得宣布李纲、种师道复职，并让李纲出面安抚学生，这才平息了这场风波。

金帅得知宋廷主战派占了上风，外围勤王兵又在不断增加，自己久攻开封不下，怕处于不利境地，在得到钦宗同意割让三镇的诏书，并带着勒索来的金银，引兵北去。开封被围近40天，到二月中旬终于解围。

四月三日，徽宗一干人悠然自得地返回京城，似乎只是做了一次江南旅行。这时要求惩办众奸臣的呼声弥漫于朝野，去年年底，陈东就率数百名太学生伏阙上书，要求朝廷严惩"六贼"，钦宗于是将"六贼"流放和赐死。然而其以为危机已过，把名将种师道罢职赋闲，后在其他官员的要求下，才让种师道出为河东河北宣抚使。师道建议集中兵力扼守黄河以北军事要塞，阻遏金军的再次南侵，朝廷置之不理。

六月，钦宗将李纲排挤出朝，去太原指挥军事。由于前线武将直接听命于皇帝，李纲指挥不动，只得提出辞职。钦宗居然以"专主战议，丧师费财"之罪名，将李纲贬官流放，安置夔州（今重庆奉节）。另一方面，钦宗以为和议可恃，不思备战，且压制抗金舆论。同时，钦宗与徽宗父子之间在权力问题上又钩心斗角，也根本无心备战。

八月，金兵再分两路南下。九月攻克太原，十月攻陷真定府（今河北正定）。十一月，金兵安然渡过黄河，并遣使到东京，提出两国割河为界。钦宗满口答应，还急派官员前往交割。闰十一月初，两路金兵会师东京，开始大规模攻城。钦宗这才想起已被流放的李纲，驿召他进京主持防务（然而李纲还在途中，东京就已陷落了）。这时开封还有禁军、勤王兵与民兵近20万，如合理调配，至少可抵挡一段时间。而钦宗偏偏相信道士郭京的妖术，所谓只须用7777人，即可扫荡金兵。二十五日，郭京驱兵迎敌，谁知一触即溃，金兵乘机攻入城门。次日，钦宗遣使金营乞和，金帅提出割地和人质等条件。钦宗又亲往金营为质，献上降表，受尽凌辱，才被放回。

金帅已摸透徽、钦二帝的心理，不立即俘虏他们，而是先让他们下令收缴城内的武器、马匹，剥夺宋人的反抗能力；而后又让他们下令官府为金军搜括民间所有的金银财物和妇女。钦宗回来后，即下令搜括计金1000万锭，银2000万锭，帛1000万匹，牲畜7000余匹及妇女1500名，弄得城内翻江倒海，搜财抢人，根刷殆遍，民不聊生。靖康二年（1127）正月十日，将钦宗与亲王、大臣等再召到金营囚禁。二月六日，令钦宗跪听金帝诏书，宣布徽、钦二帝废为庶人，另立他人为王。而后下令剥去钦宗帝服，礼部侍郎李若水抱帝大骂，被毒打砍死。次日，徽宗与皇族也被押到金营，徽宗哀求能留广南一小郡奉祀祖宗，遭到拒绝。十一日，百官不得已推举张邦昌为帝。三月七日，金帅为张邦昌行册命礼，张一再痛哭，表示不忍叛立，然已身不由己。

四月一日，金军押着大批俘虏和战利品启程北撤，俘虏包括二帝、皇后、妃嫔、太子、亲王、公主、宗室、外戚、宰执和其他官员、伎艺、工匠、娼优等各色人群，共计10余万人。金银、马匹、丝帛、车辂、法物、礼器、文物、图书等战利品，不可胜计。而此时的开封城也已被战火焚毁，形同废墟。昔日繁华、富裕、昌盛的大宋王朝，只在一年多的时间里，就基本被摧毁。它毁于猖獗一时的金兵铁骑，更毁于这两个卑劣低能的皇帝。他们在压迫摧残自己的民众方面，可以无所不用其极；在抵抗外族的侵暴面前，又显得如此的懦弱无能和卑鄙无耻。当然，那些奸臣也难逃助纣为虐的谴责。那么，何为主要因素呢？

这使我们想到：为什么面对如此卑鄙、昏聩的君主之统治，人民根本就无可奈何？人民几乎没有任何选择的权利，只有听从命运的安排：来一个所谓的"好"皇帝，便以为是人民的大救星，感谢帝王恩赐的太平盛世；遇到昏君暴主，也只有痛苦的承受，同时许多人仍在高歌皇恩浩荡。最多只有少数人在做一些无谓的上书痛陈之类的抗争。这就是中国传统君主专制体制的运作特色，这个体制有时也的确能构造起外表相当金碧辉煌的大厦，然而它绝不是建立在一个坚实的基础之上，其质地是极其脆弱的。约150年后，蒙古铁骑也只用了年余时间，就从北方势如破竹般地南下，攻克南宋都城临安，皇帝与后宫、众臣数千人被俘北迁，靖康之难一幕又逼真地重演，元政权很快就取代了宋王朝。

通过上述的实例分析，我们领悟到这座大厦突然就会轰然倒塌的主要原因了吗？

宋高宗禅位之谜

宋太祖在斧声烛影中不明不白地死去，当时天下就传言"太祖之后，当再有天下"。100余年后的南宋高宗果然绝后，且其近亲后裔大都已被金兵掳去，只得"广选艺祖之后宗子"。最让人百思不得其解的是：高宗居然在身体还相当强健的56岁盛年，主动让位给太祖之后的孝宗，这在中国数千年的历史上绝对是罕见的。

靖康之难，金军押解了二帝及宋宫"妻孥三千余人，宗室男妇四千余人，贵戚男妇五千余人，诸色目三千余人，教坊三千余人"等北还，其中就包括赵构康王府的三位有名位的妻妾和五个女儿，其正妻邢氏已有身孕，结果在北迁的路上"以坠马损胎"。惟有姜潘氏也已妊娠，因无名位，住在开封自己家中，独得躲过这一劫，后回到赵构身边。赵构即位一个多月之时，即建炎元年（1127）六月，其子赵旉降生，潘氏也晋立为贤妃。

建炎三年（1129），武将苗傅和刘正彦在杭州发动兵变，逼迫高宗逊位，立他的3岁幼子为帝。后韩世忠统兵历时一个月平定了叛乱，处苗、刘以磔刑。然而此事变最严重的后果是：赵构在此次事变中受惊吓而从此阳痿，才23岁就丧失了生育能力。不久，3岁太子也受惊吓而离开人世。在潘贤妃妊娠期间，正值金军破开封府前后，她成天提心吊胆，生活艰难，故所生之子先天不足，体弱多病。据说七月间一天，赵旉患病时，恰有一宫女，不惧踢翻了一只鼎，"仆地有声，太子即惊搐不止"。高宗大怒，"命斩宫人于虎下"，然而仅过片刻，赵旉就停止了呼吸。两件事发生于同年，如此巧合，莫非天意。

宋高宗赵构

而这时，年近60的隆祐皇太后孟氏，突然"尝感异梦"，梦见太祖赵匡胤说："只有把皇位传给我的子孙，国势才能有一线转机。"太后自24岁时被宋哲宗废黜，长期过着痛苦的幽居生活，不过也由此而没有被金兵北掳，也算不幸中的大幸，此时看到宋廷所遭劫难也时有所思，于是"密为高宗言之，高宗大悟"。

在这样的形势之下，高宗也知道自己恐无希望有子嗣了，不如顺水推舟，便说："太祖以神武定天下，子孙不得享之，遭时多艰，零落可悯。朕若不法仁宗，为天下计，何以慰在天之灵。"（《宋史·孝宗纪》）于是同意"广选艺祖之后宗子"比自己低一辈者。

选太祖后裔比赵构低一辈者，就是在其"伯"字辈的宗室子弟中访求。据说太祖后裔香火还特别旺盛，其"伯"字辈有1600余人，当然朝廷只从7岁以下儿童中遴选。最后选出儿童10人，再让高宗逐一审看。据说，一次审看两人，某次一瘦一胖两个孩子出场，让高宗端详，突然有一只猫走过来，胖的为童心驱使，踢了猫一脚，高宗以为胖孩"如此轻狂，怎能担当社稷重任"。于是把胖孩淘汰，而那位瘦的，就是后来的宋孝宗赵伯琮。最后，高宗选了两个孩子：赵伯琮和赵伯玖，时为绍兴二年（1132）。

两个孩子来到妃嫔面前，张婕妤用手一招，赵伯琮便向她的怀里扑去，高宗便命张婕妤养育伯琮，命吴才人养育伯玖。伯琮后赐名赵瑗，伯玖后赐名赵璩。赵瑗天资聪颖，博闻强记，异于常人，颇受赵构钟爱，还亲自教之读书。绍兴五年（1135），封赵瑗为保庆军节度使、建国公，入资善堂上学，并诏："建国公禄比皇子"。然而，高宗却不正式立赵瑗为皇太子，原因是对自己能否恢复生育能力，仍抱有一定的希冀，就是说心里还是不太情愿由这个太祖的后裔入继大统。绍兴八年（1138），又封赵璩为节度使、吴国公，使两个孩子处于平列的地位。由此，高宗表明自己尚无立储之意，诸大臣提出不同意见，尤其左相赵鼎竭力反对，据理力争，高宗只得收回成命。然而到第二年，依然封赵璩为保大军节度使、崇国公，"赴资善堂听读，禄赐如建国公例"。

此时，右相秦桧进谗言道："赵鼎欲立皇子，是谓陛下终无子也。宜待亲子，乃立。"此话说到高宗心里。后秦桧独相18年，是赵瑗成长中最为艰难的岁月，时或与奸相产生嫌隙。直到秦桧病死，总算扫除了立皇储的一大障碍，高宗对自己的生育能力也已不抱希望。这时，赵瑗为普安郡王，赵璩为恩平郡王，两人都已长大成人，且才能不相上下，高宗一时踌躇不决，不知立谁为皇储。

最后灵机一动，决定用女色进行试探。他给两人各赐靓丽宫女10名，过一段时间后再将20名宫女招回，进行身体检查。赵瑗听从老师史浩谨慎对待的劝告，不近女色，所以其宫女依然是处女，后"完璧归赵"。而赵璩则采尽了秀色，10名宫女都已不是处女了。高宗并未将此事公布，但心中已有定数。此事载于周密《齐东野语·高宗立储》之中，令人不解的是：高宗本人就是一个荒淫好色之徒，他怎么会在这方面严格要求子嗣呢？其所用方法，以当时的科技条件能进行比较准确的鉴别吗？周密的记载会不会想立奇而作假呢？或只是采之于无法考据的道听途说？

绍兴三十年（1160），高宗下诏："以瑗为皇子，仍改赐名玮"，进封建王。任命赵璩为判大宗正事，置司于绍兴府，并改称皇侄。至此，拖延了近30年的立诸问题，终于在宋高宗54岁时得到解决，时赵瑗已34岁。高宗教导皇子说："须是读书，便知古今治乱，便不受人瞒。"实是要赵玮学习做帝王的机谋权术。

绍兴三十二年（1162）五月，大臣草拟立皇太子手诏进献，高宗下诏说："朕以不德，躬履艰难，荷天地祖宗垂祐之休，获安大位三十有六年，忧劳万几，宵旰靡惮。属时多故，未能雍容释负，退养寿康。今边鄙粗宁，可遂眷、初志。而皇子玮毓德允成，神器有托，朕心庶几焉，可立为皇太子。"又赐名，宋廷举办了一系列立皇太子的典礼。六月，高宗又出御笔说："思欲释去重负，以介寿臧，蔽自朕心，亟决大计"。"皇太子可即皇帝位，朕称太上皇，退处德寿宫，皇后称太上皇后。一应军国事，并听嗣君处分。朕以澹泊为心，颐神养志，岂不乐哉！"随后在紫宸殿行内禅之礼。皇太子先不肯接受，退到大殿一侧，经赵构再三勉谕，大臣一番苦劝，太子方才答应，接受了皇帝的宝座。

可见高宗的逊位完全出于自愿，无一丝一毫勉强的成分。年初，高宗曾带太子"扈跸"建康府（今江苏南京），时值天寒，雨雪不止，父子骑马而行，"雨湿朝服，略不少顾"，而随从大臣中，反而多有乘轿者。56岁的高宗能骑马而行，说明其身体还相当强健。退位后，高宗至高寿81岁才去世，也足以说明当时的身体状况。在身体还相当健康，又处于50多岁的中年，且国事平稳的情况下，国家最高统治者自动退位，这在中国历史上是绝少有的现象。那么，是什么原因促使宋高宗主动退位呢？

有人会说，其父宋徽宗还是在44岁时就禅位于钦宗了。那是什么时候？那时金军重兵压境，国家危在旦夕，徽宗这才被迫撂担子。而高宗退位时南宋正当"边事寝宁"，去年金海陵王率军南侵，最后不但采石一战大败而退，且为部将所杀，金国政局动荡，而这时南宋正好可过略为安稳的日子。有人或说，乾隆也在晚年禅位于嘉庆。那时乾隆已多大年纪？85岁，这一年纪退位在某种程度上说，已是十分不得已。而宋高宗才56岁，且身体强健，确实令人有些不可思议。

王曾瑜《荒淫无道宋高宗》中说："他固然贪恋皇帝的尊荣，却又苦于国事之'忧勤'，故在逊位诏中还是说了一些实话。他愿意以太上皇的地位继续享受皇帝的尊荣，却又免于国事的'忧勤'。他认为在'边事寝宁'的形势下，正是自己'释去重负'之机。"或者说，赵构做皇帝已做得身倦神疲，想罢脱这国事操劳之苦，而过太上皇的清闲日子，所以就把这副担子扔给了皇太子赵昚。

这样的解释似乎颇合情理，也符合赵构自己的说法。但是太上皇并没有如其禅位时宣称的那样，从此不问朝政，在深宫颐养天年，而是一到关键时刻，就会多方掣肘，出面干涉。如新任命的宰执必须到他那儿"入谢"，面听"圣训"，尤其在与金战、和问题及恢复大计方面，太上皇更是寸步不让，说明他对权力还是有些不舍。尤其是做皇帝真是如此"忧勤"辛苦，主动退位就犹如"释去重负"吗？那为什么中国数千年的历史上绝少有皇帝做出如此举动呢？要知道"皇帝"在中国是个什么概念？那就是别人都是奴才，只有他才是主子，整个"天下"都是属于他的。在一定意义上他可以为所欲为，可以驾驭任何人、任何财物。所以上述退位即可"释去重负"的解释，总让人觉得有点勉强，不怎么到位，然而又找不到更确当的原因。

秦桧回归南宋之谜

秦桧先作为北宋官员，曾随二帝一起被掳至金国。然而仅仅4年之后，他突然神秘莫测地回到了南宋，且是"全家得还"。秦桧归宋到底是自行逃归还是金人纵归，也就是说秦桧是否为金人的奸细？对于这一问题，800多年来一直众说纷纭，未有定论。

秦桧，字会之，江宁（今江苏南京）人。政和五年（1115）进士，历任太学学正、左司谏、御史中丞。靖康之难，全家随二帝、众官员被掳至金国。从二帝至金燕山、上京、韩州诸地，闻康王即位，代宋徽宗修书，请求和议。桧又厚贿金人，以此获得金人的欢心，为完颜昌所信用。建炎四年（1130），随金兵南征，金攻破楚州（今江苏淮安）。十月，秦桧携带家眷，自金人占领区楚州孙村进入涟水军（今江苏涟水）宋军水寨，回到南宋。秦桧归宋，究竟是

秦　桧

自行逃归抑或金人纵归，这是判断秦桧是否为金人奸细的关键所在。

宋人对秦桧南归有两种迥然不同的说法，一为逃归，一为纵归。

先看逃归说。据徐梦莘《三朝北盟会编》和李心传《建炎以来系年要录》载，靖康之难，秦桧因不愿立张邦昌而遭拘北去，其妻王氏、小奴砚童、小婢兴儿、御史卫司翁顺同行。至金，金主将秦桧赐其弟完颜昌，为任用（主管秘书之类）之职。建炎四年，完颜昌率金兵南征，以秦桧同行。秦桧担心夫人王氏不能随行，便假装至燕山府留下王氏，自己独行。王氏故意喧闹道："我嫁到你秦家时，有嫁妆二十万贯赀财，家翁欲使我与汝同甘苦，共度一生。今大金国以你为任用要从金军南行，而弃我于此地吗？"王氏叫骂不休，反复哭诉。果然有人传话告于完颜昌，金人便只得批准秦桧夫妇及砚童、兴儿、翁顺都得同行。金兵攻破楚州后，完颜昌任秦桧为参谋军事、随军转运使。金兵多去抢夺财物，兵营空虚，秦桧便乘机说动艄工孙静，以催督淮阳海州钱粮为名，与妻王氏、兴儿、砚童、翁顺及亲信高益恭等人夺舟而去。至宋涟水界，被宋将丁祀水寨的巡逻兵捕获，把他作为奸细而进行拷问凌辱。秦桧急忙告之："我御史中丞秦桧也。"可士兵不认识他，秦桧大叫："这儿有士人吗？"恰巧有个卖酒秀才王安道在附近，便被唤来辨认。这王安道其实并不认识秦桧，却长揖道："中丞辛苦了。"兵众信以为真，也就将秦桧放行。在王安道等人的陪同下，一行人总算到达行在，后孙静、安道等都得授官。

秦桧的《北征纪实》也有自己的一番描述，主要是从楚州出逃过程的某些细节。说他在楚州时原打算深夜骑马出逃，但看到金兵四面都有埋伏，难从陆路出走，决定从水路逃跑，再访能操舟行船之人，"遂定计于食顷之间"，乘机夺船而走。当夜行舟60里，次日到达丁家寨，拜访将军丁祀，丁推辞有病不见。第三天丁祀派副将刘靖等人以酒招待，刘靖没安好心，欲谋财害命，秦桧识破阴谋，席上面责刘靖，刘靖不敢下手，秦桧方得脱身。他又亲自到丁祀军营，丁仍拒绝接见，秦只好返回舟中，从海上发舟赶赴行在。

上述解释，当时就有不少士人质疑，指出下列疑点：秦桧与众官员一同被拘，掳至金廷，为何惟独秦桧能逃归？金军令秦桧从军办事，为防其逃跑，必留其妻子为人质，怎么可能让他们夫妇同行呢？甚至还有小奴、小婢、侍卫也一同逃归，简直让人不可思议。从楚州南逃，也有千里之遥，途中要跋山涉水，难道金国毫无防禁之设？刘靖既欲图财害命，说明秦桧必有可观的随身之物，这哪会是"定计于食顷之间"的仓猝出逃呢？再有，如丁祀果真在当时关键时刻拒绝接见秦桧，那么秦桧得势后必定会加以报复。但事实却是，秦桧为相，丁祀即得提升，且官运亨通，权倾一时。秦桧有如此胸怀吗？这一连串的疑点，让人们怀疑其南逃脱险经历的可信度。

在逃归说中，陆游《老学庵笔记》中的记载却颇为另类。说秦桧在山东计划南逃时，船只都已备好，惟独怕金营中有人告发，所以仍犹豫不决。适遇一个略有交情的金人，便将自己的想法告之。金人说："何不找监军商量一下？"秦桧说不敢。金人说："不然，我国人一旦许诺你，就会担起有关责任，虽因此死都没有什么遗憾的。若你逃而被抓获，即使想宽恕你，也不敢了。"秦桧便听其言，找监军商量。监军说："中丞果然想南归吗？ 我们契丹人亦有逃归者，但回去后更受怀疑。怎么知道你南归后，宋人会认为你忠呢？ 你若果真想走，不必顾虑到我。"秦桧喜出望外，赶紧道谢说："公若允许，也不必问我南归后的祸福。"于是，监军同意秦桧南归。

不知陆游这段记载的来路，有学者以为"无非是得之道听途说"，因为《老学庵笔记》成书较晚，当时秦桧已死40年，所以绝非作者的亲历。其内容所载，也有颇令人困惑之处：就是那个金军的监军怎么那样富有人情味，居然同意秦桧南逃，甚至还愿意承担有关责任，这与古代战争环境所固有的文化氛围似乎也不太协调。但也有学者认为，《老学庵笔记》的创作态度严肃而认真，史料价值较高，可信程度较大。尤其陆游是南宋著名的抗战派人物，政见与秦桧截然对立，若可知秦桧真是金人纵归的奸细，于情于理，陆游都绝不至于为其护短。当时要想揭露秦桧的种种丑恶罪行，已经无所顾忌，根本没有必要为其掩饰什么。可见，陆游的这条史料是值得重视的，然而这条史料又仅为"孤证"，并不能说明多少问题。

再看纵归说。首先是朱胜非在《秀水闲居录》中的记载，它是指认秦桧为金人纵归的最早出处。其说秦桧随金人北去，为金人达兰郎君所任用。金骑渡江，秦桧同来，回到楚州，金人遣舟送归。秦桧为王仲山女婿，有产业在济南，金人在那里取了一千缗钱作为秦桧南行离别的赠礼。秦桧南归之初，自言杀金人之监己者，夺舟来归。但全家同舟，甚至奴婢也一起得回，人们都知道其不是逃归也。此说对后人影响很大，《林泉野记》等书的记载，基本上就是沿袭此说。史学家李心传为"胪采异同"，也在《建炎以来系年要录》的小注中对这段话加以收录。

其实这段话中疑点不少：如楚州距济南有上千里之遥，金人何必非从那里取王仲山之钱以为赠礼呢？ 有宋铜钱，一缗重5斤，千缗就是5000斤，秦桧长途跋涉去南宋，能带这么重的东西吗？ 更何况是称言逃归，这样不是露出马脚了吗？ 如果说这"千缗"并非铜钱，而是指金银的价值，那朱胜非又从哪里得而知之？ 秦桧《北征纪实》及上述逃归记载材料中，并无"自言杀金人之监己者，夺舟来归"之语，要知道秦桧随金军南征，既有人监视，像秦桧这么一个手无缚鸡之力的文官，哪有这么容易就可将监视之人杀死而逃走呢？ 所以此说不知朱胜非从何而得来？ 本书既如此不利于秦桧，在朱胜非生前就颇难流传，反之就很难说没有后人的附益之辞，如末句"人皆知其非逃归也"，在朱胜非有生之年，朝野不会有此共识，当为后人推测之词。

所以有学者认为,《秀水闲居录》的这段记载不可信。朱胜非为南宋初大臣,早年曾追随黄潜善,诋毁李纲,排斥赵鼎,为时论所轻。他与秦桧的积怨也颇深,秦桧首次罢相,就由吕颐浩联合朱胜非、黄龟年等人排挤弹劾所致。及秦桧复相,就对朱实施报复,朱被罢官居湖州八年而卒。《秀水闲居录》就撰成于他晚年退居秀水的日子里,其间朱胜非对秦桧已恨得咬牙切齿,不能排除朱因嫉恨而报复的可能性。从另一角度看,如果朱胜非真的掌握了秦桧为金人纵归的确凿证据,此事关系到南宋政权的安危,更是他再次扳倒政敌秦桧、邀功请赏的极好机会,他怎么会仅仅写于私记而不向朝廷报告呢?所以这段记载,可能来自于道听途说,也可能是个人的臆测,恐怕是攻讦的成分多于事实。

其次是无名氏的《中兴姓氏录》记载,说秦桧在大金国时,为徽宗作书上粘罕,以结和议。粘罕喜之,赐钱万贯、绢万匹。建炎四年,大金军攻楚州,乃使秦桧乘船舰全家厚载而还,使结和议为内助。秦桧至涟水军贼丁祀寨,诸将猜度说:"两军相拒,岂有全家厚载逃归者?必大金使来阴坏朝廷,宜速追之,以绝后患。"贼军参议王安道、机宜冯由义力保护之,说:"此人是朝廷大臣御史中丞,万一事平,朝廷追究起来,我军将被加罪,最好还是送之朝廷。"丁祀便令安道、由义送到镇江府。秦桧见大将刘光世,首言讲和为便,光世送之朝廷。

这段话的疑点也颇多:此时是宋急欲求和,而金往往拒绝之。秦桧为已成俘虏的宋徽宗上书粘罕,"以结和议",粘罕怎么会高兴得赐他巨额钱、绢呢?金人如派秦桧作奸细,为何要使其"乘船舰全家厚载而还",如此招摇,这不是自暴身份吗?秦桧至涟水军,尚未查实身份,诸将就要追杀这位原朝廷大臣,于情理也不太相合。秦桧南归并未经镇江府,何以能见到大将刘光世?为什么秦桧在这时要说一番"讲和为便"的话呢?文中称南宋军队为"贼",而称金国为"大金",用词之颠倒乖异,其作者也令人生疑。

再次是署名金通直郎秘书省著作骑都尉张师颜的《南迁录》。其记载说:根据金国史,天会八年(1130)冬,金诸大臣考虑南宋君臣正在竭力复仇,要想办法制止它,而形势的发展看来难于使它自行屈服。鲁王说:"惟有派个宋臣先归,对其君臣示以威胁,使他们顺从和议,而我方假装不从,然后勉强同意,事情或可以定。"忠献王说:"此事在我心里已考虑三年了,只有一秦桧可用。秦桧初来,说赵氏得人心,必将有人继承其业;说张邦昌不为人所悦服,虽立又何济于事?不及半年,其言皆验。我颇喜欢这人,放在军中,试以办事,能委曲顺从,间或也语以形势利害,始终言南自南、北自北。若纵之归国,宋人喜慷慨说事,秦桧必能得志,也只有此人能助我金国。"等到忠献王掌得权位时,其计划开始执行。

《南迁录》主要记载金宣宗贞祐元年(1213)金南迁汴京事迹,成书时间较《老学庵笔记》更晚。作者张师颜,不详其人。宋陈振孙《直斋书录解题》认为,此书为宋人杜撰以雪忿之词,俱假造事实以佐证之,其间有明显牵强附会者，而岁月时间又皆抵牾不合，更证其伪造妄作。清《四库全书总目》也指出：通观全书，"舛错谬妄，不可胜举，赵与时《宾退录》、陈振孙《书录解题》皆断其伪"。如上述所谓鲁王、忠献王云云，纯系宋人口吻，与金朝国史语言毫无相似之处。书之伪作，可成定议，所言秦桧事，当然不足信。

最后还有一件事，其真伪与否也与秦桧是否为"奸细"大有关系，这就是所谓："兀术遗桧书"。据说在绍兴十年（1140），岳飞取得颍昌大捷之后，金将兀术曾有一书寄给秦桧。岳珂所编《鄂王行实编年》载："查龠曾谓人曰……金人谓桧曰：'尔朝夕以和请，而岳飞方为河北图，且杀吾婿，不可以不报。必杀岳飞，而后和可成也。'桧于是杀先臣以为信。"岳珂还说，岳飞颍昌大捷"杀其统军、上将军夏金吾"，并在另一外说，夏金吾即兀术之婿。这条记载及相关材料别无旁证，因而引起后世的争议。

有学者认为，此条史料为"孤证"，向以资料丰富著称的《三朝北盟会编》、《建炎以来系年要录》等史籍，可谓网罗荟萃，然都不载此事。与查龠同时代的胡铨等人，都是坚决的反秦派，一贯竭力声讨秦桧的卖国行径，可是都没有提到过秦桧有这桩内外勾结、卖国求荣的事情。所以很可能是岳珂的杜撰，因惟恐犯"指责乘舆"的大罪，便把罪名加在秦桧头上，以此解释秦桧要害死岳飞的背景原因，也为其祖昭雪提出最有力的证据。同时，《金佗粹编》卷十六所录《王贵颍昌捷奏》中，未见有金将叫夏金吾者，连《金史》中也没有"上将军夏金吾"其人。退一步说，即使金国有夏金吾其人，也不可能是兀术的女婿，因为女真习俗禁止与外族通婚，贵族尤其这样。另外，如果杀岳飞是宋金和约的先决条件的话，那么绍兴和约的达成应在岳飞死后，而实际上和约产生在岳飞被害前一个多月。而和约缔结前，秦桧曾经把屠刀指向韩世忠，这不是与金人的要求相左了吗？还指出：高宗与秦桧尽管求和心切，如果认为他们相信只要杀害了岳飞，就能保证狡诈凶恶的金人会接受和议，似乎将他们两人看得过分天真了一些。总之，这条材料为"孤证"，并不可信。

也有学者反对简单否定此事。由于秦桧父子当权时肆意篡改历史，而使当时有关岳飞的记载残缺不全，错误百出，其中不乏荒诞离奇、面目全非之处，所以不能苛求岳珂《金佗粹编》有关的错讹和疏略，也不宜对缺少旁证的史料一概否定。宋朝的奏捷，常常不用金军将领的全部官衔和真实姓名，而往往用习惯简称。如"龙虎大王"在战报中屡见不鲜，却无姓无名，后人只得根据其他史料推断为"突合速"。其他如"翟将军"、"镇国大王"等都不见于《金史》，但并不能否定此人的存在，"夏金吾"也属此类情况。还有，女真并无与外族通婚的禁令，其金主嫔妃中不乏外族人。金世宗曾下诏安排契丹人与女真人杂居，男婚女聘，渐趋融合。最后，和约达成协议到全部履行，中间应有一个时间过程。绍兴和议一个月后杀害岳飞，是完全可以作为其协议的一部分。宋高宗下决心杀岳飞，可以是向金表示和议诚意的一个重要行动。当然，也没有"兀术遗桧书"的确凿证据。

尽管秦桧南归后的所作所为，确实很像一个金国打入南宋内部的奸细，但人们也确实拿不出一条确凿的证据来加以证实。秦桧死后的100余年间，人们对他十分痛恨，对他的南归，尤其是"全家得还"，觉得甚为可疑，但依然无一人能够提供出确凿的史料来证明秦桧就是金人纵归的奸细。若没有更新的史料发现，这个谜难以解开。

金兵"拐子马"之谜

金兵的王牌部队"拐子马"，究竟是怎样的兵种？历来以为就是"连环马"，其实骑兵打仗，马怎么能连环呢？乾隆皇帝首先提出这个问题。所以现代专家只能重新寻找解释，最后大致定义为：左右翼骑兵。结果只是这么简单平常的一个军事术语，你相信吗？

绍兴十年(1140)，岳飞由鄂州(今湖北武汉)率军北上，抗击金兀术统帅的南侵金军，七月在郾城(今属河南)遭遇金兵精锐的围攻。岳飞先命岳云率军迎敌，打垮敌骑的数次冲锋，大将杨再兴突入敌阵，杀敌近百，自己也中数十枪，但仍英勇奋战。金兀术见先头部队没有占到便宜，就命最为骁勇的拐子马、铁浮图投入战斗。岳飞令步兵上阵，手持麻扎刀、提刀、大斧之类兵器，专劈马足。岳飞也亲率诸骑突出阵前，诸将挽住战马，说："相公为国重臣，安危所系，不能轻敌！"岳飞马鞭一挥，说："非尔所知。"就跃马驰于敌阵之前，左右开弓，敌骑应声倒地，箭无虚发。将士们见到统帅亲临战场杀敌，士气倍增，杀得敌骑人仰马翻，金兵尸横遍野。到天色昏暗之时，金军已一败涂地，狼狈溃逃。

郾城之战是宋军空前的大捷，宋廷也不得不在奖谕中作出极高评价。在平原旷野之中，能战胜金军最精锐的骑兵，尤其是打败了金兵神勇的"拐子马"、"铁浮图"，这确实令人鼓舞。那么，这"铁浮图"、"拐子马"到底是怎样的兵种呢？

据岳飞孙子岳珂所编《鄂王行实编年》载："兀术有劲军，皆重铠，贯以韦索，凡三人为联，号拐子马，又号铁浮图，堵墙而进，官军不能当，所至屡胜。""韦索"就是皮绳，三匹战骑为联，又全披重铠，应即连环马，或者说是"身穿铁甲的连环骑兵"，其整队冲锋时，就如一堵墙在前进那样，势不可当。此说一出，官私史书及通俗小说无不沿用，"拐子马"就是"连环马"的定义，也不胫而走。人们在描写此场战斗时，都按岳珂的说法，岳飞命步兵以麻扎刀入阵，无须仰视，只管低头砍马足。拐子马既相联，一马被砍跌倒，其他二马也都不能行进，或相继倒下，坐以待毙。在岳家军的奋战下，拐子马被成片砍倒，僵尸堆积如山丘。金兀术悲痛地大哭："自起兵发来，皆靠它取胜，如今完了。"岳珂最后的结论是："拐子马由是遂废。"

此后，章颖《南渡四将传》、元人《宋史·岳飞传》和明、清时《宋史纪事本末》、《续资治通鉴》及《说岳精忠全传》之类小说，都照抄岳珂的蓝本，或按此说行文，没有任何怀疑。直到18世纪后期，清乾隆帝令其臣僚编纂《御批通鉴辑览》时，才察觉到此说根本不合使用骑兵的军事常识，遂写了一条"御批"，指出：

北人使马，惟以控纵便捷为主。若三马联络，马力既有参差，势必此前彼却；而三人相连，或勇怯不齐，勇者且为怯者所累，此理之易明者。拐子马之说，《金史》本纪、兵志及兀术等传皆不载，唯见于《宋史》岳飞传、刘锜传，本不足为确据。况兀术战阵素娴，必知得进则进，得退则退之道，岂肯羁绊己马以受制于人？此或彼时列队齐进，所向披靡，宋人见其势不可挡，遂从而妄加之名目耳。

乾隆的这段批驳，可谓切中要害，颇有说服力，但依然没能解释何为"拐子马"，只是说，可能当时宋人看到金军骑兵"列队齐进，所向披靡"，遂以为是"拐子马"。

宋史专家邓广铭《有关"拐子马"的诸问题的考释》对此做了详尽考证。认为"拐子马"一词首次出现在绍兴十年(1140)五月的顺昌战役中，出自被金人强征入伍的河北汉人之口，其以为金军中有战斗力者，"止是两拐子马"。所以此词应是汉族语言而非女真语，北宋时人们的习惯用语中有"拐子"一词。如《续资治通鉴长编》和《武经总要》中有"东西拐子马"之称，是指"大阵之左右翼"。如《东京梦华录》和《三朝北盟会编》中有"拐子城"一词，是指拱卫城门的两道各成直角的对立垣壁。这样，"拐子"就是"侧翼"之意，"两拐子"就指左右两翼，而"两拐子马"或"东西拐子马"就是左右翼骑兵。

"铁浮图"是指重铠全装的金军铁骑，主要指金兀术的侍卫军等，又号"铁塔兵"，主要指其用铁盔甲防御严密，马背上还铺毡枕，它与"拐子马"是两个概念。最早对"铁浮图"做出错误解释的是顺昌战役时的顺昌府通判汪若海，他写了一个《札子》送呈朝廷，称金军的"铁浮图"："三人为伍，以皮带相连"；而对金军拐子马的解释是对的："以铁骑为左右翼，号拐子马"。而到岳珂编写《鄂王行实编年》时，便把两者合一了，以此便以讹传讹。

那么，为什么南宋岳珂等人对"拐子马"的含义已毫不知情了呢？邓老的解释是："在北宋灭亡之后，这一语词竟跟随着中原和华北地区而一同沦陷，它虽还保存在中原和两河地区居民的口语当中，却不曾被南渡的军民人等带往南方。"或者说，它原是北方人的用语，南方人完全听不懂，如果说南宋初期还有一些北方移民南下，略懂一些北方的风俗，而到南宋中期以后，人们已茫然不知"拐子马"为何物了。

此外，岳珂的《鄂王行实编年》中还认为，金人自起兵以来，凡有拐子马参战都战无不胜，至岳飞才识破其弱点，用步兵砍其马足，大破其阵，从此拐子马便退出历史舞台。这些说法也不符合历史事实，郾城大战前的大仪镇战役和顺昌战役，岳家军并没有参加，宋军都采用了砍"拐子马"马足的战术，取得不错战果，尤其是顺昌大捷，金人"震惧丧魄"。而郾城大战20余年之后，史籍中仍有金兵使用"拐子马"的记载。

说了半天，"拐子马"就是左右两翼骑兵。这么简单的答案，为什么古人居然会误解和附会了几百年？作为一个习惯用语，为什么知道的人这样少？使用的时间也这样的短？尤其令人不解的是：既然"拐子马"仅指左右两翼骑兵，那么只要是古代大规模战役，正面阵地以骑兵为主力，就有配置左右两翼骑兵以协同作战的需要，中国古代自战国开始，至清朝后期，都经常采取这一常用的骑兵战阵，为什么史书上单单称金军的两翼骑兵为"拐子马"呢？上述的这个简单解释可信吗？

十二道金牌之谜

民族英雄岳飞和岳家军抗击金兵的事迹可谓家喻户晓，其中岳飞被宋高宗十二道金牌逼迫班师回朝的故事，也最令人扼腕痛惜，真是十年之功，废于一旦哪！不过，这十二道金牌到底是怎么回事？它的历史真实性又如何呢？

绍兴十年（1140）七月，岳飞率领岳家军挺进中原，经过艰苦卓绝的鏖战，大败猖狂南侵的金兀术大军，接连取得郾城、颍昌大捷，破"拐子马"，可谓扫荡金兵，势如破竹，前锋已抵开封南郊的朱仙镇。收复北宋东京（即河南开封）已指日可待，战局发展鼓舞人心，南宋抗金战场面临从未有过的大好时机。岳飞兴奋地准备乘胜北伐，渡过黄河，"直捣黄龙府，与诸君痛饮耳"。然而在七月二十日前后，一天之内，岳飞却接连收到十二道金字牌递发的班师诏。这十二道诏旨措辞严峻，不容争辩地立召岳飞班师回朝。

此时，岳飞悲愤填膺，肝胆欲裂，眼看恢复中原的绝好时机白白丧失，他感受到从未有过的灰心和绝望，他不禁仰首长叹，顿足捶胸，东向再拜曰："十年之功，废于一旦！所得州郡，一朝全休！社稷江山，难以中

岳　飞

兴，乾坤世界，无由再复！"班师回朝之日，百姓遮道恸哭："我们戴香盆、运粮草以迎官军，打败金兵，如今官军退师，金兵再打回来，我辈哪还有活路？"岳飞也悲泣不已，取朝廷诏旨示之说："我不得擅留。"此际，哭声震野，人心绝望，只得看着官军南退，部分民众跟着官军一同南撤。

所谓"金牌"，并非用黄金制造，它只是宋代邮驿传递制度的一种形式。宋代邮传一般分步递、马递、急脚递三等：步递要求日行200里，马递要求日行300里，急脚递要求日行400里。宋神宗时期增设了金字牌递，或称金字牌急脚递，主要传递紧急诏旨和军事方面的特急件，要求日行500里，为当时最快的马递邮传。金字牌用长尺余的木牌，涂上红漆，刻上"御前文字"数字，涂上金黄颜色，十分耀眼。遇到特急的机密军务，皇帝亲自发出金牌诏旨，连中书枢密院也不得预闻。传递时要求不分昼夜，鸣铃奔传，前铺闻铃，兵卒出铺等候，就道交接，不得入铺，以免耽搁。人们形容："过如飞电，望之者无不避路。"

事实上，纸面规定的日行四五百里的速度往往是达不到的，这是由于道路条件和战争环境等方面原因造成的。如上述临安到郾城之间大约有2000里路程，如按规定要求，金字牌递日行500里，需要4天时间，但实际行程需10天以上。用金字牌递有关诏令和军事情报，一个来回，约需20天以上。也就是说，都城临安的皇帝与前线郾城的岳飞，通一次信息就需20余天的时间。

据有关史料推测，岳飞在郾城之战前夕，约七月五日给朝廷上一奏报，报告了军队的战况，说明"此正是陛下中兴之时，乃金贼灭亡之日"，"伏望速降指挥，令诸路之兵火急并进"。奏报过后十余天，朝廷无一兵一卒进援的消息。熬过了郾城、颍昌两场恶战之后，约十八日前后，却迎来了一道班师诏。就是说，高宗在七月八日前后，约正值郾城大战之际，发出了第一道班师诏。岳飞不愿舍弃大好的胜利进军形势，写了一封言词激切的奏章，反对就此班师回朝，一再告知朝廷"时不再来，机难轻失"。然而，只隔了两三天，就在一天之内收到高宗命令班师回朝的十二道金牌。

这里就产生这样几个疑问：高宗并没有收到岳飞十八日的奏章，也就是在没有收到任何反馈信息的情况下，为什么要连发十二道金字牌递诏令？加上第一道班师诏，就是接连颁发了十三道班师诏令。皇帝用金字牌递发诏令，已说明其命令非常紧急。一天之内连发十二道，估计其诏令内容不会有大的变动，那么如此频繁地发出同一道诏令有意义吗？岳飞生前在各地所收到的诏令御札，大都收录进岳珂后来所编的《金佗粹编》之中，其中虽也说岳飞"一日而奉金书字牌十有二"，但就是独独不见这十二道金牌的内容。连发十二道诏旨，为何连一道都没有保存下来呢？

有学者指出，在朝廷向岳飞发出令其班师回朝的金字牌诏旨的前后，抗金战场的形势已发生了微妙的变化。就是这次对金军南侵的抗击，多路人马与敌人处于胶着状态，而岳家军一路血战北进，已有孤军深入的态势。这时，朝廷又令张俊、杨沂中、王德诸部从前线后撤，使得岳家军孤军更突出在中原战场之上。在郾城、颍昌诸次战役之中，岳家军做出了最大的努力，也承受了最大的牺牲，实已很难独力支撑这一中线战局。或者可以说如不班师，岳家军便处于有可能被围丧师的危险境地。如邓广铭《岳飞传》指出的，岳家军已陷入孤军无援的境地，将"成为金军并力合击的惟一对象，如再奋力前进击敌，那就等于自行跳入赵构、秦桧所设下的陷阱"。所以这时只需一道金字牌急递诏令，岳飞只能听令回撤。否则，岳飞不但是违抗朝命，还有可能被金军围困而得不到任何友军的援助，前景是惨淡的。

所以，高宗应该是没有必要连发这十二道金牌。从另一方面讲，这几乎一个小时就要发一道相同诏旨的局面出现，只是说明在外的将领是如何的不听诏令，似乎也有损大宋皇帝的尊严和威信，深通权术的宋高宗会这样做吗？何况，宋代应该从未出现过类似的情况。这样，就让人们有些怀疑：历史上是否真有过连续递发这十二道金牌的军令诏旨？这个让岳飞饮恨悲叹、壮志难酬的十二道金牌，有可能是历史学家或小说家的杜撰，以增添岳家军班师回朝的悲壮气氛。你怎么看这一问题呢？

岳飞被害之谜

一些史书和许多文艺作品，都把它描绘成基本由奸臣秦桧一手制造的一件千古冤狱。通过学术界的深入研究，元凶应是宋高宗的观点已日益为人们所接受。然而，赵构为什么要杀害岳飞呢？这其中还是疑团重重。

宋代不署撰写人名字的《朝野遗记》这样记叙岳飞被害前的一幕：

绍兴十一年（1141）腊月二十九日，南宋临安的丞相府内，秦桧在苦苦思索着如何了结已被关在大理寺狱中两个多月的岳飞父子一案。此时，夫人王氏走了进来，她料定丈夫正在考虑如何处置岳飞案的问题，便趋前阴狠地说道："相公竟这般缺乏果断吗？要知道捉虎容易放虎难呀！"秦桧这才恍然大悟，拿过纸笔写了几个字，派人送往狱中。御史中丞万俟卨遵命再次提审岳飞，逼迫岳飞在一张事先杜撰好的供状上画押。岳飞无限悲痛地仰视了一阵天空，便提笔在供状上写下"天日昭昭，天日昭昭"八个大字。过了不大一会工夫，岳飞就被毒死，张宪和岳云被斩首。这就是所谓"秦桧矫诏害岳飞"，其中宋高宗赵构只是一个听奸臣摆布的糊涂皇帝而已。

然而，南宋李心传《建炎以来朝野杂记》乙集卷十二《岳少保诬证断案》中，保存有此案完整的判决书。前面都为狱司的造谣诬蔑之词和罗织的罪名，其判决是："岳飞私罪斩，张宪私罪绞。""岳云私罪徒"，当然"今奉圣旨根勘，合取旨裁断"。后载："有旨：岳飞特赐死，张宪、岳云并依军法施行，令杨沂中监斩，仍多差兵将防护。余并依断。"从中可见，此案是奉圣旨办案，最后也由宋高宗最终裁决，这样赵构应为此案的主谋。

岳飞平反昭雪后，其子岳霖开始搜集资料，整理父亲的历史，临死又将重任托付给儿子岳珂。岳珂靠人们的帮助，先后编成《金佗粹编》二十八卷和《续编》三十卷，取得了相当的成就，部分恢复了历史的本来面目。但是，祖父既然还是在赵宋政权之下恢复名誉，作者自然只能竭力回避赵构与岳飞之间的矛盾，而客观上为高宗开脱罪责，以致不得不歪曲某些历史真相。尤其是岳珂应该看过上述案卷的有关材料，却宁肯引用野史的描述，说秦桧写出纸条交付狱官，而杀害了岳飞。其中的苦衷，自然可悯，但这样苦心掩饰的结果，给后世有关此事的记载，尤其是小说、戏剧的演绎，产生极大影响。所以宋、元以来，史家文人对此案的说法仍各执一词，众说纷纭。

明朝中叶，苏州名士文徵明曾为杭州的岳飞庙题写了一首《满江红》：

拂拭残碑，敕飞字依稀堪读。慨当初依飞何重，后来何酷！果是功成身合死，可怜事去言难赎。最无辜堪恨更堪怜，风波狱！

岂不惜，中原蹙，岂不念，徽钦辱，但徽钦既返，此身何属！千载休谈南渡错，当时自怕中原复！彼区区一桧亦何能，逢其欲！

作者清楚表明了写此词的用意，那就是指出杀害岳飞的主谋和元凶，应是宋高宗赵构，而不是奸臣秦桧。词意从高宗极不愿意岳家军恢复中原，迎回徽、钦二帝的内心出发，判断赵构最怕的就是"徽钦既返，此身何属！"所以为了保住皇位，赵构宁肯把岳飞和他的军队先消除掉，免得再有此类后患。所以，赵构杀害岳飞，是这一矛盾的必然结果。而秦桧在这一冤狱中的作用，只是迎合或依照宋高宗的旨意而加以执行罢了。

此后，赞同文徵明观点者不时在提出更为确凿证据的基础上进一步予以论证。如有学者指出，此案在当时是被称为"诏狱"的，也就是皇帝交办的大狱，哪里有高宗不知情的道理。有学者认为，绍兴七年（1137），岳飞在奏请立储问题上，以武将干预朝廷立储大事，引起高宗的极大不满。还有学者指出，秦桧死后，赵构曾不止一次地告诫臣僚，对金媾和乃出于他本人的决策，不允许任何人因秦桧死而对此提出异议，以动摇既定国策。而岳飞案也应从属于此"与金媾和"的既定国策，所以元凶应是宋高宗赵构。

然而秦桧为主凶的说法在社会上仍然占有优势。如清代钱彩的《说岳全传》，把秦桧描写成是金国派来的一个奸细。岳飞在朱仙镇大破金兀术的大军，兀术写信令秦桧想办法将岳飞害死。于是秦桧说动高宗，发十二道金牌将岳家军招回，又传下一道假圣旨，将岳飞逮入大理寺狱问罪。在万俟卨、张俊、罗汝楫诸爪牙狼狈为奸之下，给岳飞加上莫须有的罪名，并诱捕了岳云、张宪诸将，终日用酷刑拷打逼供，但三人宁死不屈，决无口供。一拖已两月有余。秦

岳 飞

桧担心事情传到高宗耳中，一旦放了岳氏父子，如何向金兀术交代，便与其妻王氏商量。王氏提议在黄柑中下一道密令，命大理寺今夜三更就将其父子三人结果了。秦桧听了大喜，立刻照办。岳飞以为圣旨下来，并亲自捆绑了企图造反的岳云和张宪，最后引颈受戮。

这类故事在民间已传得家喻户晓，人人都知道杀害民族英雄岳飞的罪魁祸首是奸臣秦桧，所以在如今杭州的岳坟前跪着秦桧、王氏、万俟卨、张俊等奸贼，受万人的唾骂。其实近代以来，也有许多学者在史事考证方面也给予大力的佐证，如宋史权威邓广铭先生的《岳飞传》。该书第十九章以"秦桧、张俊肆意罗织诬陷，岳飞、岳云和张宪惨遭杀害"为题，着力论证了"岳飞被劾罢官"、"王雕儿诬告张宪，意在牵连岳飞"、"岳飞的入狱、受审和惨遭杀害"，都是以秦桧为首的一群奸臣所故意陷害。并论证了"当最初制造这一冤案的谋划时，赵构并未与闻其事，但在他闻知之后，也不过只是表示了一下'惊骇'而已，也并无要加以制止之意；再以后，则更是听任秦桧放手去干，并不稍持异议。"

邓广铭《岳飞传》再用一个章节的篇幅来论证"秦桧是杀害岳飞的元凶"。认为秦桧、万俟卨们在加害岳飞父子的过程中，对有关罪状和刑名，"匆遽间无法炮制出来。因此，是在对岳飞父子下了毒手之后，才用倒填月日的办法把判决书炮制出笼，也借此对其事实上的先斩后奏的行径痕迹稍作遮掩"。并反驳了文徵明"区区一桧亦何能"的观点，确认秦桧是金国派遣到南宋王朝的一个奸细，以为秦桧已逐步获得擅权朝中的地位，完全可能矫诏杀人，所以岳飞的狱案"名曰诏狱，实非诏旨"。

而宋史专家王曾瑜《岳飞新传》经过较为全面的论述，在努力阐明这个观点：宋高宗是杀害岳飞的元凶。指出赵构绝非无能之辈，他文能博学强记，读书"日诵千余言"；武能"挽弓至一石五斗"，即能拉开一百六十多斤重的劲弓，其能力在当时应算上乘。在经历了南宋初期这段艰难险恶的历程之后，至绍兴十一年（1141），赵构已当了十五年的皇帝，由一个深宫的花花太岁而变为深通机谋权术、极其狡猾阴险的最高统治者。这年的十月，即杀害岳飞的一个多月前，赵构还在儆戒众臣说："人主之权，在乎独断！"

秦桧虽为宰相，但没有这么大的权势，能够不经过皇帝而谋害像岳飞这样一个武功赫赫、威名远震的勋臣。绍兴初年，秦桧为赵构看中而拜相当政，但由于秦桧急于植党专权，很快就被罢免，高宗还亲自写其罪迹，榜告朝野，以示不能容忍之意。绍兴八年（1138），赵构应迫不及待地想与金求和，才再次起用秦桧为相。这次，秦桧不得不吸取前次的教训，惟高宗的马首是瞻，小心翼翼做事，以求稳步发展。这年冬天，秦桧为展开议和活动，又心存当年罢相的余悸，害怕高宗反复，便单独对高宗说："若陛下决欲讲和，乞陛下英断，独与臣议其事，不许群臣干预，则事乃可成；不然，无益也。"高宗首肯后，他要皇帝"精加思虑三日"。三天之后，他还要高宗"更思虑三日"。再过三天，当秦桧"知上意坚确不移"时，才奏上和议方案。由于其能仔细揣摩高宗的内心世界，然后再审时度事，去迎合赵构的需要，开始深得皇帝的宠信。

一般以为高宗与岳飞的矛盾主要在军队北伐及迎回"二圣"方面，因为如果钦宗回朝，高宗就保不住帝位了。这其实是后人想当然的猜想，不太可信。宋金之间谈判，几次谈到"迎还二圣"之事，绍兴八年还差点成功，高宗曾下诏："渊圣皇帝（即钦宗）宫殿令临安府计度修建"，准备让钦宗回来优养天年。因为高宗心里清楚，经过如此惨痛的俘虏生涯，钦宗定已心力交瘁，回来也不会威胁到自己的宝座。可见，赵构无须在"迎还二圣"问题上深忌岳飞。高宗对岳飞产生嫌隙，继而到后来"始有诛飞意"，冰冻三尺，非一日之寒，其间有一个发展积累的过程，其与岳飞的个人脾性也大有关系。

如绍兴七年（1137），高宗一时冲动，委岳飞以北伐重任，又立即取消成命。岳飞一怒之下擅离职守，上庐山给母亲守孝去了。此举使高宗震怒，儆戒岳飞"犯吾法者，唯有剑耳"等等，内中已隐含杀机。最使高宗恼火的，莫过于岳飞坚决抗金的态度及其一系列行动。如第二年，岳飞又提出增兵要求，再一次触犯赵构的嫌忌而遭拒绝。事后，岳飞再上奏折，力申"不可与和"之志，并乞整兵"复取旧疆"。高宗完全不予理睬。绍兴九年（1139），宋金讲和初定，岳飞沉痛地提出辞呈。翌年，金兀术毁约大举南犯，岳家军鏖战初胜，却又被迫班师，"十年之功，废于一旦"，又愤而辞职。高宗虽对岳飞的屡次辞呈照例不准，但对岳飞刚直不阿行为的嫉恨在不断加深。

绍兴十一年（1141）正月，金兵又以10万人马直侵淮西。朝廷派张俊、杨存中、刘锜率军迎敌，并命岳飞领兵东援。等岳飞率军赶到，金兵已渡淮北撤。岳飞此次增援慢了半拍，其理由一是本人"寒嗽"（感冒），一是军队"乏粮"，是否夹杂有对高宗阻挠北伐的不满，不得而知。但这次援淮的无功，很快成为岳飞受迫害的口实。据秦桧党羽所撰笔记《王次翁叙记》透露，约在绍兴十一年的二、三月间，"上始有诛飞意"，并将此旨意秘密传下。秦桧就是在此旨意之下，开始组织部署对岳飞进行迫害的冤狱。

其实这一问题的关键在于：当时秦桧的权势达到什么程度？是否已经能够"挟虏势以要君"，玩高宗于股掌之上？有学者指出，秦桧虽极受高宗宠信，但也只是宠信而已，绝不能任意摆布高宗，不能用矫诏的手段铲除异己。如绍兴九年（1139），枢密院编修官胡铨上疏反对与金和议，并要求"斩秦桧之头挂诸街衢"，以谢天下。该声讨雄文很快广为流传，高宗下令将胡铨"送昭州编管"。秦桧虽对胡铨恨之入骨，"必欲杀之而后已"，然而在以后的许多年中，却始终对这位职位低微的编修官无法动用屠刀。对胡铨这样的小官尚且如此，对有赫赫战功而曾任枢密副使的岳飞就更不能擅自处置了。值得注意的是，宋代审理大案和诏狱，在表面上依然有一套较为严格的司法程序，尤其是大理寺治狱，其审讯、详断、判刑、评议、定判、复核等都有详细规定，秦桧诸奸臣虽然能于其中起一定作用，但最终裁决权在皇帝手上，秦桧的权势再大，也是无法公开"矫诏"杀害大臣的。秦桧死后，高宗曾为一些人平反，不少大臣上疏要求为岳飞恢复名誉，但高宗始终不予理会，从中亦可见赵构对此案的肯定态度。

也有学者认为，在杀岳飞问题上，高宗与秦桧是各怀鬼胎、互相利用的关系。在秦桧看来，岳飞是他向金投降的最大障碍，不杀岳飞，难成和议；而在高宗看来，更重要的是所谓"示逗留之罚与跋扈之诛"，是杀鸡儆猴，以便他更自如地驾驭诸将，控制朝政与军权。所以，高宗与秦桧玩弄的是"交相用而曲相成"之把戏，于是，岳飞非死不可。

目前或可说，史学界许多人已倾向于元凶是宋高宗的观点。然而令人费解的是：赵构为什么要杀害自己倚为军事支柱的大将岳飞？其原因还是众说纷纭。有人认为是岳飞在"迎还二圣"问题上，触犯了高宗的心病。有人以为，防范武将兵权过大，一直是赵宋王朝恪守的家法，功高权重的岳飞，就被看成是对皇权的潜在威胁。有人认为岳飞个性耿直倔强，往往锋芒毕露，不搞韬晦之计，不知明哲保身而我行我素，便使高宗觉得岳飞自恃掌有兵权，难以驾驭，以致在收缴兵权之后，仍不想放过岳飞，要杀一儆百。也有人以为是岳飞在立储问题上，越职言事，犯了大忌。还有学者认为，据说金兀术在绍兴和议前有"必杀岳飞而后可和"之条件，为了表明求和的诚意，赵构只有除掉岳飞这一障碍。甚至台湾有学者提出，高宗特别思念被金人掳去的生母韦太后，曾向金人表示，只要放回太后，什么条件均可答应。金人利用了高宗这一心理，以释母必杀岳飞为交换条件，迫使他下此毒手。或者说，其各类矛盾的综合，遂使高宗做出这一决定。

杀害岳飞的元凶之争，似乎日趋明朗；然而高宗杀害岳飞的原因之争，依然是扑朔迷离。这也可算是中国传统专制政治统治的一大特色吧。

岳飞案中"莫须有"含义之谜

岳飞一案中"莫须有"罪名之典故，几乎也可以说是家喻户晓，老小皆知。但是人们清楚其准确含义吗？人们怀疑过它的真实性吗？现在告诉你，这故事中有几个关键问题存在不解之谜，你会感到惊讶吗？不信的话，请读下文。

《宋史·岳飞传》载，当岳飞一案以谋反罪判定上报之际，大将韩世忠听说岳飞父子入狱蒙冤，且被判死罪，心中很是不平，鼓起勇气来到相府质问秦桧。秦桧回答："飞子云与张宪书虽不明，其事体莫须有。"韩世忠愤愤地说："'莫须有'三字，何以服天下！"

岳 飞

上述故事对于关心这段历史的人们来说也早已耳熟能详，其"莫须有"三字也逐渐成为冤狱的代名词，如世称岳飞冤狱为"三字狱"。然而仔细推敲，秦桧的这句话实在有些不合逻辑。"莫须有"历来被解释为"恐怕有"、"或许有"之类的"两可之词"，那么，秦桧的话应这样翻译："岳飞儿子岳云给张宪的那封书信（指奸臣所诬岳云有封要求张宪帮助岳飞夺回兵权的信）虽不确实，但这事情或许有。"秦桧这样回答质问，给人的印象就是说岳飞的罪名"也许有"，也许没有，他不清楚。从秦桧要杀害岳飞的立场出发，他可能说出这种模棱两可的话吗？不管秦桧是此案的元凶，还是帮凶，其要害死岳飞的目的是一样的，那就至少应该以肯定的语气回答韩世忠的质问。所以这段话，令人颇生疑问。

清代学者俞正燮《癸巳存稿·岳武穆狱论》中认为，秦桧的那句话应如此断句："其事体莫，须有。"这里的"莫"相当于后世流行的语末助词"嘛"，从语音上看，莫、嘛也是同音，它是考虑问题时的一种语句拖音，似乎含询问之意，实际上只是没有含义的语气词。而"须"字的用法，宋人常用作转折连词，相当于"却"，如朱敦儒《水调歌头》中"中秋一轮月，只和旧青冥，都缘人意，须道今夕别般明"。所以，此句的翻译应该是："这件事情嘛，却是有的。"是一个完全的肯定句式。同时，宋代也颇流行这种句式的使用，如王明清《挥麈后录》中，就有"当时议法论罪莫，须是宰相否"和"此事莫，皆不虚否"等句。总之，上至《左传》、《论语》，下到宋人的说话习惯，都有这种结构的句子。俞正燮还指出，当韩世忠质问秦桧时，秦桧的态度依然非常骄横，反诘世忠道："其事体莫……"略加迟疑而审度之，然后自决言："须有"。在拿不出证据的情况下，依然判定有罪。韩世忠不服，故横截其语，牵连为一句，说"莫须有三字，何以服天下！"以诋秦桧之妄。

俞氏在断秦桧后面那句话时，在通释其"莫"字为语末助词"嘛"时，可谓不无道理。但在解释韩世忠那句反问时，就显得不太令人信服了。因为如果将"莫"作为前一句末的语气助词的话，它只是一个拖音，并无含义，如何能将其横截到后句中来呢？

现代有学者认为，宋人口语中多用"莫"字作"当"字解，如宋徽宗曾说："北事之起，他人皆误我，独太师（指蔡京）首尾道不是，今至此莫须问他否？"（《铁围山丛谈》卷二）苏轼给文同的信中，也载"惟谨择医药，痛加调练，莫须燃艾否"的话。可见"莫须"二字连用，是宋人的习惯，意即"当须"如何。这样的话，"莫须有"三字应理解为"当须有"，"其事体当须有"是一个肯定句式，意为"这事情应当是有的"。此句话从秦桧口中吐出，其中也包含一定的强词夺理的味道在内，所以韩世忠才有后面的反驳。

也有学者以为，宋时"莫须"两字常连用，如《金佗粹编》卷二载高宗手诏："据事势，莫须重兵持守，轻兵择利"。其"莫"有"岂不"之意。再如《永乐大典》卷一九七三五载宋哲宗主张恢复保甲军训，说"府界莫可先行"。《宋史·兵志》载同一语，作"府界岂不可先行"。所以，"莫须有"即"岂不须有"，意为"难道不应该有吗"，是一种以反问为形式的肯定语句。

然而，"莫须"在宋人口语或文章中确有"或许"、"大抵"的解释。如《三朝北盟会编》卷一三载："兼前番临时曾言夏税秋赋，如碎杂豆油之类，如何搬运？设若本朝委曲从之，莫须折当，元帅与郎君皆言甚好。"《朱子语类》卷七三载："占法则莫须是见豚鱼则吉，如鸟占之意象。"此外，"莫须"也有解释"莫非"、"可"的，表疑问语气。如《续资治通鉴长编》卷二六五有云："馆使、侍读莫须与他商量了？"《三朝北盟会编》卷一六二记："不知本朝所须底事，莫须应副得么？"这样，"莫须有"可作"当须有"、"岂不须有"、"或许有"、"莫非有"等多种解释，哪一种才是秦桧的本意呢？

有学者通过有关的史料考证分析，认为"莫须有"之说不是历史事实，而是无名氏《野史》编造出来的，后人失于考证，以假为真，辗转抄录，才使之成为"历史典故"。首先，一些重要宋代史籍中不载有这件事情，如史学家李焘，他与岳飞、秦桧、韩世忠是同时代人，经历过靖康之难、绍兴和议等重大事件，一生著述弘富，其《续资治通鉴长编》取材广博，考订精核，但在他所有著述中却只字不提有关"莫须有"之事。其子李也有文名，他的史著中同样不取此事。徐梦莘的《三朝北盟会编》和王明清的《挥麈录》也都没有相关记录，后者所记秦桧之事不下二三十条，却没有一处涉及"莫须有"。

其次，宋人记载此事的史籍有十余种，其中绝大多数在行文上都可以明显地看出是互相辗转抄录的，有的稍作增删，有的干脆一字不动，也有脱字或讹字的。如李心传《建炎以来系年要录》记载了此事，正文下自注，曾查阅过《王俊首状大理寺案款》、《刑部大理寺状》等资料，惟有吕中的《大事记》载有此事。在众多有关史籍中，只有熊克的《中兴小记》明确注明其材料出自野史，至于野史的作者是谁？其故事从哪里得来？就没人知晓了。所以其他记载此事的史籍，如《名臣琬琰集》、《宋宰辅编年录》、《皇宋中兴纪事本末》及《宋史·岳飞传》等，可以说都几乎辗转抄袭于《中兴小记》，难怪后来引用这条史料时，竟是这样惊人地雷同。

岳飞被害后，高宗、秦桧力主议和，抗战派官员遭到打压，许多人同情抗战派，又不能公开宣传，只能私下通过著述立说，抒发对朝中政治斗争的看法。估计野史的作者就是在这样的氛围中，得之于传闻，撰写出这一段有关"莫须有"的对答。岳珂《金佗粹编》中也有几处记载了这一故事，他在岳飞死后70余年才编此书，为了给祖父增添光彩，寻访有关的遗轶之文，看到"莫须有"一事，能增加对秦桧之流的斥责力度，自然收容入书，而无须考辨真伪，这是很正常的事。

综上所述，秦桧所说的"莫须有"三字到底是什么含义，乃至历史上秦桧说没说过"莫须有"这句话，都需要重新探索一下了。

岳飞初葬地之谜

岳飞是被迫害致死的，肯定不会有像样而确凿的墓地。20余年之后才平反昭雪，当时要以一品官位的礼仪重新进行墓葬。那么，岳飞的遗体是从哪里找来的呢？它初葬时候的情形到底是怎样的？改葬地就是如今的栖霞岭吗？

南宋绍兴十一年十二月二十九日（1142年1月27日），这是个阴霾沉沉、天色晦暗的日子，39岁的抗金名将岳飞冤死在临安（今杭州）的大理寺狱中。消息传出，平民百姓无不凄怆落泪，文人志士又都扼腕叹息，这千古奇冤令多少人悲痛万分而又愤愤不平。时至今日，杭州栖霞岭的岳飞墓前，观瞻游览者仍络绎不绝，人们为岳飞一生的高风亮节和浩然正气所感动，怀着对英雄的崇敬仰慕之情，来凭吊这位曾以爱国壮举惊天地却换来悲惨结局泣鬼神的历史人物。当人们向这位民族英雄深深鞠躬之时，有没有想过这个墓中是否真有岳飞的遗骨呢？

岳飞是作为罪犯被处死刑的，当局肯定不会允许进行什么像样的墓葬。那么，当时岳飞先被草葬在何处？什么时候再改葬栖霞岭的呢？

据宋无名氏《朝野遗记》诸书载，当天，狱官将岳飞在风波亭拉胁而死，按照规定，在狱中处死的犯人尸体应该埋在监狱的墙角下，好心的狱卒隗顺冒险背负岳飞的遗体，躲过奸党们的监视，偷偷走出监狱，翻越过高高的城墙，于临安城西北的钱塘门外，将遗体偷偷地埋葬在九曲丛祠中王显庙旁的北山之水边。岳飞身上一直怀有一玉环，也许是对妻子深切感情的一种标记，即将它殉葬在遗体的腰旁，然后在坟前种两棵橘树，作为标记。周必大《龙飞录》还说，钱塘门外的岳飞初葬之墓假称"贾宜人之墓"。"宜人"原系宋代命妇的封号，为了不让秦桧党徒们发现，只能以此作为掩饰。那么，哪里是"九曲丛祠中王显庙旁的北山之水边"呢？《咸淳临安志》载，钱塘门以北，有九曲昭庆桥、九曲法济院、九曲宝严院，此地多湖泊，故城垣曲折，九曲城、九曲丛祠也因此得名。王显庙就在此九曲城下，绍兴年间所建。明嘉靖《西湖游览志》也说："钱塘门沿城而北，旧有九曲城。"可见九曲丛祠与王显庙应在钱塘门外，估计即今昭庆寺以北一带，所谓"北山"，即今之宝石山。而南宋大理寺是在钱塘门内，所以隗顺负尸出钱塘门，到九曲城下的北山水边葬尸，较合情理。

我们知道《朝野遗记》曾编造出"秦桧矫诏害岳飞"之故事，而上述隗顺的故事似乎还是有一定的可信度。明万历十年刊本《汤阴精忠庙志》、嘉靖年间刻本《西湖游览志》、清康熙时编的《钱塘县志》等，均采用此说。有的学者还猜测，如上述故事可信的话，从上述整个墓葬活动来分析，要将岳飞尸体偷偷运出监狱，并翻越城墙，然后入棺葬在宝石山之水边，似非只身单人所易做到。也许同"隗顺"一起机智勇敢地保护岳飞遗体的，还有其他人，《朝野遗记》所载之"隗顺"，只是他们中的一个代表，或许是他们一伙人的代称。可以说，这也可算岳飞初葬时的一谜。

然而，《宝庆四明志》载，岳飞"死于棘寺，藁葬墙角"。是说岳飞死后，用草垫之类包裹，葬于大理寺的墙角。《三朝北盟会编》却说："侯中毒而死，葬于临安菜园内。"民间还有另一个传说，以为岳飞曾被葬于杭州的众安桥下。李汉魂《宋岳武穆公飞年谱·遗迹考》中记："今杭州市众安桥河下十七号忠显庙，其地南宋为北郭丛葬之所，传即岳王初瘗处。"清朝许多学者如胡兴仁、沈祖懋、杨昌浚等，都同意此说。到道光十三年（1833），杭州府司狱吴廷康正式确认此地为岳飞初葬地，并筹集资金，营建岳飞墓、岳飞庙，刊刻《岳忠武王初瘗志》，一时影响颇大。一些现代学者认为，南宋时临安的众安桥，位于钱塘门内，也就是在城内，是临安城中的商业繁华地段，如桥南还有"北瓦子"等娱乐场所，又紧靠御街的必经之地，怎么会成为北郭丛葬之所呢？

绍兴三十二年（1162），宋孝宗继位。他15岁时目睹了岳飞案的处置过程，知晓岳飞之深冤和民心之不平，为了稳定自己的统治，表明自己的抗金态度，即位不久，便接受了太学生程宏图"昭雪岳飞之罪"的上奏。七月，迅速颁布了"追复指挥"，即追复岳飞官位之命令，为其平反，恢复名誉。此时赵构刚刚禅位给孝宗，称"太上皇"，而为岳飞昭雪，绝非赵构所愿，所以孝宗这样做是需要勇气的。当然在"追复指挥"中，不但只字未及"冤案"，还要装着是仰承"太上皇"的圣意，以给足赵构面子。

皇帝"追复指挥"决定，要对岳飞"以礼改葬"，就是要以一品官位的礼仪改葬，所以朝廷贴出悬赏寻找岳飞遗体的告示。据《朝野遗记》载，隗顺临死时将葬地详细情况告诉儿子，并嘱咐说："朝廷日后必会悬赏求找岳飞的遗体，可以这样告诉官府，该棺木旁系一铅筒，上有大理寺的勒字，便是岳飞埋殡之符。"隗顺的后代便将九曲丛祠旁的岳飞初瘗地报告了官府，当官府找到岳飞的葬地，打开棺木时，发现"尸色如生，尚可更敛礼服"。于是，以少保之礼重新安葬。岳飞之子岳霖等人在淳熙六年（1179）所上的《赐谥谢表》中有"葬以孤仪，起枯骨于九泉之下"的话。中国古代称少师、少傅、少保为"三孤"，所以称"葬以孤仪"，可见以少保之礼改葬应没问题。但《朝野遗记》中"尸色如生"的记载肯定有问题，一是岳飞遇害已21年，当时草草下葬，且葬在"北山之水边",应相当潮湿之地,怎么可能还"尸色如生"呢?二是岳飞的后代们都说是"起枯骨于九泉之下",如当时"尸色如生",后辈们绝不会如此用语。可见《朝野遗记》中的描述,有多少是确凿可信的?多少是夸大其辞的?多少又是杜撰编造的?也让人摸不着头脑。

最后,岳飞的改葬地是否即在今天栖霞岭的岳墓所在地?大多数学者持同意的观点。《梦粱录》卷十五载:"忠武岳鄂王墓,在栖霞岭下。"《武林旧事》卷五也载:"栖霞岭口,古剑关,岳王墓。岳武穆王飞所葬,其子云亦附焉。"栖霞岭岳墓改葬时的确颇为隆重,其墓道两边立有石人、石马,并将边上的智果观音院改为"褒忠衍福院",以充岳鄂王香火,还存列着岳云所用铁枪。后屡经修建、改建,如明朝重建岳王庙,变动较大。最近一次修复,发现墓道两侧埋有石人、石马,估计是两宋改葬时的遗物。

可见,岳飞遗体的初葬地还有颇多疑点,改葬地在栖霞岭应该问题不大,不过也还是有人提出一些怀疑,致使有关岳飞墓的真伪,目前仍有争议。

韩世忠墓址之谜

南宋名将韩世忠的墓一直在苏州灵岩山,不知为什么民国以来学者们对其质疑,有人认为应在湖州菁山,并进行了实地考察及详尽的论证。也有学者依然坚持苏州说,同样著文进行了充分的反驳。在缺乏考古明证的前提下,问题的定论似乎还有些困难。

南宋爱国将领韩世忠(1089～1151),字良臣,延安(今属陕西)人,一说绥德(今属陕西)人。他出身贫苦,18岁从军,平西夏扰边,剿方腊起义,平苗刘之变,屡建战功,建炎三年(1129),授武胜军节度使,御营左军都统制。次年春,以水师8000阻拦金兵10万渡江,与金兀术军相持于黄天荡(今江苏南京附近)40余天,此役扫灭了金兵的嚣张气焰,颇为后世传诵。此后,在与金军的对峙中,时有捷报传来。如绍兴四年(1134),大破金兵于大仪镇(今江苏扬州西北),时论以此役为中兴武功第一。统3万兵,扼守淮河达七八年之久,使敌人望而却步,与岳飞同为"中兴名将"。反对议和,力图恢复,终不得遂其志,反而遭到猜忌。绍兴十一年(1141),与岳飞、张俊同时解除兵权。曾为岳飞冤狱叫屈,面诘秦桧:"莫须有三字,何以服天下?"自此辞去官位,杜门谢客,不再言兵,常纵游西湖,怡养天年。63

韩世忠

岁辞世，葬于苏州灵岩山。

苏州灵岩山西麓的韩墓，前面矗立着一座很有气势的"蕲王万字碑"。这是淳熙四年（1177），宋孝宗追封韩世忠为蕲王时所树立，孝宗还亲题碑额"中兴佐命定国元勋之碑"十个大字。同时，命赵雄为墓碑撰文，令周必大书丹，二人都为当时俊才，官至相位，不论文或字都属上乘。特别是记述韩世忠生平的这篇碑文，有约1.4万字，恢宏的文章令人感慨，虽不免有宣扬"愚忠"的一面，但主要篇幅还是着力于抗金恢复，将韩蕲王的英武忠烈栩栩如生地展现在人们的目前。据测，墓碑宽近9尺，连同龟趺底座在内高达3丈余。如此高大的雄碑，加上有万余字的碑文，这在国内恐怕是独一无二的，人称天下之冠。加上周围地势开阔，其墓的气度的确不凡。

据有关记载，明弘治和清道光年间都对韩墓进行过修整。1939年6月，飓风吹倒了墓碑，碎为十余块。抗战胜利后的1946年，当地灵岩寺主持妙真等僧人请工扶正，由于难复其原，只得分两段并做一排胶固。1949年之后，又对其进行修整加固，列为江苏省省级文物保护单位，今天的外表仍颇壮观。数百年来，谒韩墓者不知凡几，其中不少诗人名士借碑抒情，留下许多感人的诗作悼文。如国民党元老于右任曾在1928年至灵岩山拜谒韩墓，后作诗云："不读蕲王万字碑，功名盖世复何为。"

然而，在民国初年，就有人对此墓是否为韩世忠真墓提出怀疑，认为充其量只是一座衣冠冢，韩世忠的遗骨并不在其中。由此，争论遂起，因证据不足，成为悬案。

20世纪80年代初，有学者进行了实地考察，并查阅了有关历史资料，赵鸣、培坤、金康《韩世忠墓址考辨》提出真的韩世忠墓应在浙江湖州市西南金鸡山之东麓的青山坞。其论据为：一是明《万历湖州府志》有"蕲王韩世忠墓菁山"的记载。菁山是山名，也是古集镇名，后改"青山"。因此坐落在青山坞的韩墓与文献记载相合。二是民众的口碑材料，当地老农称菁山墓为"王墓"、"元帅墓"，还说墓主"官大得很，同岳飞一起打过仗"。附近有一桥，名"韩家桥"，当地老农说，据传是韩府守墓家丁所造，而守墓家丁的后代，一直在这里生活到清同治年间。三是墓址气势非凡，金鸡山突兀于墓之西北，山脊绵延一公里，呈龟龙状。韩墓所在地即为"龙首"右侧，居高临下，极目远眺，气吞山河。按"文左武右"，韩世忠为武将，葬之右侧，礼仪得当，也符合其蕲王之身份。四是墓的规格、形制，背高10米，直径25米，有坟祠痕迹。墓前一坪台，曾设有龟驮的墓碑、华表、牌楼、界碑和祭奠用的石桌、石凳等，现还存有石人、石马、石羊各二，排场不小。再前面是一片开阔地，呈斜坡形，有明显的坟城迹象，是个顶边宽40米，底边宽160米，两边各长140米的梯形坟城。总之，其墓阙之宏伟，气势之浩大，非"王"莫属。

再看苏州灵岩山韩墓，有许多不合情理之处。一是碑高3丈，宋代任何一个皇帝的墓碑都未达到过3丈，韩世忠的墓制规格怎么能僭越犯上？所以，此墓碑必定是明清时所造。二是韩世忠卒于绍兴二十一年（1151），到孝宗追封蕲王，这一时期，苏州、镇江、扬州一带一直是宋金争夺的区域，韩墓不会葬于这战乱频仍的地方。相反，湖州地区是韩氏统兵后期的辖区，韩家在这里有相当基础，归葬于此较为合适。三是灵岩山地形较露，山不成龟龙之势，不是王墓的理想之地，远不及群山环抱的湖州菁山。四是有关韩世忠葬在灵岩山的记载文字甚少，只有清同治《苏州府志》一条史料。而菁山韩墓却有大量的历史资料证明，其中最早的是南宋《嘉泰吴兴志》，其编纂时间距韩世忠离世仅50余年，可信度不言而喻。可以推测，由于韩世忠率军队在苏州一带驻屯多年，坚持抗金，奋勇杀敌，有关战役及其夫妇的轶事也在民间广为流传，这里的人民忘不了这位抗金英雄，为了永久的纪念，所以修筑了灵岩山韩墓。

但也有学者提出商榷，张志新、姚勤德《也谈韩世忠的墓址问题》指出，南宋嘉泰《吴兴志》不仅版本差，且也没有关于韩世忠墓的任何记载。又查明嘉靖《吴兴掌故集》、清乾隆《湖州府志》、同治《湖州府志》、光绪《吴兴记》、光绪《乌程县志》等，均未见有载韩世忠墓的任何材料。所谓湖州菁山韩墓"有大量的历史资料证明，其中最早的是南宋《嘉泰吴兴志》"的说法，是缺乏依据的。

那么，为什么明万历《湖州府志》会有蕲王韩世忠墓在菁山的记载呢？在查阅了诸多吴兴的地方志乘后，初步推断是：万历《湖州府志》将清河郡王张俊之墓误载为蕲王韩世忠墓了。理由是：一、张俊与韩、岳同为南宋大将，还曾助秦桧陷害过岳飞，事迹昭昭，且同封为"王"。二、张俊之墓确在菁山，《吴兴掌故集》、乾隆《湖州府志》诸书都有载。三、万历《湖州府志》恰恰未载张俊墓，所谓民众口碑材料称菁山墓为"王墓"、"元帅墓"，还说墓主"官大得很，同岳飞一起打过仗"等也都与张俊的身份相合，可见其误载的可能性很大。而明确说这是"韩世忠墓"的，也许只是少数人的误传。

最主要的还有墓葬的规模问题。宋代是比较讲究礼仪的，诸臣丧葬都需按《礼院例册》的有关规定进行，如："诸一品、二品丧……诸葬不得以石为棺椁及石室"。《宋会要》也载："勋戚大臣薨卒……坟所有石羊虎、望柱各二，三品以上加石人二。"乾德年间规定，一品礼"墓方园九十步，坟高一丈八尺，明器九十事，石作六事"。（《宋史》卷一百二十二卷）菁山大墓既发现了石椁，墓上还设有石人、石马、石羊和众多的石制品，可见此墓的形制与宋代的礼例不符。华表、牌坊、石人、石马、石羊等的配列情况，在明清墓上较为多见，因此很可能是明清墓，而不是宋墓，就是说既不是韩世忠墓，也不是张俊墓。

至于所谓苏州灵岩山韩墓诸不合情理之处，并不能成立。一其墓碑由宋孝宗敕命所建，还亲笔题有碑额。实测碑高有五米三五，龟座高一米七，额高一米二，总高八米二五。与明代徐达墓神道碑差不多。问题是宋皇陵碑的高度，未能找到有关资料。但据有关情况估计不会比韩墓碑小，说韩世忠墓僭越制度，缺乏根据。二说苏州为当时的战乱地区是不对的。建炎四年(1130)，金军在抗金力量的打击下开始北退。绍兴四年(1134)，南宋诸路大军均有战绩，绍兴和议后疆域基本保持在淮河、秦岭一带。绍兴三十一年(1161)，金主亮大举南侵，也没有越过长江。三灵岩山成不成"龙"势，并没有一致的标准，不能在今天的交通条件下去判断。如《灵岩山志》对其山的形势就倍加称颂，明黄习远《韩蕲王墓诗》就称灵岩山有"龙脉"。四记载灵岩山韩墓的文字不少，如明洪武《苏州府志》、正德《姑苏志》、《吴邑志》、《吴中灵岩山志》，清《江南通志》等记载都非常详尽，有清以来，几乎没有一部苏州、吴县的地方志不载韩墓在灵岩山的。

韩墓神道碑碑体过高而龟趺显得较小，这与明清时代龟大碑矮，比较稳健的风格不同。碑文基本均已风化，字迹漫磨殆尽，说明碑经历了较长时间的风吹日晒，与明清诸墓文字清晰的碑体又不同。韩墓神道碑之边饰云纹比较古雅；碑额之夔龙显得短拙而简洁，雄浑而有力，与明清时代盘曲多鳞，细长夭矫的风格不同。所有这些都构成了韩墓碑不同于明清碑刻的显著特点。可以说，韩墓碑流传的序，有明显的宋代风格，《宋史·韩世忠传》又本之于碑文，可见其碑不可能是伪作。

最后，韩世忠为什么要葬在苏州？其直接原因就是碑文中所说："敕葬于此"。即是宋高宗敕命将他葬在苏州灵岩山的。其间接原因，应与韩世忠领军长期驻扎苏州有关，韩府曾设置于苏州城内。那么其是不是衣冠冢呢？据《宋史》记载，韩世忠大葬时，"赐朝服，貂蝉冠，水银，龙脑以敛"。"敕命徐伸护其事，吴、长洲两县令奔走供役"等。韩墓不可能是衣冠冢，当时也没有建衣冠冢的制度。更不可能像某些学者推测的那样，为防备金人或其他人的破坏，而去建造这样一座巍伟的假墓。

学者的辩论转了一圈，还是回到了苏州灵岩山韩墓，这次辩论是否真的搞清了韩世忠墓址呢？似乎仍有待进一步作考古的判断。

权臣韩侂胄为人之谜

南宋权臣韩侂胄，在宋宁宗时期主持了两件大事：庆元党禁和开禧北伐。如何评价这两件事，或者说如何评价韩侂胄这个人，自南宋以来就有不同看法，至今史学家们的分歧还是大。因为这问题确实令人费解。

韩侂胄(1152～1207)字节夫，相州安阳(今属河南)人。北宋名臣韩琦曾孙，父亲韩诚娶高宗皇后吴氏的妹妹，官至宝宁军承宣使。以父任入官，淳熙末，以汝州防御使知阁门事。光宗以疾不执父丧，中外舆论汹汹，赵汝愚议定策立太子。因韩与太皇太后吴氏的关系，赵汝愚遂请韩侂胄助一臂之力。韩便通过熟人太监向太后转达了诸大臣的建议。后在太后的主持下，太子赵扩即位，是为宋宁宗。

扭转国事危机，韩与赵谈及论功请封之事，自以为起码能得个节度使之类的封疆大臣的职位。不料，赵汝愚说："我是宗室，你是外戚，不应论功求赏。"于是韩只迁宜州观察使兼枢密都承旨，韩感到非常失望，遂与赵汝愚有隙。而宁宗皇后韩氏，又是韩侂胄的侄孙女，韩一身兼两重国戚，更持有定国策立新君之功，在朝中的权力渐增。宁宗年轻幼稚，对这位国丈爷也就很迁就，韩逐渐在朝中培植党羽，主要是安插亲信于台谏。

朱熹奏劾其奸，韩怒而使戏子峨冠阔袖扮成朱熹讲学模样，使宁宗感到迂阔好笑，将朱熹罢职奉祠，贬出政坛。吏部侍郎彭龟年请留朱熹而逐侂胄，被出为地方官，而韩进保宁军承宣使。赵汝愚为相，两人貌合神离，怨仇益深。韩与言官谋，奏劾汝愚谋危社稷，以宗室居相位，将不利国家。庆元元年（1195），赵汝愚罢相，出知福州。一些官员见状，上疏苦言汝愚之忠，罢相不当，俱遭到降黜。六名太学生也联名上书，指斥言官枉害大臣，尽遭流放，人称"庆元六君子"。

韩侂胄拜保宁军节度使，其党羽斥朱熹理学为伪学，搜罗朝野，将赵汝愚、留正、周必大、朱熹、彭龟年等一批官员，统统列入"伪学逆党"的名籍中，网尽有关名士，共59人，一并坐罪，或贬黜，或流放，兴"庆元党禁"。后赵汝愚暴卒于贬地，朱熹在福建故土离世。而韩侂胄拜少傅，迁少师，封平原郡王，进太傅、太师，一路飙升，成为权臣。嘉泰初，有人提醒韩，再不开党禁，将来不免有报复之祸。遂解伪学党禁，追复赵汝愚、朱熹职名，留正、周必大等先后复秩还政，一大批健在者复官自便。

开禧元年（1205），韩除平章军国事，序班丞相之上，三省印并纳其第，权倾朝野。用进士毛自知策，以苏师旦等为心腹，谋开边自固，恢复中原。其间，罗致了一些名士，如薛叔似、叶适等，起废显用辛弃疾等抗战派官员。又追封岳飞为鄂王，夺秦桧王爵，改谥谬丑，这一举动大得人心。并输家财20万以助军用。

开禧二年四月，拉开北伐战幕，兴兵分东、中、西三路攻金。初战泗州小胜，后因所用非人，措置失当，中路先败，东路又遭宿州之役惨败，而西路副帅吴曦叛变投敌，为忠义之士所杀，北伐失利。遂遣使请和，因金人要索甚苛，复锐意用兵。礼部侍郎史弥远与杨皇后密谋，命人将韩骗至玉津园杀害，函首送金廷乞和，终签嘉定和议。

韩侂胄死后，人们多以奸臣论之，尤其是以理学为宗的士人们。如在宋人笔记中，其事迹也大多以讥嘲、贬斥的口吻加以描述。如韩曾褒岳（飞）贬秦

（桧），然而岳飞的孙子岳珂，却在其笔记《桯史》中讽刺韩侂胄兄弟，鞭挞其权倾一时，已有"霍氏之祸萌于骖乘"之迹象。元初《宋史·韩侂胄传》，极为鄙夷他的为人和任政，说他如何权欲熏心，从一得势就"时时乘间窃弄威福"，常常背着皇上，私下处理政务，却又谎称御笔批出。言路皆安排亲党，残酷打击异己，迫害道学。为巩固地位和盗取功名，不自量力，轻率北伐。最后战事惨败，祸国殃民而自取其戮。这一观点遂为正统史家所沿袭。

不过，也有为韩抱屈者。南宋末周密《齐东野语·诛韩本末》首先提出异议，说韩侂胄"身隙之后，众恶归焉；然其间是非，亦未尽然"。许多有关韩的丑事恶事，"亦皆不得志抱私仇者撰造丑诋，所谓僭逆之类，悉无其实。李心传蜀人，去天万里，轻信纪闻，疏舛固宜。而一朝信史，乃不择是否而尽取之，何哉？"可见有些史载也不可轻信。近代史学家邓之诚的《中华二千年史》卷四也认为：韩侂胄"操弄威福，有废立之渐，无不臣之心，其所行事，亦善恶互见，不尽如宋史所诋"。如"尽以奸臣目之，不免门户道学之见"。

韩侂胄一生主要做了两件事：庆元党禁和开禧北伐。如何评价这两件事，也就是评价韩侂胄为臣为人的关键所在。恰恰在这两件事上，人们也各执己见，或截然对立。

有学者认为，庆元党禁的发动者使党争以道学之争的面貌出现，对政敌所主张的道德规范、价值观念，在歪曲丑化的前提下借政权力量予以全面声讨与彻底扫荡，而声讨与扫荡的正是士大夫长久以来藉以安身立命的东西。于是，一切是非都颠倒了，人们毁方为圆，变真为佞，其弊不可胜言。同时，韩氏借此走上权臣之路，专断朝政。（《细说宋朝》）

也有学者认为，庆元党禁使"道学的虚伪、欺骗的本质被揭穿，孔、孟、程、朱的门徒，无地自容，是理所当然的"。（《中国通史》第五册）理学后成为一统天下之官学，它严重束缚了中国知识分子的思维空间，阻碍了中国文化的创新发展，对它进行些揭露，不无益处。当然这类对理学的打击，也只是统治者内部的党争而已，斗争过于残酷。

否定开禧北伐者，如虞云国《细说宋朝》认为发动者纯属政治投机和军事冒险，不认真衡量敌我的力量对比。"南宋自个儿未有振起之形，却要去打'宇内小康'的金朝，其结局不言而喻"。所以，其是在专制独裁政体之下，以民族或统一的名义，贸然将国家拖入一场"不度事势"的战争，给人民带来更大的灾难。郦家驹也认为，把金章宗时的形势估计为乱亡之势指日可待是缺乏根据的，韩发动的北伐是对辛弃疾的曲解，不但用人不当，错误估计形势，而且是为巩固自己权位的一种政治投机，不见得是坚定的抗战派。

而周密《齐东野语·诛韩本末》说："寿皇（宋孝宗）雄心远虑，无日不在中原，侂胄习闻其说，且值金虏寖微，于是患失之心生，立功之念起矣。"是说开禧北伐乃继承孝宗皇帝恢复中原之遗志。当时抗战派人士也深受鼓舞，如辛弃疾嘉泰末入朝，在分析金朝的国内形势后，力言"金国必乱必亡"，要求宋廷委付大臣备战北伐。北伐初胜时，辛弃疾还作词赞颂韩侂胄。陆游也对韩侂胄北伐寄予很大希望，82岁了还作诗言志："中原蝗旱胡运衰，王师北伐方传诏。一闻战喜意气生，犹能为国平燕赵。"似乎还想上战场，从这位老人身上能折射出当时民众的振奋精神。韩侂胄被害，嘉定和议后，陆游又写了一首《读史》："萧相守关成汉业，穆之一死宋班师。赫连拓跋非难取，天意从来未易知。"诗人借古讽今，认为由于韩侂胄之死，才导致宋军抗金的失败，反对史弥远的投降。

由此肯定开禧北伐者，认为北伐动机不纯说不能成立，北伐代表了人民的愿望和国家的统一，对一个大官僚追求这样的"功利"，我们不必苛求其"动机不纯"。当时金政权正处于由盛转衰的过程中，蒙古、西夏北方诸族的一连串反抗斗争，还有旱荒等灾害，使其统治有一定危机，而南宋有一定的潜在实力，国内也较稳定，北伐条件是基本具备的。这时发动北伐战争是正义的，虽然由于种种原因而失败了，但不能全盘否定。"军事惨败"说也值得怀疑，其失败主要是政治上指挥的失误和史弥远集团的妥协投降所致，所以史弥远一伙的求和投降才是北伐失败的罪魁祸首。

蔡美彪等著《中国通史》第五册《宋史》相关章节概括评论道："韩侂胄执政前后十三年，反道学，贬秦桧，发动北伐战争，虽然由于用人不当，遭到叛徒和投降派的破坏而失败，但在政治上、思想上产生了深刻的影响。岳飞因抗金得胜而被谋害。韩侂胄大力反朱熹，长期遭到孔、孟、程、朱门徒的咒骂。元代儒生修《宋史》，特立《道学传》崇程朱，又立《奸臣传》不列入史弥远，反而将韩侂胄与秦桧并列，辱骂他是'奸恶'。这段被歪曲了的历史，应该恢复其本来面目了。"

虞云国《细说宋朝》对韩持基本否定观点，前已略述，分析得也相当透彻。但又指出："韩侂胄是权臣，却不是奸臣与逆臣，《宋史》将他列入《奸臣传》，显然有失公正。"正如郦家驹也认为把韩侂胄与秦桧并列为奸臣确实不公平，应作重新评价。其实从上述分析的各种情况而言，如何评价韩侂胄的历史功过，确实是一件非常困难的事，绝非是一个"权臣"概念所能包含的。

朱熹籍贯之谜

朱熹的祖辈为江西婺源人，不但祖坟在婺源，而且皇帝下诏朱熹故乡婺源为阙里，还诏旨在婺源兴建朱熹祠庙。然而朱熹父亲带着祖父较早就移居了福建，朱熹不但出生在福建，且一生大部分岁月都在福建度过。你说朱熹的籍贯在哪里呢？

朱熹字元晦，后改为仲晦，别号晦庵，60岁后称晦翁、晚号遁翁，又号云谷老人、沧州病叟、邀翁、紫阳等。在古代社会中，出名的文人有众多别号，并不稀奇。奇怪的是，朱熹著述文章，往往采用不同的籍贯，作为署名时的定语：如邹县朱熹、吴郡朱熹、丹阳朱熹、平陵朱熹、新安朱熹、婺源朱熹、紫阳朱熹……这一现象使人们产生疑问：朱熹怎么会有那么多的籍贯？尤其是邹县、吴郡、丹阳、平陵等地，宋时早已撤置，朱熹为什么将这些地方作为自己的籍贯呢？

这要从朱熹的先祖说起，答案只能在其祖上不断改变的迁徙地中寻找。据考索，朱熹的始祖邾子所居邾国，就位于山东南部的邹县，"讦"通"熹"，所以朱熹时会署名"空同道士邹讦"，"邹讦"即"邹县朱熹"。到战国末年，邾灭而迁沛，沛地属徐州，朱熹的先人移居江苏徐州一带。后汉时又迁回山东北部的青州，然后再南迁过江至吴郡（今江苏苏州）、丹阳（位今安徽马鞍山东南的当涂县境内）等地，东晋时朱氏再迁平陵县（今江苏溧阳县西北），唐时再迁至徽州黄墩，隋唐时或称新安郡。上述朱氏先祖的迁徙情况，主要得之于族谱的记载，而族谱中采于传说，自行附会之处俯拾皆是，许多地方是不可靠的。而朱熹将其作为籍贯别号，可见其怀祖思想之浓烈。

朱熹之宗族真有史实可考的家谱，是从唐末开始。其远祖朱古寮当时在歙州刺史陶雅手下为将，率兵戍守婺源，遂在此安家，当地的紫阳山颇有风光，遂成为地方的一个标志。

朱氏在这里生活到第八代，就是朱熹的父亲朱松，进士出身，北宋宣和年间授建州政和县尉，正逢睦州方腊起义，危及家乡，便携全家寓居政和（今属福建），其父朱森（朱熹祖父）随子赴闽，后病死也葬于政和县。朱松调任剑州尤溪（今属福建）县尉，家又迁居尤溪，建炎四年（1130），朱熹就诞生于此地。

朱松后又当过秘书省正字、校书郎、著作郎、度支员外郎诸职，性情刚直，不久辞官，退隐尤溪城外毓秀峰下。绍兴七年（1137），移居建州建瓯（今属福建）。绍兴十三年（1143），朱松过世，托孤于朋友、右朝议大夫刘子羽，刘在其家乡崇安（今福建武夷山）的五夫里盖房，安置朱熹母子，生活颇为安逸。绍兴十七年（1147），朱熹在建州（今福建南平）参加贡举考试，说明朱家早已取得当地的户籍。

朱松虽携眷长期寓居福建，但作为"婺源著姓"，在婺源老家仍有一定的产业，且还不时怀念故乡。朱松在福建做官，曾以"紫阳"之名刻其印章，以念故土。朱熹后在崇安寓居时，"在五夫里之潭溪，晦翁筑室于此，扁曰："紫阳书堂"（《崇安县志》）。据《朱子年谱》载，朱熹曾两次回婺源老家：第一次是绍兴二十年（1150）春，朱熹21岁，回老家省墓。第二次是淳熙三年（1176）春，朱熹47岁，也是回去修整祖墓。说明朱熹与老家

朱　熹

婺源一直保持着联系。

然而，朱熹一生71岁，有50多年生活在福建武夷山及其周围的闽北地区，其中在尤溪约8年，在建瓯约7年，在崇安（今武夷山）一带生活了30余年，而外出为官或活动的时间合计才13年多。晚年根据父亲的遗嘱，移家定居于建阳县（今属福建）的考亭，生活了五六年时间，其实此地离武夷山也很近，世称"朱考亭"，死后葬于建阳塘石里之大林谷。后人称朱子学派也或作"考亭学派"。

从上述情况看，作为"婺源著姓"的朱家，从唐朝末年到北宋末年，在徽州婺源生活了200余年，那么，朱熹的籍贯应该是"徽州婺源人"，《宋史》本传也如是记载。南宋度宗曾下诏朱熹故乡婺源为阙里，元代又诏旨在婺源兴建朱熹祠庙。清代已形成如此观念：婺源之有朱子，犹如邹县之有孟子，曲阜之有孔子。所以婺源是朱熹的籍贯，应无疑问。问题是徽州处于浙江、安徽、江西的三省交界处，清康熙年间此地属安徽省，有人据此以为朱熹是安徽籍。民国时期，婺源划归江西，故也有人以为朱熹应为江西籍。

最麻烦的是，有人提出朱熹应为福建籍，理由是朱熹出生时，其祖父、父亲两代人已移居福建。朱熹不但出生在福建，且一生大多数时间也在福建度过。就以古代户籍制度而言，有正籍、寄籍、占籍之分，祖父、父亲及本人三代都居于当地，立有户籍，即为"正籍"，正籍就意味着取得了当地籍贯的法定资格。其18岁时在建州参加贡举考试，便是最好的佐证。然而，朱熹出生在尤溪、户籍科举在建州，一生主要的读书写作生涯在崇安度过，晚年及葬在考亭，其中哪一个算其区域籍贯呢？

从上述情况来看，要确定朱熹的籍贯是不容易的。问题是中国在确定一个人的籍贯方面所使用的标准还颇模糊，一遇上像朱熹这样较为复杂的人物就无能为力了。

"朱、唐交奏"案之谜

大理学家朱熹与学者型官员唐仲友在南宋中期突然交奏起讼，彼此攻讦，大有不共戴天的味道。朝野舆论顿时哗然，人们纷纷猜测，其原因何在呢？在分析了各种因素之后，还是理不出个所以然来。

南宋孝宗淳熙九年（1182），发生了一桩轰动朝野的弹劾公案，提举两浙东路常平茶盐公事朱熹，连续上了六道奏章，弹劾台州知州唐仲友不法之事，措辞激烈，举证繁杂。唐仲友也不甘示弱，驰奏辩白，并反过来指责朱熹弄虚作假，执法违法。朝野上下顿时舆论哗然，士大夫们议论纷纷，或尊朱抑唐，

朱 熹

或褒唐贬朱，毁誉相半，莫衷一是。

宋孝宗接到朱熹的弹劾状和唐仲友的声辩疏，互相揭发的都是一些当时士大夫中司空见惯的"不法行为"，如私狎官妓、私役工匠、经商谋利等，一时也难以判别是非，只得问宰相王淮，王淮只轻描淡写地评论道："只是秀才争闲气罢了。"最后，朝廷只得"两平其事"，没有加罪于唐仲友，只是撤销了对唐的江南西路提点刑狱的任命而已。

唐仲友，字与政，婺州金华（今属浙江）人，颇有才华，绍兴二十四年（1154）进士，历任建康府学教授、秘书省正字、知信州、知台州。曾上万言书论时政，做学问方面偏重儒家经制，代表作是《帝王经世图谱》十六卷、《六经解》一百五十卷，还有《孝经解》、《九经发题》等，大都已失传，不过说明唐仲友也是一位进士出身的学者型官员，学者称说斋先生。朱熹是绍兴十八年（1148）进士，著作等身，时已为理学大家。那么，两位饱学之士，为何彼此攻讦，发动这场公案呢？

朱熹在提举浙东常平茶盐公事任上才一年，就一连奏劾了好几个贪官污吏。如奏劾绍兴府差指使密克勤偷盗赈济的官米四千余石，弹劾隐瞒灾情、谎报政绩、横征赋税的衢州守臣李峰，奏劾元差监酒库张大声、孙孜等人检放不实，还弹劾了依仗权势兼并土地、赈粜济米时减克升斗的县尉朱熙绩，又奏劾知江山县王执中、知宁海县王辟纲等渎职……作为监司，就应该监察各地方官吏的行政行为，这是朱熹的职责，所以朱熹同样弹劾知台州唐仲友的不法之事，这也应在情理之中。况且朱熹经过周密的调查和紧张的审讯，掌握了唐仲友在台州大量不法行为的证据，案件牵连到数百人。根据当时朱熹和唐仲友的地位和处境，朱熹不可能凭空捏造唐仲友的罪行，就是说，朱熹的六道奏章中所说的罪状大都是事实。所以，它为什么不可以是正常的官场行政行为呢？

可能因为朱、唐二人都为学界名人，名人交讼，且又连上数道奏章，引起人们的格外关注，由是各种猜测纷纷出笼。一般以为，朱、唐矛盾，主要是由两人学术见解的分歧而引起的。在理学方面，唐仲友的许多观点与朱熹相左，有的还针锋相对。唐仲友与宰相王淮是同乡，还有姻亲关系。王淮曾擢迁郑丙为吏部尚书、陈贾为监察御史，使两人协力攻击朱熹的道学，开庆元伪学党禁之先声。唐仲友与郑丙等的关系也都不错，也曾跟着王淮反对道学，自然与朱熹产生嫌隙。

还有人以为先是吕祖谦曾与唐仲友同书会时有龃龉，而朱熹总是袒护吕祖谦，而故意抑制唐仲友，因此两人埋下了不和的种子。其实，当时士人之间的学术见解有分歧是正常现象，如陈亮与朱熹友善，然论学则冰炭不相容，两人曾进行过多次"王霸义利之辩"。朱熹与陆九渊、吕祖谦之间，也都曾用书信往来或讨论会的形式，进行过激烈的学术争论，但互相间相处还是一如既往。所以，朱、唐间发展到两人在政治上互相攻击，乃至你死我活的尖锐程度，想必还应有其他相关的一些原因。

周密《齐东野语·朱唐交奏本末》认为，是唐仲友平时恃才傲物，轻侮朱熹，而陈亮颇为朱熹所推重，与唐仲友却时有矛盾。有一次，陈亮游历台州，看中一名官妓，就嘱托唐仲友为其赎脱官籍，以便自己能与之相好，唐答应了。唐仲友在一次集会上遇到这个妓女，就说："你果真想跟从陈官人吗？"妓女被问得不知如何回答，唐却接着说："那你就要做好忍饥受冻的准备才行。"此妓听了若有所悟，显得非常怨愤。自此，陈亮再去此妓女家时，再也看不到从前她那曲意奉承的样子了。陈亮知道被唐仲友所玩弄、出卖，便去见朱熹。恰巧朱熹任两浙东路监司，问起："近日小唐又在说什么坏话了？"陈亮乘机挑唆道："唐仲友说你连字都不识，如何当监司？"朱熹听了，心中不快，一时新恨旧账一起涌上，借口部内有冤狱，要求再次巡查。朱熹到达台州时，唐仲友偏偏又出迎怠慢，朱熹就更相信陈亮的话了。于是马上收缴了唐的官印，交付给随从官员，开始搜集唐在台州为官时的种种越轨和不法行为，写成奏状向朝廷告发。

其中主要是说陈亮在其中挑唆。陈亮，字同甫（或同父），婺州永康（今属浙江）人，饱读史书兵法，下笔数千言立就，政论气势纵横，词作才气豪迈，还喜谈边塞攻略之事，学者称龙川先生。几次诣阙上书，极论时事，反对和议，力主抗金。遭人嫉恨或被人诬告，几度入狱。然而出狱后，志气益励。绍熙四年（1193），中进士第一，授签书建康府判字公事，未行而卒。为人脾性豪放，他会做出上述偏狭小家之举吗？同时，朱熹也会为唐仲友"连字都不识，如何当监司？"一句类似玩笑话，就恨得咬牙切齿吗？近代学者王国维在《人间词话》中断言："宋人小说多不足信……所记朱、唐公案，恐亦未足信也。"

然而有学者指出，陈亮挑唆一说还是有蛛丝马迹可寻。陈亮在淳熙十年写给朱熹的一封信中透露："去年之举，'震'九四之象也……至于人之加诸于我者，常出于虑之所不及，虽圣人犹不能不致察。奸狡小人虽资其手足之力，犹惧其有所附托，况更亲而用之乎！物论皆以为其平时乡曲之冤一皆报尽，秘书（指朱熹）岂为此辈所使哉！为其阴相附托而不知耳。亮平生不曾会说人是非，唐与正乃见疑相谮，是真足当田光之死矣！"话中一方面反驳"物论"所说朱熹把唐仲友平时造就的"乡曲之冤"全部报尽，指出朱熹是不会受唐的"乡曲"指使的。一方面也极力为自己辩护，表白"至于人之加诸于我者"，"亮平生不曾会说人是非"。由此判断，唐仲友确曾怀疑是陈亮从中挑唆。那么，到底陈亮是否在其中有所挑唆？又对唐仲友加以何等不实之词？而促使朱熹最终采取这极端手段，我们还是不得而知。

朱熹思想评价之谜

朱熹完成的理学思想体系，对中华民族产生了长久的、深刻的影响。然而人们对于它的历史作用的评价，在不同的历史时期却大相径庭，其波动幅度之大，真可谓一个捧上九天，一个打入地狱。其中，各类学者采各自完全不同的说法，其观点也或有天壤之别，这在学术界实在是非常少见的。

朱熹受业于父亲朱松及胡宪、李侗诸师，得程颢、程颐之传，兼采周敦颐、张载诸人的学说。以儒家的政治伦理观为中心，糅合佛、道思想，把自然、社会、人生等方面问题融为一体，集北宋以来理学之大成，完成了一个对中国古代社会后期影响巨大的理学思想体系。主要著作有《四书章句集注》、《伊洛渊源录》、《资治通鉴纲目》、《名臣言行录》、《书集传》、《诗集传》、《楚辞集注》、《周易本义》等，后人为其编纂了《朱子语类》、《朱子遗书》、《朱文公文集》、《朱子全书》等。可称成就斐然。

绍兴十八年（1148），朱熹19岁登进士第，后授同安县主簿。乾道时为枢密院编修，至淳熙中，年近50才迁知南康军，改提举浙东茶盐公事。光宗时，历知漳州、秘阁修撰、知潭州等职。《林下偶谈》载："晦翁帅潭，一日赵丞相密报：'已立嘉王（宁宗）为今上，当首以经筵召公。'晦翁藏袖内，竟入狱取大囚十八人立斩之。才毕，而登极赦至。"或可见其为官作风。宁宗即位，朱熹65岁，除焕章阁待制兼侍讲，给皇帝进讲《大学》。但只做了46天侍讲，就被免职。时朱熹见权臣韩侂胄结党把持朝政，便直言上疏，指斥韩侂胄任意进退大臣，紊乱朝纲。韩大怒，遂把朱熹看作眼中钉。

绍熙五年（1194）十月的一天，宁宗召倡优们进宫演戏，韩侂胄特地别安排让戏子峨冠阔袖，扮成朱熹讲学模样，并把朱熹倡导的性理之学擅改为诙谐迂阔的空谈，让宁宗感到轻浮好笑。韩便向宁宗说道："朱熹所讲道学实是伪学，毫无用处，此人不可再用。"当时一些文人在诗词、文章里也时或斥责其道学的空谈性理、无用误国。宁宗本来就不太喜欢这个古板的教书老头，便正好下诏解除了朱熹的侍讲官职。朱熹只得带着提举宫观的闲职，回到福建崇安，在家乡召徒讲学，从此被逐出政坛。

庆元二年（1196），朱熹在家讲学，听到朝中一些大臣无辜被害，上章力辞其闲虚职名，以表愤慨。而权臣见

程 颐

辞章，又奏劾朱熹十大罪状，下旨削去朱熹职名。学生蔡元定等也被指责佐熹为妖，编管道州（今湖南道县）。这十大罪状中，虽有许多诬蔑不实之词，但在用一些事实揭露其道学的虚伪方面也不无价值，如揭发讥讽朱熹"诱引尼姑二人以为宠妾，每之官则与之偕行，谓其修身可乎？""据范染祖业之山，以广其居而反加罪其身"等。朱熹在《落秘阁修撰依前官谢表》中也承认："私故人之财，而纳其尼女，规学官之地，而改为僧坊。"不久，朝廷又加以"伪学逆党"的罪名，进行大肆迫害。朱熹作为"伪学"之首，被官员学人们纷纷横加指责和攻击，所有著述被查封，甚至有人上书乞斩朱熹。其门徒有的进山隐居，不敢露面；有的易衣冠，狎游市肆，以示与"伪学"划清界限。朱熹晚年就在如此寂寞惨淡的境遇中，遭受煎熬。

庆元六年（1200），朱熹在悲愤交织中病卒，享年71岁。官府的罪名约束和严密监视，使其众学生不敢前来奔丧吊唁，葬礼十分凄凉。这位一生为封建统治呕心沥血的思想家，结果却被统治者列为"伪学之师"而含恨离开人世。他的有关"理学"的思想体系全被作为"伪学"，受到禁锢和排斥，朝廷还立《伪学逆党籍》，株连所及，有记载的就有五六十人。

但随着历史的发展和时代的变迁，朱熹"理学"思想的理论价值愈来愈被统治者所赏识，也愈来愈被推崇。朱熹死后第九年，朝廷就诏赐朱熹遗表恩泽，"谥曰文"，称"朱文公"。次年，追赠朱熹为中大夫、宝谟阁学士。嘉定五年（1212），把朱熹《论语·孟子集注》列入字学。到宋理宗时，皇帝进一步认识到"理学"有补于治道，遂特赠朱熹为太师，追封信国公，按祭祀孟子的礼仪来祭祀朱熹。宋度宗进一步下诏朱熹故乡婺源为阙里，"赐（朱）文公阙里于婺源"，已有把朱熹抬高到孔子相当地位的味道了。

元代时，诏定以朱熹《四书集注》试士子，复科举。这样，朱熹理学的官方统治地位渐次确立。后又下诏在婺源兴建朱熹祠庙，命其五世孙朱勋管理，受历代统治者的朝拜。到至正二十二年（1362），改封朱熹为"齐国公"，追谥朱松为"献靖公"，又改封"粤国公"。明代太祖、成祖都极尊崇朱学，不但继续以其为官学，规定《四书五经》、《性理》、《通鉴纲目》、《名臣奏议》等为读书和科举的范围，且下令天下学官，祭祀朱熹，朱熹后裔可世袭爵禄，朱熹几乎取得与孔子同等的地位。清康熙令编《朱子全书》，且亲为作《序》，直把朱熹喻孔子，预言"朱子立亿万世一定之规"。康熙五十一年（1712）谕旨，朱熹的牌位从孔庙东庑先贤之列移至大成殿"十哲之次"，配享先圣，其统治地位已无可动摇。

朱熹被抬入孔庙，理学被捧为官方御用哲学，甚至许多士人把程朱理学诸籍与衣食完全等同起来。有学者认为，朱熹独能兼孔、颜、曾、孟之长。有人说："天不生孔子，三代以上如长夜；天不生朱子，三代以下如长夜。"朱熹有这样一句话："非徒有望于今日，而又将有望于后来也。"（《戊申封事》）这句话是应验了。

然而近代以来，人们也愈来愈感到以朱熹为旗帜的宋明理学已成为社会发展的桎梏，其思想核心观念严重阻碍社会进步。朱熹理学中"存天理、灭人欲"的教条，就是把"三纲五常"看成天经地义、神圣不可侵犯的"天理"，而把一切不合"三纲五常"的思想行为都视作"人欲"，是大逆不道的，务必革尽除绝。为了加强君主统治这个"天理"，必须消除一切对社会不满，反对统治者的意识和言论，因为这些都是"人欲"。统治者便可从一本书、一首诗、一篇文章甚至一个字中罗织罪名，残害具有所谓"异端"思想的人。明、清两代如此惨烈的文字狱，就是在这个理论下，名正言顺地杀人，迫害无辜的生命。统治者将自己崇奉的思想捧为"天理"，然后不择手段残酷迫害"异端"，逐渐成为根深蒂固的体制传统，成为中国近代化进程中最大的文化基因障碍。

同时理学又大力提倡"饿死事小，失节事大"，用封建礼教杀人，其中受害最深、最烈的就是妇女。在朱熹祖籍的安徽，据《休宁县志》载，在"灭人欲"观念的引导下，明代"节妇"、"烈妇"就有400余人，清道光间女子"不幸夫亡，动以身殉，经者、刃者、鸠者、绝粒者，数数见焉"，"处子或未嫁而自杀、竟不嫁以终身"者达2000余人。朱熹老家婺源，"节烈"、"节妇"、"节孝"等牌坊有百余处，南宋至清光绪四年，有关妇女达7000余人。在朱熹长期生活的福建，据《福建通志》载，就闽南十二县不完全统计，明清两代未婚妻守节、夫亡殉节的，就有近千人，其中受朱熹影响最深的同安、晋江、尤溪三县受害最甚，如晋江城郭的旌表贞节牌坊，几乎触目皆是。施可斋《闽杂记》说："福州旧俗，以家有烈女贞妇为荣，愚民遂有搭台死节之事。女有不愿，家人或诟骂辱之，甚至有鞭挞使从者。"

清代戴震就说："而其所谓理者，同于酷吏所谓法。酷吏以法杀人，后儒以理杀人。"朱熹所谓的"天理"，其实就是一把杀人不见血的软刀子，它较之以刑罚杀人更具欺骗性。再如"福建漳州女子皆小足，朱文公守漳时，立法令之缠足极小，使不良于行，藉革其淫俗，故成为今日之现象也"。（胡朴安《中华全国风俗志》）清末谭嗣同批判道："世俗小儒，以天理为善，以人欲为恶，不知无人欲，尚安得有天理！吾故悲夫世之妄生分别也，天理善也，人欲也善也。"现代学者蔡尚思说："程朱派理学家最不讲理，最无良心，阳儒阴法。以理责人，甚于以礼责人；以理杀人，甚于以法杀人。"（《中国传统思想总批判》）

"存天理、灭人欲"的理学思维逻辑，与自由、民主、人权的人类普世价值观完全背道而驰。在此思想束缚下，人们也不会有任何创造力，只会在无上权威的君主面前，培育起根深蒂固的奴隶性。这一"理学"思想发展了原儒家学说中的糟粕，进一步完善了中国君主专制统治体制的理论基础，它统治了整个思想文化领域，是上层建筑各个领域的指导原则，成为巩固君主专制统治秩序的强大的精神支柱。新文化运动时，陈独秀、鲁迅诸人深恶痛绝的国民劣根性，其实就是以宋明理学为思想基础的奴性，鲁迅还专门写了中国文学史上第一篇白话小说《狂人日记》，深刻揭露封建礼教"吃人"的本质。与其说五四新文化运动的矛头针对的是孔家店，还不如说人们要摧毁的其实是朱家理学体系。它实为中华民族几百年以来愚昧落后的主要原因之所在，如果中国人民在思想上不破除对这一理论的迷信，不打破这理学中所谓"天理"的窠臼，将不可能走向现代社会。

不过到了现代，又有许多学者对朱熹的学术成就做出基本肯定的评说。如肯定他撰写、编次、注释、校勘了不少著作和典籍，为保存和发展祖国文化起了重要作用。他建立书院，聚徒讲学，总结教育经验，在中国教育史上作出重要贡献。他还对自然科学做过比较广泛的研究和探讨，取得了一定的成果，对中国自然科学的发展起过积极作用。甚至说他的理学思想体系也是适应了巩固中央集权君主统治体制的要求，也起到了一些进步作用。

尤其是钱穆在《朱子新学案》中，对朱熹作出如此高的评价："在中国历史上，前古有孔子，近古有朱子，此两人，皆在中国学术思想史及中国文化史上发出莫大声光，留下莫大影响。旷观全史，恐无第三人堪与伦比。……朱子崛起南宋，不仅能集北宋以来理学之大成，并亦可谓其乃集孔子以下学术思想之大成。此两人，先后矗立，皆能汇纳群流，归之一趋。自有朱子，而后孔子以下儒学，乃重获新生机，发挥新精神，直迄于今。"冯友兰在《中国哲学简史》中也说："朱熹，或称朱子，是一位精思、明辨、博学、多产的哲学家。光是他的语录就有一百四十卷。到了朱熹，程朱学派或理学的系统才达到顶峰……他的渊博的学识，使他成为著名的学者；他的精深的思想，使他成为第一流哲学家。尔后数百年中，他在中国思想史上独占统治地位，绝不是偶然的。"

然而，国内在"文化大革命"中对朱熹的彻底否定和大力批判，其疯狂程度是一般人难以想像的。

朱熹是一位古代的大思想家。如今在大学和社会科学院中，研究朱熹的学者不少。尤其是武夷山作为文化与自然双重世界遗产，其文化方面主要就是以朱熹为首的闽学所留下的许多历史遗迹。学人们还成立了"武夷山朱熹研究中心"，准备对朱熹理学进行更为深入的研究和探索，我们期待它能取得可喜成果。

《满江红》作者之谜

人们都知道，脍炙人口、流传千古的词作《满江红》，是南宋民族英雄岳飞的作品。然而近代以来，不断遭到学者的质疑，也有不少学者为之辩解，展开了几轮激烈的争论。由于双方都拿不出过硬的证据，问题依然无法解决。

岳飞这首慷慨激昂、气壮山河的《满江红》，曾激起古今多少能人志士的英雄豪情。认真读来，确令人心潮澎湃，久久不能平静：

怒发冲冠，凭阑处、潇潇雨歇。抬望眼，仰天长啸，壮怀激烈。三十功名尘与土，八千里路云和月。莫等闲，白了少年头，空悲切。

靖康耻，犹未雪；臣子恨，何时灭？驾长车，踏破贺兰山缺。壮志饥餐胡虏肉，笑谈渴饮匈奴血。待从头，收拾旧山河，朝天阙。

岳飞写此词时，中原人民正遭受着北方少数民族铁骑的践踏和蹂躏。其雄壮激昂的词文，抒发着岳飞对外族侵略者和朝廷投降派的满腔悲愤，表达了岳飞决心驱逐敌寇、收复国土的豪情壮志，更反映出岳飞忧国忧民、不屈不挠的爱国思绪。这首千古绝唱似乎也浓缩了岳飞一生征战的业绩，其所铸就的文化精神，一直在神州大地上为人们所传颂。

然而从近代开始，此词作者是否为岳飞的问题引发了学术界不断的争议，看来问题确实还颇为棘手。首先质疑的是学者余嘉锡，他在《四库提要辨证》中指出：这首词最早见于明嘉靖十五年（1536）徐阶编的《岳武穆遗文》，它是根据弘治十五年（1502）浙江提学副使赵宽所书岳坟词碑而收入的，赵宽对这首弥足珍贵的词作之源流出处，却无一言提及。在此前也从未见有宋、元时人的记载或题咏跋尾，更不见于岳飞孙子岳珂所编的《金佗粹编·岳王家集》。要知道，岳珂在收集岳飞的遗文时，曾是那样地不遗余力，此集从编定到重刊，经历了31年，为何如此长时间内仍没收到此词？为什么此词突然出现在明朝中叶？而且赵宽碑记中提及的岳飞另一首诗《送紫岩张先生北伐》，经明朝人的考证是伪作。所以该词的来历同样可疑，可能是明朝人的伪托之作。

持不同意见的学者指出，岳飞被害时，家存文稿被查封，家人无法妥为保管。此后，秦桧及其余党把持朝政数十年，岳飞的文稿进一步散佚。宋孝宗时，岳飞冤狱虽得平反，但已历数十年的劫难，经岳霖、岳珂两代人的努力，仍然不能收集到岳飞全部的遗文，也是很自然的事。据现有的史料来看，岳霖父子的收集确有遗漏的实证，如《宾退录》中载有岳飞的《题新淦萧寺壁》一诗："雄气堂堂贯斗牛，誓将直节报君仇。斩除顽恶还车驾，不问登坛万户侯"。就不见于《岳王家集》中。后又历经元朝异族的统治，岳飞的声名还是受到压抑，直到明朝才逐渐改观，这一历史事实，造成《满江红》不见于宋、元人著录，而到明代中叶才出现和流传。同时，历史上一些作品湮没多年，历久始彰的情况也不乏其例，如唐末韦庄的《秦妇吟》就被湮没了900年，但人们并不因此而怀疑其真实性。古代私人一些孤本藏书，往往视为珍宝，不肯轻易宣泄外人，因而某些作品手稿在经历了一段年月后方才出现的情况，也并不稀奇。

　　著名词学家夏承焘对余氏持赞同意见，并进一步提出，词中的"贺兰山"位于今河套之西的宁夏境内，南宋时属西夏，不属于宋金交战的境域之内。而岳飞伐金是要"直捣黄龙府"，该金国的大本营位于今吉林省境内，与贺兰山几乎是南辕北辙。如果此词真出之岳飞之手，不应方向乖背如此。此外，"贺兰山"不同于泛称边塞的"玉门"、"天山"之类，其入于史记诗文，唐宋人一般都是实指，明朝中叶也同样如此，不应该只在岳飞此词中是泛指。在明代，北方鞑靼人常取道贺兰山入犯甘州、凉州一带，弘治十一年（1498），明将王越率军就在此与鞑靼打了个胜仗。因此，"踏破贺兰山缺"在明代中叶实是一句抗战口号，在南宋是绝不会有此说法的。这首词出现在明代中叶，正是作者对当时的地理形势和时代意识的反映，所以推测作伪者可能是进士出身的王越或其幕僚。

　　持不同意见的学者认为，贺兰山应是泛指而非实指，就如词中写"胡虏肉、匈奴血"，而不用"女真肉、金人血"一样，都是文学上惯用的比喻手法。当时，辛弃疾曾将长安比作汴京，陆游也将天山比作中原前线，不能说他们都犯了地理常识方面的错误。而且西夏与北宋向来就有战事，用贺兰山实指敌境也未尝不可。有学者还指出，根据河南浚县的有关县志，查明在王越总督军务，专办西事而率军宁夏之时（1471）的十四年前，即在天顺二年（1458），就有汤阴庠生王熙书写了《满江红》，并刻石立于岳庙。王越后亲去祭拜岳庙并赋写了《谒岳王祠》七言诗，更是在弘治元年（1488）之后。所以认为王越或其幕僚作伪的可能性也是不存在的。

　　持支持意见的学者还从词的风格上进行探究，认为《满江红》是如此慷慨激昂，英雄气概横溢，而岳飞的另一首词《小重山》，却是那样的低徊婉转，惆怅失望，两词的格调和风格大相径庭，似非出自一人之手。同时，《满江红》所云"三十功名尘与土"、"八千里路云和月"，都是尽人皆知的典故和材料，这是一首有事迹、有心志，但没有阅历的词，一个作伪者还是比较容易写就的。

　　持不同意见的学者指出，文学史上兼擅两种风格的作家很多，豪放派大师苏轼、辛弃疾诸人，也不乏婉约清丽之作。苏东坡既写过"大江东去"这样雄浑激昂的名篇，也写了一些情调幽怨缠绵的小曲。因此不能断定写了《小重山》的岳飞，就写不出《满江红》。其实《满江红》的一些思想与笔法，在岳飞其他作品中也有反映。如岳飞《五岳祠盟记》中有"蹀血虏廷，尽屠夷种"，与"饥餐胡虏肉，渴饮匈奴血"如出一辙。上引诗句"不问登坛万户侯"，可说是"三十功名尘与土"的注脚。"雄气堂堂贯斗牛"也与"怒发冲冠"、"壮怀激烈"异词同工。再如岳飞《永州祁阳县大营驿题记》说"他日扫清胡虏，复归故国，迎两宫还朝，宽天子宵旰之忧"及上引诗句"暂将直节报君仇，斩除顽恶还车驾"，都与"待从头，收拾旧山河，朝天阙"的内容基本一致。所以《满江红》是岳飞内心真实思想情感的反映，后人不必纠缠于一些琐碎问题。

还有学者对岳飞的履历和词的内容作了详尽考证后，得出该词是岳飞三十足岁时的作品。"三十功名尘与土"是真实的写照，此时，岳飞战功卓著，正成为朝廷新擢升的名将，被任命为江南西路、舒、蕲州制置使，成为朝廷执掌方面大权的大臣。时岳飞置司江州，九月气候适逢秋季，当地多雨，所以词中有"潇潇雨歇"之句。又从九江奉旨入朝谨见，"计其行程，足逾八千里"，又与"八千里路云和月"相合。将要被皇帝召见，"因责任重大，身被殊荣，感动深切，乃作成此壮怀述志的《满江红》词。"从而断定此词作于绍兴三年（1133）秋季九月的九江，是当时岳飞所处境遇的真实感受。

在人们一致肯定这首词的思想价值和历史作用的同时，也同时希望这首词的作者还是民族英雄岳飞，但到底其历史事实如何，还有待进一步的考证和争论。

《好事近》作者之谜

胡铨与高登，同为南宋朝臣，俱怀抗金之志，抗忤奸臣秦桧，都被贬黜流放，放逐中一阕《好事近》，愤慨"豺狼当路"。然而此词究系何人所填？各种说法不一。

王明清《挥麈录·后录》卷十，记载了这首词创作的背景故事：绍兴八年（1138），秦桧再相，怂恿高宗与金议和，且不顾主战派官员的反对，遣王正道为计议使，去金修订和盟。十一月，枢密院编修官胡铨舍身抗旨，上书请斩秦桧等主和官员。"疏入，责为昭州盐仓，而改送吏部，与合入差遣，注福州签判"。绍兴十二年，秦桧又喻台臣加论其罪，胡铨再次被除名勒停，编管新州（今广东新兴）。词人张仲宗正寓居三山（今福州），以一阕《贺新郎·梦绕神州路》为胡壮行，胡到新兴，亦赋词《好事近》：

富贵本无心，何事故乡轻别？空使猿惊鹤怨，误薜萝风月。

囊锥刚要出头来，不道甚时节。欲驾巾车归去，有豺狼当辙。

胡铨（1102～1180）字邦衡，号澹庵，吉州庐陵（今江西吉安）人。宣和末金兵南侵，他于江西赣州招募丁壮，保卫乡里。后至临安，建炎间进士及第，为枢密院编修官。这首词抒发了胡铨当时的心绪：他离别故乡，是为了帮助朝廷抵抗金兵，并非为富贵而来。总算进士及第，刚想为国家做点事情，哪知奸臣权贵当道而时机不对，所以"空使猿惊鹤怨"，自己还被流放。很想驾车归去，归故乡或归朝廷，但有豺狼当路，哪里回得去呢？

绍兴十八年（1148），秦桧的表兄王接任广东经略使，问新州郡守张棣："赵鼎、李光都远贬海南，胡铨为什么还不过海？"张棣正好得到此词，连忙向朝廷检举，加以"讪谤"、"怨望"诸罪名，胡铨被再移送吉阳军（今海南崖城镇）编管。三年后，秦桧又读到张仲宗那首词，便以他事将其投入大理寺狱，因找不到更多的"罪证"，只将张除去官籍了事。而胡铨一直坚持到秦桧死后，才由海南移往衡州，也就是说他被放逐到海南这样荒僻的地方有8年之久，那是需要怎样坚忍不拔的意志，才能支撑下来。到绍兴三十二年（1162），孝宗即位，胡铨才又被重新起用，时已入古稀之年，历国子祭酒、兵部侍郎诸职。

应该说，对照胡铨的政治生活里程，尤其是那20余年颠沛放逐的经历，他在词中引东汉张纲斥责外戚梁冀"豺狼当路"的典故，痛诋当朝奸臣秦桧，是在情理之中的事。记载此故事的还有《宋名臣言行录·别集》和元人韦居安《梅大诗话》等。

然而也有不同的记载，就是这首词还被刊刻在与胡铨同时代人高登的《东溪集》中。这样，就有学者对王明清《挥麈录·后录》的记载表示怀疑：这个记载后面注有"此一段皆邦衡之子澥手为删定"，为什么这件事要由胡铨之子亲为删定呢？尤其是在亲为删定之后，仍是存在错误。如对照《宋史》本传，胡铨上疏后，秦桧是以"狂妄凶悖、鼓众劫持"的罪名，判胡铨编管昭州（今广西乐平），而并非"责为昭州盐仓"。由于营救者不少，迫于公论，朝廷将其处分改为监广州盐仓。次年，才改签书威远军（治今福州）签判。这个错误似乎是胡铨之子所不该犯的。

此外，《独醒杂志》载："邦衡在新州，偶有'万古嗟无尽，千生笑有穷'之句，新州守评其诗曰：'"无尽"指宰相。'盖张天觉自号无尽居士。'有穷'则古所谓有穷后羿也。于是迁儋耳（海南）。"就是说郡守张棣向朝廷检举胡铨的并不是那首《好事近》，而是另外一首含有"万古嗟无尽，千生笑有穷"之句的词。

事隔几百年之后，清代王鹏运刊刻《东溪词》时，在跋语中提出自己的看法：《宋名臣言行录》说，胡铨贬新州，偶为此词。郡守张棣迎合秦桧之意，奏劾胡铨"怨望"，于是送南海编管，被贬黜流放20年。"按此词乃《好事近》歇拍，载《东溪集》，盖彦先亦发策忤桧被谪，事崒略同，棣遂牵合为澹庵作。"就是说，高登亦曾上书触犯秦桧，而被贬谪，50多岁时，死于贬所。其政治生涯与胡铨略同，却要早于胡铨许多年，张棣就将高登这首词牵强为胡铨所作，以作为其奏劾胡铨的依据。

高登(?~1148)字彦先，号东溪，漳州漳浦（今属福建）人。北宋末为太学生，宣和七年(1125)，金军南侵，国家危亡，徽宗禅位于钦宗，他与陈东等太学生上书请诛蔡京等六贼。靖康元年(1126)，京城开封被困，为反对议和及李纲罢相，又与陈东率太学生与军民伏阙上书，后被斥还乡。绍兴二年(1132)廷对，极言时政缺失，无所避忌，授富川县主簿。后诏赴都堂审察，遂上万言疏及《时议》六篇，秦桧恶其讥己。知静江府古县时，拒绝为秦桧的父亲建祠，终得罪秦桧，编管容州（今广西容县）。

有学者认为，同是这首《好事近》，《东溪词》与《澹庵词》略有差异，如《东溪词》中是"空惹猿惊鹤怨"，"囊锥刚强出头来"，"欲命巾车归去，恐豺狼当辙"。这些不同可能是告发胡铨者所加工。此外，该词风格与高登其他词作如《渔家傲》、《多丽》的格调情韵较为相似，尤其是高登崇尚陶诗，"欲命巾车归去"全系从陶渊明《归去来兮》"或命巾车"中脱出。所以王鹏运的推测应该是合乎情理的。

但目前尚无充分的证据说明此词是高登所作，抑或胡铨所作，甚至张棣奏劾胡铨是否用这首词？也并不十分清楚。

《新修南唐书》作者之谜

《新修南唐书》在宋元时期的传本往往不署名，《宋史·艺文志》就干脆说"不知作者"。从而使人们产生疑问：此书的作者究竟是谁？学者们经过激烈的辩论，似乎可以肯定作者为陆游，但陆游为什么不署名呢？

南唐是五代十国时期南方的一个政权，公元937年，李昪代吴称帝，建都金陵（今江苏南京），国号"唐"，史称"南唐"。一度计划北伐，但时机尚不成熟。943年，其子李璟继位，是为中主，虽非残暴昏君，却也志大才疏，好大喜功，任用群小，渐趋腐朽。曾灭闽楚，极盛期有今江苏、安徽淮河以南及福建、江西、湖南、湖北部分地区。周世宗南征，战败而割江北地，并奉表称臣。961年，其子李煜继位，是为后主。李煜擅长诗文、音乐、书画，却不懂政治，国力日衰。975年，为北宋所灭。共历三主，凡39年。

南唐中主与后主都很有文采，尤其是李后主的词，在文学史上有着特别的地位。人们对于其人的生平及其政治统治的历史还是颇感兴趣，宋代写南唐史事的人不少，如龙衮的《江南野史》十卷，郑文宝的《江表志》三卷、《南唐近事》一卷、陈彭年的《江南别录》一卷等，单著《南唐书》者就有三人。明人毛晋在《汲古阁书跋》中说："是书乃马令、胡恢、陆游三本。先辈云：马、胡诠次，识力相似，而陆游独遒迈，得史迁家法。今马本盛行，胡本不传，放翁书一十八卷，仅见于盐官胡孝辕秘册函中。"可见胡本早已失传，《南唐书》还剩马令、陆游二种。

陆游所著又称《新修南唐书》，是根据马令《南唐书》及其他相关南唐史书的内容重加修订，删繁补遗，编撰而成的纪传体史书，共十八卷。此书章法严谨，文字简洁，可称南唐史事著述中的佳作。南宋陈振孙《直斋书录解题》中说："《新修南唐书》十五卷，宝谟阁待制山阴陆游务观撰，采获诸书，颇有史法。"评价不低。后马端临的《文献通考·经籍考二十七》也沿袭此说。

不过，《宋史·艺文志·霸史类》却载："《南唐书》十五卷，不知作者。"元人戚光在天历初年作《南唐书音释》，他所看到的《南唐书》也没有署作者之名，他在做了一些考索后说："惟陆游编取折衷成此书也，游也不署名。"就是说陆游认为此书是"编取折衷"前人的著述而成，所以不署自己的名字。此后，一些学者也时有疑问，但多数人还是信从了南宋陈振孙的说法：陆游为其作者。

近期，又有学者提出《新修南唐书》非陆游所撰。理由约为四方面：一、《宋史·艺文志》收录之书甚全，既录了不署名之《南唐书》，也录了各种陆游著作，为何单不录陆游的《南唐书》？宋元间的《新修南唐书》传本多不署作者之名，因此，不能断定该书为陆游所撰。二、陆游本人及同时之人，无一提及陆游撰过《新修南唐书》，而且后世作陆游年谱者多家，也无一提到此书，显然是无法将此书与陆游生平联系起来。三、《新修南唐书》之叙事、观点及文字多处与陆游著作不符。如与《入蜀记》相比，两书记事详略不同，语言轻重悬殊。所记李家明献诗事，两书措辞各异，一为七言之四句，一为五言之二句。两书对韩熙载等人的评价也不一致。因此，两书为二人所写无疑。四、据《新修南唐书》所提及的人名和时代风尚考察，该书应出现在北宋中期，不晚于神宗朝。当时南唐名人之风流逸事为朝野广为传播，与南唐有关之作品也纷纷问世。最后推测可能是胡恢之作，当然这还没有充分理由和直接证据，但非陆游所作是可以肯定的。

此后，有学者进行了反驳，坚持此书的作者是陆游。理由有三：一、陈振孙与陆游同为浙江人，生活的年代也前后相接，陈长期游宦于浙东、浙西地区，对陆游的生平非常熟悉，对陆游的著述也相当了解，并十分推崇，说明对其做过深入的研究，所以他说《新修南唐书》为陆游所作，必定有其可靠的依据。二《新修南唐书》卷十三《刘仁赡传论》中，有一段陆游的自叙，其中有南宋孝宗"乾道"、"淳熙"年号，提到本书作者的"先君会稽公"说明是绍兴人，并曾寄寓寿春，提到作者曾于乾道、淳熙年间曾游于蜀，这些都与陆游的籍贯生平相合。这篇文字，可谓此书为陆游所著的铁证。三、《新修南唐书》与《入蜀记》，只因体裁不同，而使得行文有详略。至于有关诗句的长短，其实改写后并不失原意。还有个别人物的褒贬，因牵涉人物的不同方面，有褒有贬都是很自然的事。总之，两书无论在叙事、观点和文字方面，不但都不矛盾，甚至还可以互相印证，就是说《入蜀记》可作陆游撰写《新修南唐书》的旁证。最后，考定陆游自淳熙八年（1181）到十二年，在家赋闲的五年正是撰写《新修南唐书》的时间。

通过上述辩论，应该说肯定《新修南唐书》为陆游所著的观点占有优势。从历代学者对此书的评价中也可窥见一斑，除上述陈振孙、毛晋外，再如元赵世延在《南唐书序》中说："陆游著成此书，最号有法。"《四库总目提要》谓："游书尤简核有法。"清周在浚《南唐书注·凡例》云："陆书发凡起例，简略详略可观，足继迁固。三主名纪，俨然以正统归之，其识较马令超越，可与欧阳公《五代史》相匹，非诸伪史可比也。"

不过这"不署名"而使人"不知作者"的情况，还是让人们有些疑惑：陆游为什么不署名呢？是因为这南唐在历史上不过一偏霸之小国，历年又不太久，由是其《南唐书》多被人视同"伪史"，所以陆游羞于署名。还是元人戚光考索后说的有道理，陆游认为此书是"编取折衷"前人的著述而成，所以不署自己的名字。如《新修南唐书·浮屠传》所载止46字，其文盖据马令《南唐书》删润而成，马书所载共44字，陆文止增两字。因此，是否可以认为《新修南唐书》是陆游编撰而成的，其中多少成分是取自别人的成果，多少成分是自己的撰写，由于修此书时所参考的书籍大多已佚失，所以这个问题永远是个谜。

李清照改嫁之谜

才气横溢、文笔秀婉的女词人李清照，在国土沦丧和丈夫去世的悲痛中，晚年颠沛流离，漂泊于越州（今浙江绍兴）、杭州、台州及金华一带，屡遭打击，"只恐双溪舴艋舟，载不动许多愁"。谢世后还给人们留下一个不可轻易而解的谜：她晚年改嫁张汝舟没有？

宋人赵彦卫《云麓漫钞》卷十四中存有李清照的一封信《上内翰綦公（崇礼）启》，此信约写于绍兴三年（1133）之后，其述说中断断续续、隐隐约约地讲了这样一段自身的经历：绍兴二年（1132），这时离丈夫赵明诚去世已有三年，49岁的李清照重病在身，孤身一人，境遇颇难。官员张汝舟对她频频致意，以甜言蜜语殷勤通问，清照"信彼如簧之说，惑兹似锦之言"，被骗得分不出东西南北。"既尔苍皇，因成造次"，便与张汝舟结婚。婚后，清照发现两人"视听才分，实难共处"，丈夫时时暴露出的市侩嘴脸，让清照日益觉得此次婚姻是个错误，"忍以桑榆之晚节，配兹驵侩之下才？"尤其是张汝舟开始以暴力虐待，"遂肆侵凌，日加殴击"。在实在无法忍受的情况下，正好张汝舟以不正当手段得官的事情有所暴露，清照便甘愿冒坐牢之险而去官府揭发其丈夫。后张汝舟被撤职除名，编管柳州，其婚约也得以解除，但是宋代刑法规定：妻告夫，虽属实，仍需服徒刑二年。当清照被关入监狱，"被桎梏而置对，同凶丑以陈词"之时，翰林学士綦崇礼伸出援助之手，使李清照在被关九天之后得以释放，免受牢狱徒刑之苦。于是，清照以无比感激的心情写下了这封书信，对綦崇礼"感戴鸿恩"，深表谢意。

关于李清照此次改嫁之事，除清照自己在这封书信中有详细告白外，还有七八种当时的宋人著述提及，如胡仔的《苕溪渔隐丛话》说清照"再适张汝舟，未几反目"，王灼的《碧鸡漫志》也说清照"再嫁某氏，讼而离之"，还有洪适的《隶释》、晁公武的《郡斋读书志》等。尤其是著名史学家李心传的《建炎以来系年要录》都记载了此事，其书在绍兴二年九月戊午朔载："右承奉郎、监诸军审计司张汝舟属吏，以汝舟妻李氏讼其妄增举数入官也。其后有司当汝舟私罪徒，诏除名，柳州编管。"其继夫张汝舟，字飞卿，早在赵明诚任建康知府之时，就曾携一玉壶来访，此时正以右承奉郎衔在池州为监诸军审计司之职。有学者以为，他娶李清照是看

李清照

上她还有一些古物宝器诸财产，一旦财产到手，便露出庐山真面目，且对清照加以虐待，以致清照只能以控告手段谋求离异。所谓"妄增举数入官"的罪名，是指犯人因谎报参加科举的次数而得官的不正当手段。宋代对屡试不举的士人给予一种"特奏名"的优待，就是只要到一定次数和年龄，都可直接参加殿试而授予官职。张汝舟显然在这方面欺骗了朝廷而谋得官位，这一情况正好让李清照掌握。张汝舟在事实面前无言以驳，最后受到编管柳州的重惩，李清照也因此得以与其离异。

然而到明代，有一位叫徐的学者对李清照改嫁一事质疑。理由主要是两点：一是绍兴二年，清照已年近五十，似无改嫁的可能。当时国破家亡，作为南逃的官员家属，清照还会有多少财产？说如此市侩之张汝舟会追求如此年纪之李清照，令人不可思议。二是宋代官宦出身的妇女，一般是不允许改嫁的。清照父李格非，工词章，有笔力，熙宁进士，历官太学博士、著作佐郎、礼部员外郎、提点京东刑狱。其夫赵明诚，出身宰相之家，由太学生入仕，历守莱州、淄州，终知江宁府，著有《金石录》。这样官宦家庭出身的李清照不可能改嫁，所以改嫁之事不可信。

清代更有许多学者为李清照改嫁"辩诬"。学者卢见曾根据李清照与丈夫赵明诚真挚坚贞、生死不渝的感情生活，夫妇志趣相投、同研金石的人生佳话，及清照对《金石录》卷轴百般爱护，明诚过世后，她又为《金石录》的出版耿耿于怀、尽心尽力，约在绍兴二十一年（1151），清照以六七十岁高龄，还表上《金石录》一书于朝廷诸有关事迹，推断改嫁之事不可能发生。清照曾言："虽处忧患而志不屈"，其他一些词文作品，也都可作相关佐证。卢氏在《雅雨堂本金石录》中这样感叹道：清照曾经丧乱，犹复爱惜丈夫留下的一二不全卷轴，如见故人一般。其眷恋明诚若是，安有一旦相忍背负之理？

学者俞正燮《易安居士事辑》从几个方面论述了清照改嫁的不可信。他先采用史家编年的方法排比岁月，从中指责有关著作记载的不可靠，而《建炎以来系年要录》的作者李心传，其所居之地与李清照远隔万里，很可能是误传误听而误载的结果。然后考证了李清照的生平经历，也认为没有改嫁的可能。最后是指出上面清照那封信的可疑之处，如信中记载了改嫁、不和及矛盾加剧的整个过程，由是清照告发张汝舟的罪行，涉讼要求离异，应该是正当的行为，为什么信中后面又称此事为"无根之谤"？且以为"已难逃万世之讥"，更"何以见中朝之士"？以至"清照敢不省过知惭"，把问题说得如此严重呢？再如男婚女嫁为世间常事，朝廷不需过问，但信中怎么会有"持官文书来辄信"诸语呢？此信前后矛盾，文笔劣下，却又杂有佳语，定是经后人篡改过的本子，信中有关改嫁方面的内容，定是后人恶意添加上去的。居此信的内容分析，应是李清照感谢綦崇礼解救"颁金通敌"一案的信函。这是清照在建炎三年（1129）遭遇的冤案，有人诬蔑她曾把玉壶献给金人，为了洗刷罪名，清照追随御舟作了辩明，此案拖续了二年多时间。

近代学者况周颐写文考证了李清照与张汝舟在赵明诚死后的行踪，结论是两人的踪迹各在一方，判然有别，不可能有婚配之事。学者黄墨谷还补充道，綦崇礼与赵明诚有亲戚关系，清照如果真的改嫁，且还因改嫁而涉讼，会好意思向前夫的亲戚求援吗？赵明诚的表甥、綦崇礼的亲家谢伋在《四六谈麈》中引用李清照对赵明诚表示坚贞的祭文，仍称清照为"赵令人李"，难道他对清照改嫁之事会一无所知？清照自传性文章《金石录后序》约作于绍兴五年（1135），却只字未提自己改嫁之事。清照晚年曾自称"嫠妇"，意即寡妇，若改嫁后又离婚的话，她能这样自称吗？所以清照前面那封书信只有为了感谢綦崇礼解救"颁金通敌"一案而作，那才说得通。写信感激朋友数年前的帮助，也是常有之事。

尽管上述学者提出这么多有价值的理由，现代学者王仲闻、王延悌、黄盛璋等人，还是坚持李清照改嫁是无可否认的事实。如黄盛璋《李清照事迹考辨》一文中指出，胡仔、洪迈、王灼、晁公武诸人都是李清照同时代人，其著述的性质又都是史书、金石、目录等严肃的东西，胡仔一书写成于湖州，洪迈一书写成于越州，离清照生活之地并非遥远，不至于讹传如此。况且这些著作成书时，清照尚健在，难道这些学者敢于就在清照面前明目张胆地造谣中伤，或者伪造那封书信，这是不合情理的。何况，南渡后赵明诚的哥哥存诚、思诚都曾做到不小的官，赵家那时并不是没有权势。而"颁金通敌"案发生于建炎三年，清照那封信写于绍兴三年之后，之间相隔好几年，二事应并不相关。谢伋之所以仍称清照为"赵令人李"，是在看到清照改嫁后仍眷眷于明诚，为完成前夫遗志而不辞辛苦的事实之后，存心避开有关旧事的做法。中国古代妇女守节之风要到明清两代才趋严格，而改嫁在宋代是极为平常之事，有关官员家中妇女改嫁之事史书中时有记载，甚至对皇室宗女都有诏准许改嫁，所以，宋人对李清照改嫁一事是不会大惊小怪的。至于明、清时期有关学者的那些"辩诬"，主要是卫道士们不能接受一代才女没有从一而终的这段历史"污点"，从而拼命加以掩饰，力图否认她改嫁的事实，是没有什么奇怪的。

近年又有学者提出"强迫同居"说，认为是张汝舟利用官府司法的力量，强迫李清照同居。过去人们对清照那封书信中"弟既可欺，持官文书来辄信"一句中的"官文书"，错误理解为"告身"、"委任状"之类的证明文件，张汝舟以此来骗取清照的信任。其实，"官文书"在这里应指司法判决书之类文件，清照因"颁金通敌"之谤而被官府问罪，从而成为"犯妇"，按照当时的规定，其出路之一就是沦为官婢而被强卖。张汝舟对李清照这位才女仰慕已久，便用手段搞到有关的官文书批条，并骗取清照的信任，将她据为己有，所以书信中接着说"呻吟未定，强以同归"，终被强迫来到张家。这样，一个孀妇因冤狱被官府错判而为人强占，这类强迫同居的性质与自愿"改嫁"的婚姻是两回事。由此，前面反对"改嫁"和肯定"改嫁"二说的观点都不能成立。

此说虽有新意，但能成立吗？有学者以为也不足信。张汝舟作为一名有特权、有地位的官员，有必要用司法判决书之类文件去强迫一个近50岁的女词人为自己的妻室吗？再者，既然将"犯妇"李清照断给张汝舟有"官文书"，且只是强迫"同居"，就无所谓婚姻关系，那为何后来李清照要涉讼去谋求官府批准离异呢？同时，赵明诚的两个哥哥都为朝廷命官，权势不小，怎能对弟媳如此受辱之事袖手旁观？尤其是官任"内翰承旨"的綦崇礼，也早该在清照被逼为人妇之际出手营救，何必等到清照涉讼要坐牢之时再费力气呢？总之，"同居"一说也经不起推敲。

上述诸说，都能说出一定的理由，然而也有臆测的成分，孰是孰非，谁能判断呢？

陆游与唐琬爱情悲剧之谜

陆游，字务观，号放翁。这位南宋著名文学家和学者，一生创作了近万首诗篇，被誉为南宋诗坛四大家之一，还有散文、史书等作品，其成就卓著。然而，仕途坎坷，屡遭贬黜。其婚姻生活更是不幸，与唐琬的爱情悲剧几乎家喻户晓。其原因何在呢？

陆游在20岁左右的时候，与温柔多情、能诗会词的唐琬结成夫妻，婚后感情融洽，两人相亲相爱，堪称伉俪相得，生活非常美满。可是，陆游的母亲却对唐琬百般挑剔，十分不满，没到数月，就逼着陆游与唐琬离婚。据说陆游不忍和唐琬分离，又不敢违背母命，就在外边搞了一所住宅，让唐琬搬去居住，且时时前去幽会。老太太听到风声，前往别宅查究，陆游事先得知，带着唐琬避开了。但这样掩饰下去，总非长久之计，最后陆游只得忍痛与唐琬诀别，自此两人天各一方。不久之后，陆游娶了一位姓王的女子，唐琬也改嫁给一个叫赵士程的士人，日子在淡淡的愁云中茌苒。

几年之后的一天，春光明媚，陆游到沈园游览。沈园在山阴城（今浙江绍兴）东南四里，禹迹寺的南边，是当地的名胜古园。凑巧的是，赵士程、唐琬夫妇也来这里踏春。这对被迫分离的有情人又见面了，可是千言万语从何说起呢？陆游只能陷入痛苦的沉思，在百感交集之后，怅然写下了这首令人心酸的《钗头凤》：

红酥手，黄縢酒，满城春色宫墙柳。东风恶，欢情薄，一杯愁绪，几年离索。错！错！错！

春如旧，人空瘦，泪痕红浥鲛绡透。桃花落，闲池阁，山盟虽在，锦书难托。莫！莫！莫！

据说唐琬见词，悲愤不已，回家也和了一首：

世情薄，人情恶，雨送黄昏花易落。晓风干，泪痕残，欲笺心事，独语倚栏。难！难！难！

人成各，今非昨，病魂常似秋千索。角声寒，夜阑珊，怕人寻问，咽泪妆欢，瞒！瞒！瞒！

唐琬从此郁郁成病，不久便含恨离世了。此和词实为后人伪托，不过也写得情真意切。而陆游在余生之年，始终不能忘却昔日的深情和沈园的最后一面，曾多次赋诗缅怀，直到八十多岁的晚年。陆、唐的悲欢离合，唱出一曲千古流传的爱情悲歌，也给后人留下疑问：一般以为唐琬是陆游舅舅的女儿，或者说唐琬是陆母的侄女，陆游和唐琬是表兄妹关系，那么陆母为什么对自己的侄女如此狠心，要将这对恩爱夫妻活活拆散，竟毁了两个至亲骨肉的幸福呢？这点确实让人难以理喻，这其中到底是什么原因呢？

我们先来看一下陆游与唐琬的亲戚关系。周密《齐东野语》记载："陆务观初娶唐氏，闳之女也，于其母夫人为姑侄。"就是说唐琬是唐闳的女儿，和陆母是姑母与侄女的关系，那么唐闳与陆母应是兄妹。刘克庄《后村诗话续集》和陈鹄《耆旧续闻》，也都有类似的说法。后世的论著也大多沿袭这一说法，如朱东润的《陆游传》。然而，也有一些学者对这一传统说法质疑，他们查考了《宝庆续会稽志》，发现唐琬的父亲唐闳是山阴（今浙江绍兴）人鸿胪少卿唐翊之子，而陆母则是江陵（今属湖北）人唐介的孙女。两家虽同姓，但两地相隔遥远，并无宗族血亲关系。再查陆游舅舅辈中，有唐仲俊、唐居正诸人，却没有一个叫唐闳的。既然唐闳与陆母没有血亲关系，那陆游与唐琬也不可能是表兄妹了。

不过，宋人有关记载言之凿凿，而且有多人记述此事，虽说野史笔记有采录传闻而不暇考证的毛病，但周密、刘克庄等人毕竟与陆游的生活年代相接，所言总应该有些根据。于是，又有一些学者详细考证了唐琬的家世，排列出唐琬家族的世系表，认为唐琬与陆母之间确有宗族关系，只不过是一种远房的疏族亲戚，或者说两人可称"同谱姑侄"，而非"嫡亲姑侄"。所以，唐琬终究不是陆母的至亲骨肉。

那么，陆母决意逼迫这对恩爱夫妻离异的具体原因是什么呢？刘克庄《后村诗话》以为，陆游的父母亲对陆游的管教甚严，期望很高，希望他早日科举及第，入仕为官。而陆游结婚后对学业有所荒废，对政治没有多大兴趣，只是写诗抒情。早几年的科场不利，仍让二老记忆犹新，很是担忧，由是决定拆散他们，由陆母出面，迁怒于唐琬，让陆游屈服，从此一心苦读，以求取功名。总之，是一番苦心，想让儿子成材。

有人不同意上述说法，指出陆游第一次应考失败时是18岁，如果陆游父母真为儿子的科举仕途着想，为什么在他20

陆 游

岁时，落第不到二年就急急忙忙给儿子成婚？其实，古人成家与立业一般并不矛盾，结婚后再举科第之事也很平常。绍兴二十四年(1154)，陆游应礼部试，名列前茅，因论恢复，激怒奸臣，被黜落下榜，时年29岁，已早与唐琬离异。所以，陆游的科场失利，和唐琬、婚姻是毫不相干的。

细读陆游的《夏夜舟中闻水鸟声甚哀，若曰"姑恶"，感而作诗》，或可找到此事原委的蛛丝马迹。诗有曰："所冀妾生男，庶几姑弄孙。此意竟蹉跎，薄命来谗言。"古代称婆婆为"姑"，"姑恶"即影射婆婆可恶，蛮不讲理。诗意谓：婆婆"弄孙"心切，希望儿媳快点"生男"，不意唐琬婚后不育，婆婆"此意竟蹉跎"，又听信谗言，才威逼儿子休了这个不能传宗接代的儿媳。估计，这才是陆游爱情悲剧的主要原因。

也有人不同意上述观点，指出一般要数年才知其能否生育，唐琬进门才数月，就被强迫离异，不应和生育有关。应是唐琬不通世故而礼节不周，惹得陆母心生不满，或者说就是婆媳不和，婆婆看不惯媳妇的为人，强逼儿子休妻。南宋陈鹄《耆旧续闻》卷十直言：放翁先妻内琴瑟甚和，然不当母夫人意，因出之。夫妻之情，实不忍离。这是最早记录这一悲剧的一则史料，那么为什么唐琬不得婆婆欢心呢？人们一般也只能泛泛而说陆家封建礼教严格，容不得豁达开朗的唐琬，所以后改娶端庄婉顺的王氏。其实，清官难断家务事，该悲剧的具体原因恐怕是不会找到确切答案的。

朱淑真生活时代之谜

朱淑真是宋代著名女诗人兼词家，通书画音律，自号幽栖居士，后人辑其诗词300余首，题名《断肠集》。她和李清照并列为宋代最有影响的才女，可称我国古代女作家中的杰出代表人物。但女诗人到底生活在北宋，还是南宋？仰或两宋之交？人们提出各种史料根据进行论证，结论却大相径庭，至今都是悬案。

南宋淳熙年间(1174～1189)，平江府通判魏仲恭在路经都城临安(今杭州)时，常听到人们惋惜地谈起一位赍恨以殁的女郎，并交口传诵着她生前的许多诗词作品。魏仲恭觉得这些诗词"清新婉丽，蓄思含情"，并不比花蕊夫人、李清照等前辈女词人的作品逊色，便和一些士人们留意搜访采集，最后竟辑得其遗作300余首。这位女郎的名字叫朱淑真，其诗词中充溢着一种特有的怨怅之情，表明其人生遭遇的悲剧色彩，魏仲恭就为其作品集起名《断肠集》。其作品集不仅在数量上居于历代女诗人的前列，且以其清空婉约、恬新流丽的风格，温柔真挚、幽怨悱恻的深情打动了无数读者的心。然而，这位才女的生平事迹却湮没不彰，各种信息语焉不详，显得扑朔迷离，人们众说纷纭。

明代田汝成《西湖志余》说："与淑真同时有魏夫人，亦能诗。尝置酒邀淑真，令小环队舞，因索诗，以飞雪满群山为韵，淑真醉中援笔赋五绝。"而朱淑真诗作中确有题为《会魏夫人席上命小环妙舞曲终求诗于予，以飞雪满群山为韵作五绝》的五首七绝，把小环队舞描绘得生动可人，栩栩如生。后人称赞道："不惟词旨艳丽，而舞姿之妙，亦可想见也。"许多人认为，向朱淑真索诗的魏夫人是曾布之妻，一位颇有诗名的妇人。曾布即"唐宋八大家"之

一曾巩的弟弟，生于仁宗景祐三年（1036），神宗时官翰林学士、兼三司使，助王安石变法，死于大观元年（1107）。考魏夫人约生于仁宗康定元年（1040），卒于徽宗崇宁二年（1103）。朱淑真如与曾布的妻子为诗友，则应是北宋时人。再如明、清时的沈际飞、况周颐等学者都断定朱淑真为北宋人，其生卒年要略早于李清照。

然而有学者指出，朱淑真在《夜留依绿亭》诗中写道："水鸟栖烟夜不喧，风传宫漏到湖边。"这皇宫边上的"湖"，应指临安（今杭州）的西湖。诗中描写的生活环境，多处出现南宋临安的影子，如"坠翠遗珠满帝城"、"沉沉春雨暗皇州"、"天街平贴净无尘"之类的句子。杭州自宋高宗绍兴八年（1138）起，成为南宋政权的行都。上述诗句或可证明：朱淑真是生活在南宋的都城临安，而不是北宋的杭州。如果说朱淑真与魏夫人是忘年诗友，以两人悬隔三十岁推算，朱也当生于神宗熙宁年间，到南宋定都临安，已是七八十岁的老妪了，这显然不符合《夜留依绿亭》诸诗作者的年龄。这段时间，朱淑真还有《元夜三首》诸作品，描写元夜与情人相会，在歌声和鼓乐中，两情无猜的情形，可见是一位妙龄少女。所以上述"魏夫人"不应是曾布之妻，而是另一位魏姓的贵妇而已。除此之外，并不存在任何能表明朱淑真曾在北宋时代生活过的证据。

明人田艺蘅的《纪略》则说朱淑真是朱熹的侄女，朱熹生于建炎四年（1130），卒于庆元六年（1200），那么朱淑真应是南宋中叶人。然而朱熹是江西婺源人，晚年迁居福建建阳考亭；而朱淑真一说是海宁人，一说是钱塘下里人，家居杭州涌金门内如意桥北的宝康巷，朱淑真就出生在这里。总之，朱熹是江西人，朱淑真是浙江人，虽说都姓朱，但两地相隔遥远，又如何会是叔侄关系呢？朱熹《晦庵说诗》言："本朝妇人能词者，唯李易安、魏夫人二人而已。"说明谙熟浙中掌故的朱熹，并不知道作了如此多诗词的"朱淑真"其人，何谈是其侄女。也说明朱淑真的出名，远在李清照之后，到南宋中叶仍没有多少诗名。有学者还指出，朱淑真的一些作品中，有明显受李清照影响的痕迹。如她的《得家嫂书》咏："添得情怀无是处，非干病酒与悲愁。"与

李清照的《凤凰台上忆吹箫》中"新来瘦，非干病酒，不是悲愁"的名句如出一辙。

清代文学家王士禛，自述曾亲睹朱淑真所作《璇玑图记》，其文末有"绍定三年春二月望后三日，钱唐幽栖居士朱氏淑真书"的落款。绍定三年为公元1230年，果如其言，那么朱淑真就该是南宋晚期时人了。有学者还指出，朱淑真的名句"宁可抱香枝上老，不随黄叶舞秋风"，是化用南宋爱国诗人郑思肖的诗句"宁可枝头抱香死，何曾吹落北风中"而来，郑思肖是宋末元初人，那朱淑真也应是宋末元初时人了。然而现存最早的有关朱淑真的文献资料，是魏仲恭在淳熙九年（1182）所作的《断肠集序》，其中明确指出：诗词集的作者朱淑真已经过世。所以，有学者指出，《璇玑图记》遗墨问题，很有可能是发现者在年代上产生误记的结果。而"宁可抱香枝上老"的诗句，实是被郑思肖化用在自己的诗中。然而王渔洋《池北偶谈》却又认为"绍定三年"或是"绍圣三年"之误，两个年号相差130多年，这样又把朱淑真硬拉回到北宋，真让人有点不知所属。

上述各执一词的说法，其时间跨度前后竟相差有二三百年之多，实际都经不起仔细推敲。现代研究者往往取调和的办法，将这位女诗人的生卒年系于北、南两宋之交。不过，下述南宋中叶说，逐渐取得多数人的共识。

有学者指出，魏仲恭的《断肠集序》，作为最早的相关文献，所包含的信息应最有可信度。其中说到："比往武林（即杭州），见旅邸中好事者往往诵朱淑真词……其死也，不能葬骨于地下，如青冢之可吊，并其诗为父母一火焚之，今所传者百不一存……予是以叹息之不足，援笔而书之，聊以慰其芳魂于九泉寂寞之滨，未为不遇也。如其叙述始末，自有临安王唐佐为之传。姑书其大概为别引云。"所说王唐佐的传记早已不存，但这篇序文明白无误地告诉我们：淳熙九年时，朱淑真已经离开人间。其中所谓"芳魂"，应表明她死时还年轻。她死后，父母尚在，且将那些断肠诗稿都付之一炬，也说明朱的享年不长。而从《断肠集》来看，其中也确实没有一首作品涉及中年生活的内容。

同时，从宋人为逝者作传、编诗文集的惯例来看，一般距离死者下世的时间不会太远。再从"旅邸中好事者往往诵朱淑真词"而言，也说明此人过世时间不长，其悲悯的一生必有牵动人心的地方，以致人们在来往中还记得她，将她作为一个话题，诵读她的作品。如果去世时间已很长的话，恐怕人们会将她淡忘。此外，同里的文人还愿意为她作传，而王唐佐的传记由魏仲恭在《断肠集序》中"书其大概为别引"，也说明其流播的时间还不长。加上搜集其遗作本身需费一定的时日，估计魏序作于朱淑真卒后的三四年至十年之间，也就是说朱淑真约卒于乾道八年（1172）至淳熙五年（1178）。

接着的问题是，朱淑真大约在多大年纪时辞世的？明代周源清考证说，朱淑真死时才22岁芳龄。然而从人们搜集到她300余首诗词，且还是"百不一存"的情况而言，恐怕如此年轻是难以完成的。她皈依佛门后自号幽栖居士，如才二十出头一点的年龄恐怕还不会有如此心境。尤其是她还写过关注民生疾苦的诗篇《苦热闻田夫语有感》：

> 日轮推火烧长空，正是六月三伏中。
>
> 旱云万迭赤不雨，地裂河枯尘起风。
>
> 农忧田亩死禾黍，车水救田无暂处。
>
> 日长饥渴喉咙焦，汗血勤劳谁与语？
>
> 播插耕耘功已足，尚愁秋晚无成熟。
>
> 云霓不至空自忙，恨不抬头向天哭。
>
> 寄语豪家轻薄儿，纶巾羽扇将何为！
>
> 田中青稻半黄槁，安坐高堂知不知？

诗中对在三伏苦热天用水车抗旱的农民表示了深切的同情，对安坐堂上摇扇消闲的豪家纨绔发出了不平的斥责，可以想象，如没有一定的生活经历和社会认知，一个大家闺秀绝对写不出如此有深度的诗作。可以肯定，朱淑真不可能在二十岁刚出头的年纪完成这首诗。有学者提出，朱淑真可能在人间度过大约三十个春秋。如此说较为合情理的话，那么，她应生于绍兴十三年至十九年（1143～1149）。

那么，这最后的南宋中期说能经得起岁月的推敲吗？ 应还需更为确凿的证据。

朱淑真婚姻生活之谜

朱淑真凭着她灵秀的才情在文学史上脱颖而出，留下清丽的芳名。遗憾的是，她在二三十岁的青春年华就香消玉殒。从其诗词作品中或可看出，她是在极度神伤肠断中郁郁而终的，出身大家闺秀的朱淑真到底是何原因导致精神崩溃的呢？

朱淑真的诗词中充溢着一种幽愤怨怅：如"逢春触处须萦恨，对景无时不断肠"；"梨花细雨黄昏后，不是愁人也断肠"；"肌骨大都无一把，何堪更驾许多愁"；"哭损双眸断尽肠，怕黄昏后到昏黄"；"自是断肠听不得，非干吹出断肠声"。沈雄《古今词话》引《女红志余》描写朱淑真"每到春时，下帏跌坐，人询之，则云'我不忍见春光也'"。也怕听秋雨，因为"点点声声总断肠"！……为什么女诗人如此神伤肠断呢？

南宋淳熙九年（1182），魏仲恭在《断肠集序》中这样述说：朱淑真"早岁不幸，父母失审，不能择伉俪，乃嫁为市井民家妻，一生抑郁不得志，故诗中多有忧愁怨恨之语"。这一解释给予后来的小说家发挥极度想象力的创作空间。

明代周清源在他的《西湖二集》中如此彩描这段故事：朱淑真出身于一个杭州的小户人家，然而她却从小"聪明伶俐、生性警敏，十岁以外自喜读书写字"，才气横溢，无师自通，加上天生丽质，很快就成为当地有名的才女，成为公子哥慕名追求的对象。悲剧发生在朱淑真的婚姻问题上，其舅父吴少江好赌博输了钱，借了金三老官的二十两银子，却又无力偿还。为了顶债，就劝妹妹把朱淑真嫁给金三老官的儿子，吹嘘金家富贵，过门后就不愁吃穿了。朱淑真父母没有认真考虑和调查，就同意了这门婚事。在父母之命、媒妁之言的摆布下，朱淑真只有顺从地嫁到金家。哪知金家儿子外号"金罕货"，又叫"金怪物"，长得是三分像人，七分像鬼。从此，嫁鸡随鸡，嫁狗随狗，朱淑真只有暗自啼哭，默默流泪了。其父母亲就是这样断送了如花似玉的女儿的终身。

周清源的描述虽说有声有色，但终不过是小说家之言罢了，应该说是缺乏根据的。

王渔洋《池北偶谈》指出，朱淑真出身于官宦门第，家大业大。况周颐《蕙风词话》也认为，朱淑真是大家闺秀。据称，她父亲在浙西做过地方官，还特别喜欢收藏字画古玩。而从她诗词作品中的描述中，可见其家中建有"东园"、"西园"、"西楼"、"水阁"、"桂堂"、"绿亭"等供休憩娱乐的场所，俨然是个大户人家。家境也颇为殷实，她所喜欢的东西，往往能不惜重金以购置。从她的作品中，也可以窥见其婚前天真闲适的情态，对生活充满了极大的乐趣。请看她当时游家中"东园"的诗：

红点苔痕绿满枝，举杯和泪送春归。仓庚有意留残景，杜宇无情亦晚晖。
蝶趁落花盘地舞，燕随柳絮入帘飞。醉中曾记题诗处，临水人家半掩扉。

其游"西园"时，更为欢愉：

闲步西园里，春风明媚天。蝶疑庄叟梦，絮忆谢娘联。
踏草翠茵软，看花红锦鲜。徘徊林影下，欲去又依然。

还有《夏日游水阁》、《纳凉桂堂》、《夜留依绿亭》等诗，都反映出这一时期她所过的优哉游哉的家园生活。她在《春园小宴》中说得最为青春爽朗："穷日追欢欢不足，恨无为计锁斜晖。"在这样的家境条件下，朱淑真的学习环境自然也较为优越，自小聪明伶俐的她，就在这书香门第中接受了文学的熏陶，如在她的作品中，会发现其所吸取的苏东坡诗词中的一些营养，加上她天生的诗人悟性，她很早就开始作诗填词。在与家族的聚会盛宴中，在与朋友的游山玩水中，都能一逞才思，从心中流出一首首笔触细腻的小诗，这甚至成了她的一种生活习惯，所以青少年时期就已写下了大量的诗篇。此外，她还工书法，擅丹青，识琴谱，解音律，俨然是闺秀淑媛的典范。

问题还是出在结婚之后，关于其丈夫，留下的记载实在寥寥，连姓名都无

从查考。不过绝非上述描绘的长相丑八怪的市井平民，而是一位读书士人。可能是南宋州学的"外舍生"，曾数次科举落第，后来便留在朱家东轩书房中借读。她作有《送人赴礼部试》一诗，鼓励丈夫发愤图强，不要由于应试失败而气馁，要学东汉马援62岁仍能率师出征，老当益壮，力争再试成功。可以想见，她此时对丈夫寄予的一片深情和厚望。

可能她丈夫始终没能在科场上取得战绩，不过通过某种办法，也终于获得了一官半职。由于官职卑微，所以《断肠集序》有"嫁为市井民家妻"的误说。此后，朱淑真一度随丈夫游宦吴、越、楚、荆诸地。其间所作诗词，不见有对各地名胜古迹的游览吟咏，常有度日如年之感觉，表达出异乎寻常的思家之情，最终出现"巧妻常伴拙夫眠"的哀叹，说明两人已产生感情裂痕。雪上加霜的是，丈夫在此时竟然寻花问柳，公然讨起了小妾，甚至明显冷落了原配之妻。朱淑真再也抑制不住满腔的怨愤，其《愁怀》道：

鸥鹭鸳鸯作一池，须知羽翼不相宜。

东君不与花为主，何以休生连理枝！

另一首说得也同样清晰：

荷叶与荷花，红绿两相配。鸳鸯自有群，鸥鹭莫入队。

对于这位在青少年时期如此热爱生活，且又"才容冠一时""罕有比者"的大家闺秀来说，追求幸福的未来已不止是理想，而成为一种理所当然的信念。然而，婚后的生活发展到这样的结局，不啻是当头一棒。旧日美妙的梦想已成泡影，过去曾有的感情也荡然无存，婚姻如此快地走向死亡，让朱淑真猝不及防。问题是：朱淑真在这一家庭情变中是如何应对的？

有学者认为，朱淑真赌气回到娘家，和丈夫断了音信而独守空房。其《菩萨蛮》叹道："山亭水榭秋方半，凤帏寂寞无人伴。"对丈夫还是时时在苦苦思念，如《恨春》中说："春光正好多风雨，恩爱方深奈别离"也很想写几封书信去表白和规劝，其《初夏》这样说："待封一掬伤心泪，寄与南楼薄幸人。"但其丈夫就是不回心转意，甚至连一点慰藉之语都没有，就是说受到丈夫的遗弃，终令朱淑真愁断肝肠，恨断肝肠！一病不起，含恨而逝。

也有学者认为，按朱淑真的性格，要爱就爱得轰轰烈烈，不爱就干脆毅然决绝。是她主动提出夫妇离异，并断定她回到临安娘家之日，便是夫妻断绝往来的起始，从此两人分道扬镳。朱淑真虽主动摆脱了婚姻的桎梏，但她的身份毕竟是一名"弃妇"，在封建礼教和传统偏见的双重压迫下，其处境是不难想象的。这一时期的哀音怨歌，在《断肠集》中俯拾皆是。为了解脱苦闷，朱淑真尝试皈依佛门，以"幽栖居士"为别号。

如果朱淑真仅是在以泪洗面或斋房拜佛中度过余生，那她只是一名可怜可悯的弱女子，她的作品也不会引起我们太大的震动。难能可贵的是，她不甘心屈服，她还年轻，爱情的火焰还没有熄灭，她不惜用生命的力量，向礼教做了勇敢的抗争。具体来说，就是又发起一段"牵情于才子"的恋爱故事。

一次西湖春日的诗会中，朱淑真邂逅了一位风流倜傥的青年诗人，顿时萌生了好感，两人作诗唱酬，建立了友情，此后常常互送诗笺，孤灯相思。第二年的元宵节灯会，他们又相会在一起，互相倾吐了情愫。朱淑真的诗作《元夜》，记录了这销魂的时刻：

> 火树银花触目红，揭天鼓吹闹春风。
>
> 新欢入手愁忙里，旧事惊心忆梦中。
>
> 但愿暂成人缱绻，不妨常任月朦胧。
>
> 赏灯那得工夫醉，未必明年此会同。

此诗记载了朱淑真当时复杂的感受：有意外的欣喜，也有沉痛的经验，有真情的陶醉，也有清醒的展望。自此以后，两人的约会和吟笺渐少，从春至秋，现实越来越明显告之：这段恋情是不会有收获了。到下一年的元宵夜，没有灯火，没有笙歌，在黑夜中只有女诗人在流泪抽泣。朱淑真可能就死在此后不久，从《断肠集·序》所谓"不能葬骨于地下"及"九泉寂寞之滨"诸语的暗示来看，她可能是投水自尽的，她用生命向黑暗的现实提出了最后的控诉。父母将她的诗作付之一炬，看来是遵从她遗嘱的要求所为。这一悲剧，与《红楼梦》黛玉焚稿相似，是这位薄命才女对人世间的彻底绝望和彻底决裂。

宋代"不举子"风俗之谜

　　"不举子"即生子不育现象，古代社会一般发生在极少数极端贫困的家庭之中，或发生在自然灾害和战争动乱的民不聊生时期。而宋代却演变成一种社会风俗，并盛行于社会秩序相对安定、经济比较发达的东南地区。它与中国历来多子多福的思想文化传统完全相悖，那么宋代东南地区出现这一风俗的原因何在呢？

　　苏轼在《与朱鄂州书一首》中说：荆湖北路（今湖北一带），"岳、鄂间田野小人，例只养二男一女，过此辄杀之。"东坡被贬黄州（今湖北黄冈县），见"黄州小民，贫者生子多不举，初生便于水盆中浸杀之"（《东坡志林》）。朱熹父亲朱松《韦斋集·戒杀子文》说，在江西婺源，民"多止育两子，过是不问男女，生辄投水盆中杀之"。福建一带杀溺幼婴的风俗最盛，朱松在福建为官，"闻闽人不喜多子，以杀为常……虽有法而不能胜。"陈渊《默堂先生文集·策问》也说："不举子之习，惟闽中为甚。"王得臣《麈史·风俗》谓，在一般情况下，"闽人生子多者，至第四子则率皆不举"，"若女则不待三，往往临蓐，以器贮水，才产即溺之，谓之洗儿。"据《道山清话》载，宋神宗、哲宗时的宰执大臣章惇，家在建州浦城（今属福建），"初生时，父母欲不举，已纳水盆中，为人救止。"《宋会要辑稿·刑法二》载，江南东路（今江苏、安徽、江西一带），"东南数州之地……男多则杀其男，女多则杀其女，习俗相传，谓之薅子，即其土风。宣、歙（今安徽）为甚，江宁（今南京）次之，饶、信（今江西）又次之。"而两浙路（今上海浙江一带）是宋代社会经济最发达的地区，其一些地方杀婴弃婴之风也很严重，"衢、严（今浙江建德）之间，田野之民，每忧口众为累，及生其子，率多不举。"

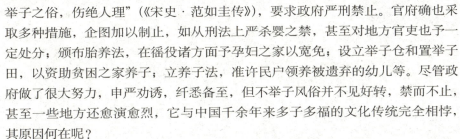

从上述史料归纳，宋代东南地区，主要包括今天的湖北、江西、安徽、浙江、福建等地，溺杀婴儿的现象与风俗已相当普遍。"不举子"之风严重败坏了社会的伦理道德，当时一些士大夫曾加以严厉斥责，"东南不举子之俗，伤绝人理"（《宋史·范如圭传》），要求政府严刑禁止。官府确也采取多种措施，企图加以制止，如从刑法上严杀婴之禁，甚至对地方官吏也予一定处分；颁布胎养法，在徭役诸方面予孕妇之家以宽免；设立举子仓和置举子田，以资助贫困之家养子；立养子法，准许民户领养被遗弃的幼儿等。尽管政府做了很大努力，申严劝诱，纤悉备至，但不举子风俗并不见好转，禁而不止，甚至一些地方还愈演愈烈，它与中国千余年来多子多福的文化传统完全相悖，其原因何在呢？

学者陈广胜撰文进行了一系列分析，指出首先是人多地少的生产关系矛盾在起主导作用。在我国人口发展史上，宋代首先突破一亿大关，比汉唐人口最高额几乎增加了一倍多。人口增加最快的东南地区，其耕地开垦得也最彻底，以至于很少再有荒地旷土，尤其是福建路，"土地迫狭，生籍繁多，虽硗确之地，耕耨殆尽，亩直寖贵"（《宋史·地理志》）。随之而来的是人多地少的矛盾日益尖锐，所以《宋史·食货志》分析说："福建地狭人稠，无以赡养，生子多不举。"范致明《岳阳风土记》也说，荆湖北路"鄂州之民生子，计产授口，有余则杀之，大抵类闽俗"。说明人多地少，不能维持必需的生活资料的供给，是宋代不举子风俗盛行的重要原因。

其次是沉重的人头税。宋代官府不但承继了以往各朝的苛捐杂税，而且还增加了许多敛民新法，其中丁赋（人头税）成为广大民众的沉重负担。其丁赋承继五代，以东南地区最重。蔡襄《端明集》卷二六谈到，福建"泉州、漳州、兴化军，人户每年输纳身丁米七斗五升"。《淳熙三山志》卷十载，三山地区（今福州）"咸平初，夏税及身丁钱总二万九千七百有余，大中祥符四年，诏放身丁钱，独夏税七千六十九贯有奇"。身丁钱高达夏税的三倍之多。《建炎以来系年要录》卷一百四说，南宋初期，荆湖南路（今湖南一带）"道州丁米，一丁有出四斗者"。朱熹《朱子语类》中也说到，两浙地区"丁钱至有三千五百者"。可见宋代的各色人头税花样百出，沉重不堪。蔡襄接着说："南方地狭人贫，终年佣作，仅能了得身丁，其间不能输纳者，父子流移，逃避他所，又有甚者，往往生子不举。"范成大也说："处州（今浙江丽水）丁钱太重，遂有不举子之风。"

《宋会要辑稿·食货》也载："湖州丁绢最重，至生子不举。"赵善璙《自警篇·济人》云："浙民岁输身丁钱绢绅，民生子即弃之，稍长即杀之。"江南东路的太平州（今安徽当涂），"民生子必纳添丁钱，岁额百万，民贫无以输官，故生子皆溺死"（《生生四谛》）。可以说统治者残酷的人头税压榨，是民众生子不育的重要原因。统治者一方面立法想制止这一风俗，一方面又以超强剥削法推动这一风俗。连皇帝都承认，"民为身丁钱，至生子不举"（《建炎以来系年要录》卷一五二），但统治者根本不会有改变这一赋税结构，来"救救孩子"的念头。

还有诸子均分的财产继承问题。不举子之风不只盛行于贫困之家，而且也蔓延到衣冠富户和士大夫之家。杨时《龟山集》卷三谈到，福建的建州、剑州、汀州和邵武诸地，民众多计划生育，习以成风，虽士人间亦如此。富民之家，不过二男一女；中下之家，大率一男而已。所以许多地区，衣冠之家，往往唯有一独子继嗣。造成这一情况的主要原因是：父兄惧怕继生子弟分割家产，常常溺杀婴儿。如《宋会要辑稿·刑法二》在述及福建民风时称，衣冠之家，家产一旦分割之后，继生嗣续，不及襁褓，一切杀溺。主要是担心其更分家产，建州一带此风尤甚。宋代财产私有制得到进一步发展，土地兼并激烈，衣冠之家如果不加限制地生儿育女，家产被分割过散，不但不能维持其原有的社会地位，而且很可能被人兼并而沦为贫民，为避免家道中衰，只有出此下策。朱松《韦斋集》就谈到，即使"父母容有不忍者，兄弟惧其分己赀，辄从旁取杀之"。这似乎是衣冠之家防止自己的社会地位遽然下降的一种手段，令人不寒而栗。

当然，宋代生子不育，尤其以溺杀女婴为严重。其中除中国文化的重男轻女思想传统之外，还有厚嫁之风普遍的原因。当时无论地主还是一般平民，嫁女之费，常常多于娶妇之用。如《宋史·礼志》载，皇家宗室的公主下嫁，朝廷赐给驸马的嫁娶费用"倍于亲王聘礼"。吕祖谦所订《宗法条目》规定，嫁女费用一百贯，娶妇五十贯。嫁资倍于娶费，使富裕之家不愿分赀，而贫困之家又力所不及，故进一步加剧了溺杀女婴的风俗。

有学者以为上述诸条都非根本方面的原因，其终极根源乃在于生产力的不发达。指出宋代社会生产力比前代无疑是有很大提高，但人口也比前代倍增，由于封建生产关系对生产力的消极制约，其生产力不可能得到长足的充分发展。我们以为，单靠生产力的发展，其实也并不见得能解决问题。它需要整个民族文化素质的提高，尤其是对"人"的认识的提高。中国传统文化中最大的缺陷，恐怕就是不重视"人"，不懂得"人"到底是什么，而主要围绕着"皇帝"生活，依靠"皇帝"生存，在这种文化背景下，生产力再发展，也不能摆脱不把人当"人"的悲剧的重演，近现代的中国史其实一直在重复着类似的悲剧。当然，其中还有许多深层次的政治、经济、文化方面的问题，需要我们整个民族去认真思索。

《容斋逸史》作者之谜

"容斋"是南宋著名学者洪迈的号，所著《容斋随笔》，史料价值颇高，历来为史家所重。《容斋逸史》记载了方腊起义过程中的两件重要史事，多少以来，人们一直以为《容斋逸史》也是洪迈的作品。20世纪70年代开始，史学界有人怀疑它的可靠性，认为它可能是一部伪作。

《容斋逸史》是宋方勺《青溪寇轨》附载的两则文字。一则是记载方腊起义的始缘及其被官军镇压的经过，其中对方腊"漆园誓师"的演说与经过，描述得非常生动而具体。另一则是记载宋代摩尼教的有关情况及其与方腊起义的关系，其中对该教的一些教规和习俗进行了颇为详尽的介绍。如谈到其教"又谓人生为苦，若杀之是救其苦也，谓之度人，度人多者，则可成佛。故结集既众，乘乱而起，日嗜杀人，最为大害"。令人毛骨悚然。

怀疑论者认为，从未见洪迈使用过"容斋逸史"这个名称，他本人更没有提到过有这本著作，在他的《容斋随笔》和《夷坚志》中也找不到相关文字的记载。洪迈作为洪皓的儿子，又累官中书舍人、翰林学士，学识博洽，论述弘富，历宋徽、钦、高、孝、光宗五朝，享年八十，在南宋时名声已很大，其议论、记事常为史家所采摘引用。然而，南宋以来许多历史著作记述方腊起义事迹，多引用方勺《泊宅编》的材料，《容斋逸史》中这些极其重要的记载却从未被转引过，或者说此书在南宋时竟无人知晓。再者，《容斋逸史》中方腊在"漆园誓师"的演说词，不像是一个普通佣工的口吻，倒像是士大夫的一篇政论。其后面谈到方腊起义与摩尼教的密切关系，但在其鼓动起义的演说词中却毫无相关的宗教内容。誓师时还"椎牛酾酒"、"饮酒数行"，与其信奉的食菜事魔教的教规不符。此外，其中对某些基本史实也有说错，如写到方勺著《泊宅编》时，韩世忠"犹未知名"。实际上当时已是南宋绍兴年间，韩世忠已为战功显赫的中兴名将了。总之，从种种迹象看，《容斋逸史》不是洪迈的作品，既然作者是伪托的，其前一则史料的可靠性就要大打折扣了，而其后一则史料其实主要是节录自南宋庄绰的《鸡肋篇》。

肯定论者指出，洪迈对方腊起义的有关史料是非常熟悉的，他不仅可以看到官方提供的有关资料，还可从他兄长洪适那里得到此次起义的第一手材料，所以《容斋逸史》历来被认为是研究方腊起义的珍贵史料，它是洪迈主要依据宋朝《国史·童贯传》所附《方腊传》等材料撰写的，有一定的史实根据，无须去怀疑它的真实性。如其中关于摩尼教的一则记载，与庄绰《鸡肋篇》中的记载几乎完全一样。洪迈的著述是经常被人采摘引用，但不能由此就认为未被引用的著述就是伪作。其中说方腊"家有漆园"，也就是漆园主，而并非是一个普通佣工，所以有一定的文化，能说出一些颇有逻辑的政论性言词，当然并不排除其中掺有士大夫作者的一些思想在内。如果方腊是佣工，他也不可能有余力去长期从事武装起义的准备工作，他秘密组织"贫乏农民"，"赈恤结纳之"，最后鼓动武装起义，这是当时东南地区各种社会矛盾激化，主要是社会各阶层与宋朝统治者之间矛盾激化的结果。方勺《泊宅编》有三卷本、十卷本之分，主要是方勺遇事之随时记录，其中有些条目肯定作于北宋末年，当时韩世忠确实"犹未知名"，不能以此以为作者搞错了基本史实。总之，怀疑《容斋逸史》作者及其史料价值的证据是不充分的，不足以判定此书的真伪。

还有学者指出，《容斋逸史》既有可能是洪迈所撰，又有可能是其他以"容斋"为号的士大夫所撰，尚不能最后定论。从《容斋逸史》的有关内容分析，其作者必定是生活在宋孝宗乾道四年（1168）到南宋末年，其间凡是以"容斋"为号的士大夫，都有可能为其作者，所以它不是后人编造的伪作。当时以"容斋"为号的士大夫，除洪迈外，还有刘元刚、唐廷瑞、庄圭复三人，其中刘元刚、唐廷瑞都曾撰《容斋杂著》一书。尤其是唐廷端，博洽多闻，还为徽州歙县人，和方腊同乡，又曾在建德府遂安县任主簿，这里也曾经是方腊起义军浴血奋战的地点之一，所以《容斋逸史》很可能是他的《容斋杂著》的部分内容。当然，洪迈一生著述极为丰富，今存的作品只是其中的一小部分，大都散佚，所以也已无法确凿考证。其实，《容斋逸史》究竟是一部独立的著作，还是附于某一著作中的几卷或单篇文章？《容斋逸史》究竟是原作者自定的名称，还是《青溪寇轨》的编纂者擅自命名，或是在原名《逸史》上冠以原作者之号"容斋"？这些问题现在都难以一一搞清。

《容斋逸史》是研究宋代方腊起义的最重要史料之一，如果其真伪难定，作者不知，那么想破译上述方腊起义诸谜，自然就更难了。

宋光宗"不孝"之谜

退位的宋孝宗驾崩，作为儿子的当朝皇帝宋光宗，不仅在其父病重时不事探侍，甚至不肯主持父丧，这一绝对有悖于传统人伦礼制的罕见现象，就发生于南宋中期的皇帝家族之中。其原因人们众说纷纭，让后人猜测不透。

淳熙十六年（1189）二月，63岁的宋孝宗禅位给43岁的儿子赵惇，是为宋光宗，又诏立光宗元妃李氏为皇后。孝宗于是为太上皇，养老于重华宫。光宗为表示对父王的尊敬和孝心，下诏"五日量朝重华宫"，后又改为一月四朝。次年改无"绍熙"，光宗初政就暴露出一些有违明君之德的嗜好，如对优伶歌舞乐此不疲，还饮宴无度等。开始两年，父子关系还较为正常，然而自绍熙二年（1191）十一月，光宗发病以后，光宗与孝宗之间的父子关系，开始发生了微妙的变化。

　　绍熙三年（1192）前后，我们还可时常看到"帝朝重华宫"，就是光宗去看望其父王宋孝宗的有关记载。问题似乎出在绍熙四年的九月，"重明节，百官上寿。侍从、两省请帝朝重华宫，不听。"此后即不断有大臣上疏，请帝朝重华宫，但都往往没有结果。如十月"秘书省官请朝重华宫，疏三上，不听。"后有200多名太学生上书，"请朝重华，皆不报"。而后"帝将朝重华宫，复以疾不果"。直到十一月，"帝朝重华宫，都人大悦"。但好景不长，到绍熙五年（1194）的四月，光宗又旧病复发，不再朝重华宫。

　　尤其是五月，太上皇孝宗病危，宰相留正等请光宗去重华宫侍疾，光宗还是不同意，留正等"乃泣而出"。起居舍人彭龟年叩首苦谏，额血渍红了龙墀，也没能感动光宗。此后众大臣不断有人上书恳请或当面叩头请光宗朝重华宫，然都不果。丞相等甚至以罢职为手段力请，但一切努力都见效甚微，最后光宗只同意让皇子嘉王赵扩诣重华宫问疾。孝宗一直不见儿子侍疾，或显凄然不快，这时见孙子来问疾，才颇感安慰。孝宗弥留之际，丞相和众臣及皇子嘉王都泣请光宗去见父王最后一面，光宗还是不听。

　　六月，太上皇宋孝宗驾崩。而他的儿子、当朝天子宋光宗不仅在其父王病重时未去问候探视，此时也居然借口有病，不肯主持父丧，只下诏："俟疾愈，过宫行礼。"大臣留正、赵汝愚率群臣拉住光宗泣谏，衣裾为裂也无济于事，以致连老皇帝的国丧都无法正常进行。朝臣们都手足无措，人心浮动，政局动荡。最后其祭奠大礼只得由年已八十的太皇太后（宋高宗后）代行主持，这在古代社会中是极为罕见的反常现象。

　　皇帝父子如此不和，使满朝文武为之不安，认为于社稷不利，于人伦有悖，一时朝野议论汹汹。宰相留正在一次上殿时扭伤了脚脖子，迷信自己流年不利，是不祥之兆，又面对如此棘手的政局，心里发慌，便称病辞职，很快逃回老家。知枢密院事赵汝愚根据众大臣要求立太子的奏章，及光宗自己也有"历事岁久，念欲退闲"的御批，便主张光宗马上退闲，禅位给太子。在有关官员的建议下，赵汝愚遂请外戚官员韩侂胄助一臂之力。韩为太皇太后吴氏妹妹之子，便通过太监向太后转达了诸大臣的建议。经过劝说，太皇太后终于同意禅位之事。经过周密布置，在太后的主持下，光宗缺席的情况中，勉强禅位给太子赵扩，是为宋宁宗，而光宗被尊为太上皇。

那么，光宗为什么不肯探视重病的父亲，甚至不肯主持父丧，做出这等违背传统礼制的事来呢？为什么大伙又急匆匆要光宗退位，而立其皇子嘉王赵扩呢？要知道，光宗此时才48岁，正是能做一番事业的壮年，且其在位也仅仅6年。据有关史籍记载，原因也颇为纷杂，大致有如下几种：

一、光宗患有精神病。据《宋史·光宗本纪》诸书载，光宗的李皇后生性妒忌残忍，而光宗的嫔妃却越来越多。绍熙二年（1191）十一月，因黄贵妃有宠，李后无法容忍，便乘光宗离宫祭天的机会将黄妃杀害，再派人到祭天斋宫报告黄妃暴病以卒的消息。当时，光宗正在圜丘举行合祭天地的礼仪，一听此噩耗，光宗只是哭泣。事也凑巧，次日清晨祭天时发生火灾，差点把光宗烧伤。又突然风雨大作，礼坛黄烛尽灭，不能成祭天之礼而罢。诸多变故交织在一起，光宗内心深受打击，以为获罪于天，震惧而感疾，"噤不知人，张口呓言"（《朝野遗记》），从此神经失常，后宫暗称之为"风（疯）皇"。主要表现是"帝自是不视朝"，一个月后才"始对辅臣于内殿"。第二年，还常常"帝有疾，不视朝"，三月份时，"帝疾稍愈，始御延和殿听政"。不过已经常目光呆滞，精神恍惚，时好时坏。其理智清醒时，还想做个明君，然而犯混的时候并不会少。主要是史籍对此事语焉不详，大臣也往往讳莫如深，所以光宗真正的病情，后人不得而知。

二、光宗惧内受制于李后。《宋史·光宗本纪》载，绍熙四年九月，光宗首次不朝重华宫过后的几天，在众臣的劝说下，"帝将朝重华宫，皇后止帝，中书舍人陈傅良引裾力谏，不听。"《齐东野语》也载，光宗将朝父王，百官班立以候，当光宗刚走出御屏，李后拉住皇帝的胳膊说："天冷，官家再喝一杯酒。"百官侍卫都大惊失色。陈傅良马上趋前拉住龙袍大襟，请帝毋再入宫，并随上至御屏后。李后叱责道："这里是什么地方，你难道不要脑袋了吗！"傅良只得出来，遂大恸于殿下，李后派人责问："此行为算是何礼？"傅良回答："子谏父不听，则号泣随之。"李后更怒，遂传旨回宫。李后居然能够阻止光宗，不让他去看望父母，亦可见这位皇后的蛮横专权，那么李皇后为什么如此嫉恨公公呢？

《齐东野语》诸书载，李氏出身将门，天姿悍妒，飞扬跋扈，为太子妃时就容不得太子身边的宫女，一再到孝宗面前告状，孝宗让她学点后妃之德，并警告她："如再争吵，宁可废掉你。"做皇后时更专擅朝政，骄奢淫逸，任人惟亲，政事腐败。且不敬婆婆谢太后，太后教训之，李后反而说："我与皇帝是结发夫妻"。言外之意是说太后与孝宗不是结发夫妻，而是嫔妃册立的，太后告之孝宗，孝宗听了也大怒，屡加训斥，声称若不思悔改，有失皇后风范，定将废之。《朝野遗记》载，宋孝宗听说儿子得病，便亲临大内抚视，见光宗已神志不清，嘴中喃喃自语，不由十分担忧，且怒斥李皇后道："皇上为社稷之重，你不好好照顾，使他发病如此。万一不能恢复，当族灭你李氏。"可见，李后与公公的矛盾冰冻三尺非一日之寒，暗中与公公已势不两立。好几次，光宗准备去见父母，都被李后阻拦。可知光宗软弱多病，不能自主决事，往往听从李后之意。

三、光宗与孝宗父子有隙。《西湖志余》载，光宗在做太子的时候，年已过四十，很想父王早些内禅皇位，又难于当面说出口。便数次给太后提暗示，太后有些搞不懂，旁边有人就帮太子说："是想娘娘帮太子去与皇帝说说。"太后这才听懂。一天，孝宗来东宫，太后从容说："官家是否可传位与太子，自己也好早点休息取乐了。"孝宗却说："我早就想这样做了，但太子年纪尚小，又没有经历，所以还不能传位给他。"太后也不能勉强，就对光宗把事情说了。光宗很不高兴，说："我的头发都已白了，还拿我当小孩子。而当年爷爷早就传位给他了。"又过了几年，光宗才终于坐上皇帝宝座。

一天，光宗找太上皇要求立皇子嘉王赵扩为太子，不料孝宗对他说："当初按例应立你二哥，因你英武像我，才越位立你。如今你二哥的儿子还在。"事情是这样的：光宗的大哥早夭，而孝宗这时立三儿子光宗，使二儿子郁郁病死，孝宗对二儿子怀有歉疚心理，同时孝宗觉得嘉王"不慧"，而二儿子之子早慧，所以有意想改立。光宗在情理上不能反驳父亲，内心却是老大的怨怼，父子关系出现无法弥合的裂痕。李后更是大为不满，不断在光宗面前进谗言，所以光宗对父王一直心有芥蒂。

四、有宦官从中挑拨其父子关系。《四朝闻见录》载，光宗即位，对近习宦官没有好感，一天甚至大发脾气，要取其中狡猾者的首级。太监们哭诉到孝宗那里，孝宗下旨："吾儿息怒。"光宗虽奉父旨，但心里更不快，意欲他日尽诛此辈。由是，宦官们商量如何离间三宫。不久，光宗发病，孝宗担忧，派人到处找秘方良药，得草泽大药丸一颗，据称可药到病除。孝宗想宣旨赐药，又怕李后可能会从中作梗，不许光宗服民间草药，便想等儿子来重华宫看望时，再当面让儿子服药。某宦官得知此事，便想阻止光宗吃药，便与李后说："太上皇只等皇帝过去，便会赐一种草药。"李后派人去打听，重华宫果然准备了大药丸。便拉着儿子嘉王找光宗哭诉，挑唆说："太上皇打算废掉你，给你准备了一丸药，好让你侄子早点继位。"使光宗相信其父准备了有毒的药丸，要他当场服下，所以再也不肯朝重华宫了。由是，光宗始终也没吃得此良药，病也没好，主要是为这些宦官和李后所误。

各种不同原因的说法，错综复杂的矛盾交织在一起，让人们无所适从。不过，其中光宗有病和李后跋扈或是主要原因，但光宗到底病到如何状态，李后又专权到什么程度，人们依然知之不详。

辛弃疾诱杀赖文政之谜

这个故事说，南宋茶贩起义首领赖文政居然能用替身来避祸，最终逃脱官军的镇压。800多年前的古人，且是一个茶贩，竟会采用如此诡秘的手段护身，不知是真是假。

宋代随着种茶、制茶经济的发展，饮茶文化成为人们日常生活的重要部分。然而，官府通过茶叶专卖制度对茶农与茶商的剥削也日益加强，同时州县的"额外科扰"，巡捕的"邀求无厌"，胥吏的敲诈勒索，茶农茶贩们被压榨得几乎喘不过气来，因而时有群起反抗之举。南宋孝宗时期，江西、湖南、湖北等地的茶贩，经常聚集起几百上千人的队伍，其中一人担茶，两人"横刀揭斧"为保卫，进行武装贩茶，以对抗政府对茶叶的垄断。官府诬指为"茶寇"、"茶盗"，常派军队进行镇压，斗争异常激烈。

淳熙二年（1175）四月，湖北路茶农、茶贩在赖文政领导下，正式举起义旗，公开与官府进行殊死的战斗。这支几百人队伍由湖北突入湖南，多次打败官军，六月转攻江西，在吉州永新县山区与官军进行游击战，依靠山谷丛林和民众的支持与官军周旋。不久又进入广东，岭南地区为之大震，朝廷接连派官兵堵截追杀，都遭失败。起义军又回兵江西永新山区，因这里已有民众基础，起义军如鱼得水，活动"诡秘莫测"。

七月，朝廷任用辛弃疾为江西提点刑狱，节制诸军进行镇压。辛弃疾派出敢死劲旅，深入山区搜捕，起义军在军事上陷于被动，伤亡较大，军心动摇。辛弃疾乘机派人到义军中进行劝降，很快把赖文政诱骗到江州，加以杀害，平定了这次起义。

不过，罗大经的《鹤林玉露》却有与众不同的说法，他讲："自古盗贼如黄巢、侬智高，败绩之后，皆能脱身。"赖文政起兵时已60多岁，足智多谋，他早就估计成事的可能性不大，所以暗中寻访相貌类己的替身，后得一个靠卖煎油饼为生的刘四，长相酷似自己，便一直带在身边执役。辛弃疾率精锐官军与义军角斗，义军力量不支而退败，赖文政率几个首领被迫到官军营垒请降，约定不日束兵投诚。回来后，赖文政对部下说："看辛提刑的眼色，他必将杀我。"于是想趁夜逃遁，部下不同意。赖文政则说："难道想割我首级？去投降也是死，不过先后数日罢了。"部下也不忍心下手，于是赖文政斩了刘四的首级，冒充是自己的头，派人献给官军，自己却乘乱逃走了。最后有700余人向官府投降，而被官军改编。辛弃疾始终不知其首级是赖文政替身的，以全胜向朝廷报捷。

如果罗大经所说属实，那么辛弃疾诱杀的竟是煎油饼的刘四，赖文政最终得以逃脱。古代农民起义军的首领居然会采用如此诡秘的手段：用替身来避祸，真让人惊叹不已。不过，此说也只此孤证，很可能是当地民众出于对起义军的怀念而编造出来的，罗大经取于道听途说而已。历史的真相到底如何，恐怕只有上帝知道了。